Für

Jutta Bolminger

in

freundschaftlicher Verbundenheit

von

Bernhard u. [illegible]

Im Februar 2004

Die andere Intelligenz

Wie wir morgen denken werden

Ein Almanach neuer Denkansätze
aus Wissenschaft, Gesellschaft und Kultur

Herausgegeben von
Bernhard von Mutius

Klett-Cotta

In memoriam Heinz von Foerster

Bernhard von Mutius

Günter Küppers

Heinz von Foerster, Christiane Floyd

Ernst Peter Fischer

Sigrid Weigel

Wolf Singer

Helge Ritter

Helm Stierlin

Roswita Königswieser

Franz Reither

Fredmund Malik

Fritz B. Simon

Inhaltsübersicht

Inhaltsübersicht

»… die verschiedenen Arten von Wissen und die verschiedenartigen Codes in einer vielschichtigen und umfassenden Sicht der Welt vernetzen zu können.«

Italo Calvino

»So findet der Leser in unseren Heften Werke, die durch den erwähnten Zusammenhang in einer inneren Verwandtschaft miteinander stehen, wenn auch diese Werke äußerlich fremd zu einander erscheinen.«

Wassily Kandinsky / Franz Marc

»Welches Muster verbindet den Krebs mit dem Hummer und die Orchidee mit der Primel und all diese vier mit mir? Und mich mit Ihnen?«

Gregory Bateson

»Intelligentzia (-sia). Der Teil einer Nation, welcher nach selbständigem Denken strebt.«
Oxford Dictionary, 3. Auflage 1934

Bernhard von Mutius

Die andere Intelligenz oder: Muster, die verbinden Eine Skizze

I

Je mehr wir wissen, desto weniger scheinen wir weiter-zu-wissen. Nur wenige Jahre nach der mit so großem Wissensoptimismus und so vielen Zukunftsverheißungen gefeierten Jahrhundertwende ist allenthalben Ernüchterung eingetreten. Trotz neuer Informationstechnologien und reichhaltig sprudelnder Wissensquellen sind wir augenscheinlich nicht klüger geworden. Die verfügbaren Expertisen von Globalisierungsexperten und internationalen ThinkTanks haben nicht dazu beigetragen, die Welt friedfertiger zu machen. Der gewachsene Sachverstand von Wirtschaftsweisen und Beratern hat der Ökonomie nicht dazu verholfen, sich in stabileren Bahnen zu entwickeln. Und nahezu überall scheinen die Interventionsversuche der Politik weiterhin durch die Logik des Mißlingens gekennzeichnet zu sein.

Die schon oft ausgerufene Orientierungskrise ist offensichtlich zu einem Dauerzustand geworden. Unser Denken hält nicht Schritt mit den beschleunigten, immer komplexer werdenden Prozessen, die wir selbst angestoßen haben. Unser intellektuelles Vorstellungsvermögen scheint hinter unserer Fähigkeit, materielle Produkte herzustellen, immer weiter zurückzubleiben. Ist es also nicht vermessen, in dieser Zeit von »neuen Denkansätzen« oder gar von einer »anderen Intelligenz« zu reden?

Seit Jahren wird über den Wandel von der Industrie- zur Wissensgesellschaft gesprochen, der den geistigen Gütern und den intellektuellen Ressourcen eine neue und bestimmende Rolle in dieser Zeit zuweise. Gleichwohl muß man heute den Eindruck gewinnen, daß der sogenannte Zeitgeist denkerischen Bestrebungen und intellektuellen Bewegungen ferner denn je steht. Zwar haben weitsichtige Köpfe immer wieder darauf hingewiesen, daß wir vermutlich in eine Epoche eintreten, in der »geistige Leistungen die einzige Quelle sind, aus der noch strategische Wettbewerbsvorteile erwachsen können« (Lester C. Turow). Allein, ein Großteil der sonst so auf Leistung bedachten Führungsschicht unserer Gesellschaft ist weiterhin unverdrossen und nahezu ausschließlich damit beschäftigt, den Kult der anfaßbaren Güter und ansehnlichen Fassaden zu zelebrieren und sich selbst in den entsprechenden Medien nicht ohne Stolz als anti-intellektuelle Elite zu präsentieren. Vor einiger Zeit gab es in einer bekannten deutschen Sonntagszeitung eine Umfrage zum Thema »Welche Rolle spielen Intellektuelle in der deutschen Gesellschaft?«. Die treffendste Antwort darauf – formuliert von einer gewissen Maja Prinzessin von Hohenzollern – lautete: »Ich jedenfalls setze mich für Toleranz gegenüber Randgruppen ein«.

Doch unterhalb der Oberflächenströmungen, in denen sich diese Art »Gesellschaft der Gesellschaft« spiegelt, können wir das Entstehen von anderen, gegenläufigen und in jedem Fall interessanteren Bewegungen wahrnehmen: In den vergangenen Jahrzehnten wurden in verschiedenen wissenschaftlichen Disziplinen, Forschungs- und Lehreinrichtungen fruchtbare neue Denkansätze und Lösungsmethoden entwickelt, die für das Verstehen komplexer sozialer Entwicklungen und für ihre verständige Gestaltung einen erheblichen Zugewinn bedeuten. Sie stammen u.a. aus der Komplexitätsforschung und aus den Kognitionswissenschaften, aus der Hirnforschung, aus den Systemtheorien und aus der systemischen

Therapie und Beratung, aus neueren philosophischen, ökonomischen und kulturwissenschaftlichen Arbeiten sowie aus der Selbstreflexion der Künste und der Literatur – um nur einige Ausschnitte des Spektrums zu nennen.

Zumeist werden sie nur vereinzelt wahrgenommen, nicht interdisziplinär in ihren inneren Zusammenhängen behandelt und nicht mit den übergreifenden Gestaltungsaufgaben in Wirtschaft und Gesellschaft verbunden. Der hier vorgelegte Almanach ist ein Versuch, diese Lücke zu schließen. Sondiert werden sollen die verbindenden Muster der neuen Denkansätze, die über die Disziplingrenzen hinaus das *Alltagsdenken* bereichern könnten und die einen Erkenntnisstand markieren, hinter den man in den Diskursen dieser Zeit nicht mehr zurückfallen sollte.

II

Die Formulierung »Muster, die verbinden« geht zurück auf den Anthropologen, Biologen und Psychologen Gregory Bateson, der vor geraumer Zeit die folgenden Zeilen schrieb: »Ich kannte einmal einen kleinen Jungen in England, der seinen Vater fragte: ›Wissen Väter immer mehr als die Söhne?‹, und der Vater sagte: ›Ja‹. Die nächste Frage war: ›Papi, wer hat die Dampfmaschine erfunden?‹, und der Vater sagte: ›James Watt‹. Darauf der Sohn: ›Aber warum hat sie dann nicht James Watts Vater erfunden?‹«

Gregory Bateson hat viele Söhne und Töchter ermuntert, über die geistigen Errungenschaften der Vätergenerationen hinauszugehen, und dazu inspiriert, selbständig neu zu denken. Er hat selbst in seinen Arbeiten auf ganz unterschiedlichen Gebieten übergreifend gedacht und versucht, verbindende Muster aufzuzeigen. Er begann bei den biologischen Mustern, die für das Lebendige, für die sogenannte »Creatura«, kennzeichnend sind – diese demonstrierte er u.a. am Beispiel der Scheren eines Krebses, den er seinen Schülern und Studenten im Unterricht vorsetzte in der Hoffnung, daß sie nicht Quantitäten, sondern Qualitäten, die Gestalt und die Formen als Muster des Lebendigen erkennen würden. Von den biologischen Mustern spannte er den Bogen über die »evolutionslogischen« Muster – Stichwort »System-Umwelt-Beziehungen« – hin zu den psychologischen Mustern, die sich etwa in den Familienbeziehungen herausbilden: denken wir an das wohl bekannteste Muster des *double bind*. Und von diesen weiter bis zu informations- und kommunikationslogischen Mustern: Bedeutungen zu deuten erfordert immer, Kontext-Bezüge wahrzunehmen, um nur ein Beispiel zu nennen.

Bei Greogory Bateson sind denn auch bereits manche der Denkansätze zu finden, die in den hier vorgelegten Beiträgen in ganz verschiedenen Disziplinen in neuen Zusammenhängen entfaltet und fruchtbar gemacht werden. Dabei sind die Arbeiten, die in diesem Band zusammengeführt werden, in Charakter und Stil sehr unterschiedlich. Das ist so gewollt, entspricht den Intentionen des Herausgebers ebenso wie dem Stand der Forschung und der interdisziplinären Diskussion. Hier soll nicht die Vielfalt individueller Überlegungen zu einer geschlossenen Phalanx ausgerichtet werden, die weder aktuell vorhanden noch künftig erwünscht ist. Hier wird vielmehr – unter Achtung der Besonderheiten der jeweiligen Forschungs- und Praxisbereiche sowie ihrer spezifischen Begriffsbildungen – nach möglichen Berührungspunkten oder Überschneidungen der Denkansätze gesucht. Es geht also nicht um das Herstellen einer äußerlichen Gleichförmigkeit, sondern um das Aufspüren der *inneren Verbindungsfäden* in einem offenen, dialogischen Herangehen.

Dies stimmt überein mit der Leitidee und der Arbeitsweise des »Bergweg-Forum: Denken der Zukunft«, in dem einige der Autoren dieses Bandes über viele Jahre hinweg zu grenzüberschreitenden Gesprächen zusammengekommen sind. Als Motto der Bergweg-Gespräche hatten wir einen Gedanken von Joseph Beuys gewählt, der auch für diese Textsammlung stehen könnte: *Vor der Frage: Was können wir tun? muß der Frage nachgegangen werden: Wie müssen wir denken*? Das Denken neu durchdenken, es als Probehandlung ausbilden, bevor wir handeln – darauf käme es an in einer Zeit voller Ungewißheiten und in einer Welt vielfältiger, kaum noch überschaubarer technologischer und gesellschaftlicher Verwicklungen, die immer abstraktere Züge annimmt.

III

Bei aller Vielfalt und Unterschiedlichkeit gibt es der Themenstellung entsprechend natürlich eine Reihe von inhaltlichen Gemeinsamkeiten der hier vorgestellten Denkweisen, die man z.B. mit den Begriffen »systemisches«, »zirkuläres«, »mehrdimensionales« oder »vernetztes« Denken kennzeichnen könnte. Ich glaube jedoch, daß diese Begriffe allein nicht ausreichen, um die Unterschiede zu erhellen, die in der Formulierung »neue Denkansätze« angedeutet werden. Unterschiede, die weniger in dem »Was« als in dem »Wie« zu liegen scheinen: in einer *anderen Denkhaltung*, einer bewußt offenen und suchenden, nicht auf gesicherte »objektive« Erkenntnisse pochenden Herangehensweise.

Einer, der diese Haltung wie kaum ein anderer verkörperte, war Heinz von Foerster, der in diesem Band mit einem nachgelassenen Gesprächsmanuskript (gemeinsam mit Christiane Floyd) noch ausführlicher zu Wort kommt und von dem die folgenden Zeilen stammen: »Subjective statements are made by subjects. Thus, correspondently, we may say that objective statements are made by objects. It is only too bad, that these damned things don't make any statements.«

Den Beobachter in die Beobachtung einbeziehen – diese Einsicht, die man als die erkenntnistheoretische Wende in der Wissenschaftsauffassung des 20. Jahrhunderts bezeichnen könnte, markiert den Punkt, von dem sämtliche Autoren bei ihren Erkundungen ausgehen. Von hier aus lassen sich aus meiner Sicht zwei gedankliche Suchbewegungen bestimmen, die sich als miteinander verknüpfte Denkstränge gleichsam als einigendes Band durch sämtliche Argumentationen hindurchziehen. Man könnte sie die »Muster, die die Muster verbinden« nennen:

Erstens: Die Suche nach Alternativen zu den Logiken des Trivialen, Logiken, die aus den vergangenen Epochen überliefert wurden und die uns insbesondere in der Epoche der Industriegesellschaft in Fleisch und Blut übergegangen sind. Überaus bewährte, nützliche und vertraute Logiken also, die beispielsweise in mechanischen Systemen, in den materiellen

Herstellungsverfahren und maschinellen Fertigungsprozessen bis heute unverändert gut funktionieren, die aber in der Übertragung auf Prozesse des Lebens und des sozialen Handelns ihre Beschränktheit mehr als zur Genüge bewiesen haben.

Die mentalen Modelle, die mit diesen Logiken korrespondieren, sind mit Begriffen wie »Gegenstand«, »Objekt« und »objektive Erkenntnis«, »exakte Berechenbarkeit«, »Bestimmtheit und Vorhersagbarkeit«, »Eindeutigkeit«, »Linearität« und »einfache Kausalität« verknüpft. Sie führen in der Regel zu festen Standpunkten, unbeirrbaren Meinungen und lassen sich trefflich zusammenfassen in der Formulierung: »So ist es!«

Diese Art, zu denken und in Forschung und Lehre Wissen zu generieren, hat übrigens Gregory Bateson – um ihn noch einmal zu zitieren – mit den folgenden Worten kritisiert: »Man lehrt die Kinder bereits in einem zarten Alter, daß die richtige Weise, etwas zu definieren, darin besteht zu bestimmen, was es vermutlich an sich selbst *ist*, anstatt auf seine Relationen zu anderen Dingen einzugehen.«

Mit dieser Kritik hat Bateson zugleich eine Spur gelegt, auf der die Suche nach Alternativen zu den Logiken des Trivialen erfolgreich sein könnte: Nachzugehen wäre den dynamischen Relationen der Dinge, aufzuspüren wäre das »Dazwischen«, neu zu lernen wäre das *In-Beziehungen-Denken.*

Gemeint sind ganz unterschiedliche Arten von Beziehungen: funktionale und emotionale, logische, ästhetische und energetische, Beziehungen im Raum und Beziehungen in der Zeit. Zu lernen wäre das In-Beziehung-Setzen der eigenen Beobachtungen und das Reflektieren des Phänomens der Selbstbezüglichkeit. Wolf Singer bringt das in der Beschreibung eines disziplinübergreifenden Forschungsprogramms so auf den Begriff: »Es wird immer deutlicher, daß wir nach der Identifikation der Eigenschaften von Objekten jetzt mehr Gewicht legen müssen auf die Beschreibung der relationalen Bedingungen.«

Zweitens: Die Suche nach Alternativen zu den Logiken des (ausschließlichen und ausschließenden) Trennens, Teilens und Zerlegens der Dinge,

Logiken, die als Forschungsmethodik in der abendländischen Geschichte der Wissenschaften so überaus erfolgreich waren und als Lehrmethode bis in die Gegenwart hinein als nahezu konkurrenzlos erscheinen. Ohne sie gäbe es keine Differenzierung unserer geistigen und kulturellen Systeme und keine Ausdifferenzierung der sozialen Systeme. Sie haben uns – insbesondere in den sogenannten exakten (Natur-) Wissenschaften – geholfen, den Dingen immer weiter auf den Grund zu gehen, immer kleinere Teile und Teilchen zu analysieren, Substanzen immer feiner zu lokalisieren und zu separieren. Sie eignen sich in der Übertragung auf nahezu sämtliche Wissens- und Lebensbereiche auch dazu, zumindest in der Sprache Ordnung zu schaffen, Konzepte und Begriffe auseinanderzuhalten, klare Unterscheidungen zu treffen, das eine vom anderen – und sich selbst vom anderen – eindeutig abzugrenzen: das Eigene und das Fremde, Subjekt und Objekt, Beobachter und Beobachtetes, innen und außen, richtig und falsch, gut und böse, rational und emotional, entweder – oder.

Die damit verbundenen Fortschritte und zivilisatorischen Leistungen werden nun keineswegs grundsätzlich in Frage gestellt. Es wird vielmehr gefragt, ob das Denken nicht darüber hinaus noch eine andere Perspektive einnehmen und eine andere Richtung des Fortschreitens einschlagen könnte.

Die Autoren dieses Bandes – und die Autoren, auf die sie sich berufen – finden für diesen Perspektivenwechsel unterschiedliche Ausdrücke: Komplementarität, Ambiguität oder Ambivalenz, Mehrwertigkeit statt Zweiwertigkeit, doppelte Beschreibung statt einfacher Beschreibung, »Sowohl-als-Auch« statt »Entweder-Oder«.

Unterscheidungen oder Grenzziehungen werden also nicht negiert, sondern es wird – unter Achtung des Unterschiedlichen – versucht, das Ausgeschlossene im Sinne eines »Re-entry« wieder einzuführen in die Beobachtung. Ich nenne dies das »reincluding thinking«, das *wiedereinschließende Denken.*

Beide Suchbewegungen werden fündig bei den »Mustern, die verbinden«: Wer das Nichttriviale zu erfassen sucht und anfängt, in Beziehungen zu denken, kommt fast zwangsläufig dazu, herkömmliche Trennungen zu hinterfragen und über mögliche Verbindungen nachzudenken. Und wer über die herkömmlichen Trennungslogiken hinausdenkt, wird nicht umhin können – sofern er sich nicht in vage ganzheitliche oder gar esoterische Spekulationen flüchtet –, sich eingehender mit den möglichen Mustern von Beziehungen zu beschäftigen, die das bislang Getrennte verbinden könnten.

So führen beide Denkbewegungen schließlich mit *innerer* Notwendigkeit zur Einsicht, daß traditionelle Gebietsgrenzen überwinden und disziplinübergreifend zusammenarbeiten muß, wer sich über komplexe Prozesse verständigen will: Dies gilt für die Theorie ebenso wie für die Praxis, für die Lehre ebenso wie für das Lernen. Von der Hirnforschung über die Bewußtseinsforschung bis zur Kreativitätsforschung, von der Systemischen Therapie über die Organisationsentwicklung bis zur Softwareentwicklung – um nur einige der ganz unterschiedlichen Arbeitsfelder zu nennen. Das ist der soziale, dialogische Aspekt der »Muster, die verbinden«. Heinz von Foerster nennt das »Wirklichkeit als Zusammenarbeit«.

IV

»Die Kunst geht heute Wege, von denen unsere Väter sich nichts träumen ließen.« Mit diesem Satz beginnt der Subskriptionsprospekt des von Franz Marc und Wassily Kandinsky 1912 herausgegeben Almanachs »Der Blaue Reiter«, der als die bedeutendste Programmschrift einer sich erneuernden Kunst im 20. Jahrhundert gilt. Marc und Kandinsky hatten die programmatische Vorstellung, »daß die Erneuerung nicht formal sein darf, sondern ein Neubeginn des Denkens« sein müsse. Sie waren der Überzeugung, daß die Zeit zu einer »Entmaterialisierung des Weltbildes« dränge. Sie verbanden damit die Hoffnung, daß diese Entwicklung zu einer Neubewertung der »geistigen Güter« und zu einer sich ausbreitenden »geistigen Bewegung« führen werde. Mit dem Almanach wollten sie die »feinen Verbindungsfäden«, den »inneren Zusammenhang« dieser Bewegung aufzeigen, um zu einer neuen Synthese der verschiedenen »Gebiete des geistigen Lebens« zu kommen. Im Vorwort zur ersten Auflage heißt es dazu: »So findet der Leser in unseren Heften Werke, die durch den erwähnten Zusammenhang in einer inneren Verwandtschaft miteinander stehen, wenn auch diese Werke äußerlich fremd zu einander erscheinen.«

Es gibt gute Gründe, nach rund elf Jahrzehnten wieder an diese Worte zu erinnern, sich auf sie neu zu besinnen und an sie mit diesem Buch bewußt anzuschließen. Man kann den historischen Abstand nicht verringern. Aber man kann ihn – von einem anderen geistesgeschichtlichen Hintergrund und von einer anderen Seite aus kommend – überbrücken. Der Blaue Reiter war der Versuch, von den neuen Denkerfahrungen der bildenden Kunst ausgehend auf weitere Felder der Kunst und darüber hinaus auch auf Gebiete der Wissenschaften vorzustoßen, um das Terrain für eine umfassende intellektuelle Erneuerung zu sondieren. Für den 1914 geplanten, dann nicht mehr erschienenen zweiten Band wollte man »Gelehrte als Mitarbeiter heranziehen, um deutlich zu zeigen, auf welch verwandte Weise der Künstler und der Wissenschaftler arbeiten und wie nahe nebeneinander die beiden geistigen Gebiete liegen«. Doch dazu sollte es nicht mehr kommen. Der Ausbruch des Ersten Weltkriegs machte die Ausführung des Plans zunichte. Und ein Großteil insbesondere der deutschen Universitäts- und Schriftgelehrten hatte zunächst Großmächtigeres im Sinn, als die feinen Verbindungsfäden zur Kunst aufzugreifen. Die Zeit war noch nicht reif.

Ist sie heute reifer? Sind die Bedingungen für ein Zusammentreffen günstiger? Niemand vermag es zu sagen. Aber ganz sicher scheinen die Voraussetzungen auf seiten der Wissenschaften – jedenfalls in einigen Disziplinen – eher gegeben zu sein. Diesmal könnte das Angebot von ihnen ausgehen, über die möglichen Verbindungen zwischen den Methoden der wissenschaftlichen und künstlerischen Arbeit gemeinsam nachzudenken. Einige Beiträge dieses »Neuen Almanachs« weisen in diese Richtung: Muster, Metapher und Bild, Form, Gestalt und Beziehungen – diese Begriffe selbst sind es, die verbinden könnten. Nicht nur Wissenschaften und Künste, sondern ebenso Naturwissenschaften und Geisteswissenschaften, also »sciences« und »arts«. Wer sich mit Mustern und Gestalten beschäftigt und in Beziehungen denkt, wird dahin kommen, *gleichzeitig* streng und phantasievoll vorzugehen, exakt und unscharf zu beobachten, abstrakt Formalisierbares und sinnlich Wahrnehmbares zu erkennen, quantitativ und qualitativ zu arbeiten, das regelhaft Allgemeine und das abweichend Besondere zu erfassen.

»Muster«, »Gestalt« und »Beziehungen« sind also keine »Einheitsbegriffe«, die alle Unterschiede einebnen oder wegzaubern, sondern »Brücken-Begriffe«: Sie ermöglichen eine Annäherung an bislang getrennte oder sogar als gegensätzlich empfundene Arbeitsweisen von verschiedenen Seiten aus. Es sind Begriffe, auf die sich die Vertreter unterschiedlicher Disziplinen beziehen können, wenn sie miteinander in Beziehung treten. Wie etwa Ernst Peter Fischer, der als Naturwissenschaftler in seinem Beitrag zur »Genetik als Geisteswissenschaft« fordert, den »Kausalfaktor« durch den »Formfaktor« zu ergänzen und ästhetische Momente in die rational-analytische Forschungsmethodik einzubeziehen. Oder wie Sigrid Weigel, die als Literaturwissenschaftlerin darauf hinweist, daß die Natur- und Biowissenschaften stets auch durch »kulturelle Deutungsmuster« und insbesondere durch das »spezifische Bilddenken« ihrer Zeit geprägt waren und sind.

Ich spreche von Brücken-Begriffen, von Annäherung und Verbindungen, nicht von Identität oder Verschmelzung. Ersteres ist schon schwierig genug, letzteres scheint mir reines Wunschdenken zu sein. Es hat in der Nachfolge von C. P. Snow immer wieder Versuche gegeben, die Unterschiede zwischen den Methoden der verschiedenen intellektuellen Disziplinen und ihren »Kulturen« – vor allem zwischen der Kultur der Naturwissenschaften und der Kultur der literarischen Intelligenz – zu überwinden oder sogar gänzlich aufzuheben. Vor einigen Jahren hieß es beispielsweise, in den USA habe sich bereits eine »3. Kultur« etabliert. Doch dies war, wie sich bald herausstellte, eine vorschnelle und einseitige Proklamation: Der Literaturagent John Brockmann hatte unter diesem eingängigen Titel einige verdienstvolle Arbeiten über Evolution, Selbstorganisation und komplexe Systeme präsentiert – allerdings ausschließlich von Natur- und Computerwissenschaftlern. Die Geisteswissenschaftler,

Literaten und Künstler fehlten in dieser Sammlung. Und so kam es zu keinem Gespräch. Niemand widersprach der Wissenshybris des Herausgebers, die u.a. in den Worten zum Ausdruck kam, die Natur- und Computerwissenschaften seien nunmehr in der Lage, »die tiefere Bedeutung unseres Lebens sichtbar zu machen und neu zu definieren, wer und was wir sind«.

Nein, dieser Ansatz führt in die falsche Richtung. Nicht nach einer neuen, großen, allumfassenden und alles erklärenden Einheitstheorie wird gesucht, sondern nach einer Verständigung über Disziplingrenzen hinweg. Gebraucht werden keine Modelle, die Atome und Gene, Synapsen und Symbole in eins setzen, sondern Metaphern und Beschreibungen, die sie in Beziehungen setzen – im Bewußtsein, daß die Technologik einer »Humanologik« als Ergänzung bedarf. Das würde, wie ich es an anderer Stelle einmal formuliert habe, bedeuten, auf respektvolle Weise »Elektron und Elektra zusammenzudenken, bei der Beschäftigung mit den Bewegungen der Elementarteilchen zugleich die Erinnerung an die elementaren Regungen des Menschen wachzuhalten«.

Nötig scheint mir deshalb keine künstlich geschaffene »3. Kultur« von Wissenschaften, die sich allmächtig dünken und auf andere Denkweisen herabsehen, sondern eine neue Denkkultur, die in Bescheidenheit andere, auch nichtwissenschaftliche Sichtweisen achtsam einbezieht. Manchmal kommt es mir im Rückblick so vor, als hätten wir in der Vergangenheit über die Beschäftigung mit den Wissenschaften und ihren Theorien das Denken vergessen. Wäre es jetzt nicht Zeit für eine Korrektur?

V

»Die Frage nach der menschlichen Intelligenz«, so Paul Valéry in einem Vortrag aus dem Jahre 1932, »erscheint als die entscheidende Frage des Augenblicks«.

Es war der historische Augenblick, den Walter Benjamin so beschrieb: »In der Tür steht die Wirtschaftskrise, hinter ihr ein Schatten, der kommende Krieg.« Doch genau in dieser Zeit formulierte Benjamin auch seine Hoffnung an eine schöpferische, humane Intelligenz, die aus Erfahrungen lernt und bereit ist, »von vorne zu beginnen; von neuem anzufangen; mit Wenigem auszukommen; aus Wenigem heraus zu konstruieren«. Parallelen zur Gegenwart? Erweist sich die Hoffnung erneut als trügerisch, oder ist heute eher ein Neubeginn möglich?

Die Beiträge der Autoren dieses Bandes – und die vieler anderer Autoren, die hier nicht zu Wort kommen konnten, obwohl sie zum Thema »Muster, die verbinden« Gehaltvolles zu sagen hätten – zeigen, daß es eine starke und vielfältige Bewegung gibt, die auf ein geistiges »Vonvornebeginnen« drängt. Es sind Beiträge, die Mut machen. Sie demonstrieren, daß es lohnend sein könnte, dem Zeitgeist entgegenzutreten und sich dem Wagnis eines Neuanfangs des menschlichen Intellekts auszusetzen – allerdings mit einem Denken, das sich seiner Grenzen aus geschichtlicher Erfahrung heraus bewußt ist und in seinen eigenen Bewegungen die historischen Bewegungen, die es vollzogen hat, nicht noch einmal wiederholt. Man könnte es »das Denken *nach* den großen Theorien« nennen: den Theorien, mit denen die Weltbilder der Moderne aufgebaut wurden, die auf das große Ganze zielten und dabei der Wirklichkeit mit ihrer lebendigen, nicht auf den Begriff zu bringenden Vielfalt und Individualität Gewalt antaten. Aber auch nach den Theorien, die diese Weltbilder mit großer Geste so gründlich dekonstruierten, daß nur noch kleinste Stücke übrigblieben, mit denen manche in der Postmoderne nach Belieben spielen zu können glaubten, ohne sich um irgendwelche Bezüge Gedanken machen zu müssen – und ohne für die eigene Beziehungslosigkeit Verantwortung übernehmen zu wollen.

Die Wendung zur Pluralität, die hier vollzogen wurde, ist nicht hintergehbar. Aber jetzt bestünde die Chance und zugleich die Aufgabe, das Plurale zum Ausgangspunkt einer neuen geistigen Entdeckungsreise zu machen. Ziel und Weg dieser Reise ließe sich als das achtsame Zusammenführen des Verschiedenen beschreiben:

Wie erreichen wir Stimmigkeit in der Vielstimmigkeit? Wie kommen wir dahin, daß unsere Projekte besser als bisher zusammenschwingen? Das hieße, in unseren geistigen Konzepten und Modellen einen

Perspektivenwechsel zu vollziehen: von den festen Denkgebäuden – und über deren Dekonstruktion hinaus – zu neuen, lebendig konstruierten Korrespondenzen und Kompositionen. Mit einem Wort: von der Architektonik zur »Relatonik«.

Als Träger dieser neuen Art von Intelligenz sehe ich übrigens nicht in erster Linie den klassischen Intellektuellen, also die reinen Theoretiker, Literaten oder Gelehrten vom Fach, vielmehr eher eine andere, gerade erst entstehende Gruppe, die einen starken praktischen Bezug zu den sozialen Auseinandersetzungen dieser Zeit hat und in ihnen vermutlich immer mehr an Einfluß gewinnen wird: Nach meiner Beobachtung bildet sich zur Zeit ein *neuer Typ des Intellektuellen* heraus, der als Wissensarbeiter – ob festangestellt oder freiberuflich – in diversen Organisationszusammenhängen mit komplexen Entwicklungsprojekten betraut ist, Projekten, die wissenschaftliche und technische Innovationsvorhaben ebenso wie soziale Veränderungs- und Lernprozesse umfassen. Man könnte ihn den »konstruktiven Intellektuellen« nennen. Er (oder sie) zeichnet sich dadurch aus, daß er die Wirklichkeit als einen – gemeinsam mit anderen zu konstruierenden und veränderbaren – Möglichkeitsraum begreift. Von ihm wird verlangt, intellektuell Neues zu konstruieren, dabei einerseits vorhandene Prozesse kritisch zu analysieren und andererseits die angestoßenen Veränderungen gemeinsam mit anderen konstruktiv und möglichst nachhaltig zu positiven Ergebnissen zu führen.

Diese Intellektuellen neuen Typs sind an den großen Theorien weniger interessiert, denn sie können damit in ihrer täglichen Arbeit nicht viel anfangen. Um so mehr aber interessieren sie brauchbare geistige Methoden, um Zusammenhänge transparent zu machen, bruchstückhafte Projekte in anschlußfähige Prozesse zu transformieren und die Zusammenarbeit über Grenzen hinweg zu verbessern. Zugegeben: das ist wenig spektakulär – zumindest erscheint es so für jene Kreise der intellektuellen Öffentlichkeit, die, zwischen Erregung und Ermüdung schwankend, kaum noch neue Zwischentöne wahrzunehmen vermögen. Es ist mühsame intellektuelle Kleinarbeit, zudem oft auf niederen hierarchischen Ebenen verrichtet. Aber war es nicht das, was gefordert wurde:

»mit Wenigem auskommen, aus Wenigem heraus konstruieren«? Und warum sollte es nicht möglich sein, daß sich dieses »Wenige« künftig mit dem »Mehr« anderer geistiger Traditionen anreichert?

Daß die Intelligenz als *soziale Schicht* an Bedeutung gewinnt, hat vermutlich damit zu tun, daß die Intelligenz als *Fähigkeit* zur kreativen Umgestaltung in den Transformationsprozessen einer globalen, vernetzten Wissensökonomie zunehmend nachgefragt und höher bewertet wird. So könnte die Geschichte eine paradoxe Wendung nehmen, die man früher wohl dialektisch genannt hätte: Gerade die Wirtschaft der Gesellschaft braucht heute just jenes Vermögen, das ihre alten Machteliten zumeist scheuten wie der Teufel das Weihwasser: den Geist, verstanden nicht als »metaphysische Wesenheit«, sondern »ganz einfach als Umformungsvermögen«, wie es Paul Valéry ausdrückte.

Damit ist keineswegs gemeint, daß die Geschichte nun eine positive Richtung einschlagen müsse. Zu Geschichtsoptimismus liefert das relationale Denken keinen Grund und der Zustand der Welt keinen Anlaß. Aber die zu erwartenden, heftiger werdenden Auseinandersetzungen auf nahezu allen Problemfeldern des technologischen und gesellschaftlichen Wandels stellen uns vor die Frage, wie wir mit diesem potentiellen Vermögen umgehen: Sind wir uns seiner Bedeutung überhaupt bewußt? Mehren und pflegen wir dieses Vermögen, oder vernachlässigen wir es? Nutzen wir es zur »aufbauenden Umwandlung« oder zur »abbauenden Umwandlung«, um eine Terminologie aus der Naturbeobachtung zu übernehmen?

Neu anfangen hieße, sich diesen Fragen zu stellen und sie zum Ausgangspunkt für eine Bewegung zu machen, die sich gleichermaßen als intellektuelle wie als soziale versteht. Eine Bewegung von Akteuren, die sich selbst nicht mehr einfach als progressiv, sondern eher als »congressiv« definieren, da sie das *Zusammenführen* als ihren eigentlichen Auftrag ansehen: das Zusammenführen unterschiedlicher neuer (und alter) Denkansätze, das Zusammenführen von Theorie und Praxis und das Zusammenführen der Menschen, die auf verschiedenen Feldern in diesem Sinne erneuernd zu arbeiten versuchen.

Neu anfangen hieße, nicht mehr der Vorstellung einer Avantgarde zu folgen, die im Bewußtsein des richtigen Weges anderen kühn vorauseilt, sondern sich bewußt auf den überaus schwierigen und konfliktreichen Dialog mit anderen einzustellen, also das »Dialegesthai«, das gemeinsame Herausfinden im Gespräch als Erkenntnis- und als Praxisform zu wählen.

Neu anfangen hieße, Berührungsängste und unfruchtbar gewordene Abwehrhaltungen zwischen den verschiedenen Fraktionen der Intelligenz – z.B. zwischen der traditionellen *literarisch-kulturellen Intelligenz* auf der einen und der neueren, *techno-ökonomischen Intelligenz* auf der anderen Seite – abzubauen. Jede Seite sollte sich fragen, ob man nicht wechselseitig etwas voneinander lernen könnte, was sich auf dem veränderungsreichen Weg in eine unsichere Zukunft gut gebrauchen ließe.

VI

Die meisten Beiträge dieses Bandes haben auf den ersten Blick nichts mit Politik zu tun, und doch sind sie eminent politisch. Nämlich in der grundlegenden und zugleich erweiterten Bedeutung, die Hannah Arendt im Auge hatte, als sie in ihrem »Denktagebuch« schrieb: »Politik entsteht im *Zwischen* – in dem Zwischen-den-Menschen – und etabliert sich als Bezug.«

In diesem Sinne ist das relationale und wieder einschließende Denken auch politisches Denken. Ein Denken, das uns helfen könnte, zwei der vielleicht schwierigsten gesellschaftspolitischen Problemfelder dieser Zeit mit anderen Augen zu sehen: die Meisterung tiefgreifender Transformationsprozesse – im Spannungsfeld von *Komplexität und Einfachheit* – und die Lösung tiefempfundener Konflikte – im Spannungsfeld von *Exklusion und Inklusion*.

Augenscheinlich ist die traditionelle Politik mit diesen Herausforderungen bislang überfordert. Sie scheint gleichzeitig zu tief und zu hoch zu agieren: einerseits gedanklich zu tief, nämlich unterhalb des geforderten Reflexionsniveaus, und andererseits praktisch zu hoch, nämlich über die Köpfe der Menschen hinweg und oberhalb der eigentlichen Orte des Geschehens, an denen sich – im weitesten Sinn – politische Bewegungen und Gegenbewegungen selbsttätig bilden. Viele Führungsverantwortliche in der Politik ebenso wie in der Wirtschaft kleben immer noch an alten, verdinglichten Ordnungskonzepten, an objekthaft gedachten Programm- und Planungsvorstellungen, in denen die vitalen Beziehungsgeflechte der Menschen, ihre aus positiven und negativen Identifikationen gespeisten Handlungsenergien allenfalls ganz am Rande auftauchen. Es ergeht ihnen deshalb bei der »Umsetzung« ihrer so exakt geplanten und berechneten Strategien häufig so wie bei dem seltsamen Crocket-Spiel im Wunderland, von dem Alice sagt: »Du kannst dir gar nicht vorstellen, wie man durcheinanderkommt, wenn das ganze Spielgerät lebendig ist; mein nächstes Tor zum Beispiel läuft gerade dort hinten auf dem Spielfeld herum.«

An diese Überlegung schließen sich zwei Fragen an; *erstens:* Wie kann man ein lebendiges, nicht-triviales Verständnis von komplexen Spielzusammenhängen bekommen und dabei entscheidungs- und handlungsfähig bleiben? Gibt es irgendein Vorbild, von dem wir lernen könnten, anders an gesellschaftliche Planungsprozesse heranzugehen und kollektive Leistungen intelligenter zu organisieren?

Nun: Es gibt tatsächlich ein solches Vorbild – allerdings finden wir es nicht im Umfeld unserer sozialen Institutionen, und es gibt dazu keine politikwissenschaftlichen Studien. Es stammt vielmehr aus der Welt der belebten Natur. Es steckt in jedem von uns – es ist das menschliche Gehirn.

Das Gehirn ist bekanntlich das komplexeste und leistungsfähigste Organ, das wir kennen. Und diese Leistungsfähigkeit liegt – nach allem, was wir bislang aus der Hirnforschung wissen – nicht zuletzt daran, daß die Verknüpfungen wichtiger als die Teile sind. Das Gehirn funktioniert, weil etwas *zwischen* den Neuronen passiert – elektrische und chemische, möglicherweise auch rhythmische Verbindungen, Vernetzungen, Beziehungen. Es existiert keine zentrale Instanz, die alles von oben steuert, sondern das Gehirn meistert seine komplexen Aufgaben in weitgehend dezentral und zirkulär ablaufenden Prozessen, in einem konzertanten

Zusammenspiel sich selbst steuernder Elemente des Nervensystems. Anders ausgedrückt: Die *Intelligenz* dieser Organisation beruht auf der *Selbst*organisation der miteinander vernetzten Teile.

Natürlich läßt sich das nicht einfach auf soziale Systeme übertragen. Aber man kann davon lernen: Zentral ausgerichtete oder hierarchische Organisationen sind offensichtlich weniger gut geeignet, komplexe Funktionen vernünftig zu erfüllen. Je höher die Intelligenz eines Systems oder einer Organisation sein soll, desto höher müssen die Freiheitsgrade der selbständig operierenden Einheiten sein. Und das bedeutet: Vorsicht bei allen Versuchen, von oben oder von außen regulierend oder gar bevormundend in komplexe soziale Systeme einzugreifen – und seien solche Versuche auch noch so gut gemeint. Die berühmten »einschneidenden« Maßnahmen, mit denen manche Steuermänner in Politik und Wirtschaft glauben, ihre ins Schlingern geratenen Systeme von oben auf einfache Weise wieder unter Kontrolle zu bringen, bewirken deshalb meist das Gegenteil dessen, was sich ihre Initiatoren erhofft haben. Denn für die Steuerung eines sozialen Systems benötigt man, wie Fredmund Malik mit Bezug auf Ross Ashbys »Law of requisite variety« formuliert, »mindestens soviel Varietät, wie das System selbst hat«.

Zu lernen wäre auch: Isolierte, nicht aufeinander abgestimmte Aktionen sind kaum geeignet, komplexe Systeme nachhaltig zu einer gewünschten Veränderung zu bewegen. Wer nur eine einzige Größe oder einige isolierte Größen gezielt verändern will, wird – wie es Franz Reither auch bei seiner Arbeit am Computermodell demonstriert – in der Regel in komplexen Wirkzusammenhängen scheitern. Wir brauchen also die »kombinierten Bedingungsvariationen« statt der zumeist gewählten »isolierten Bedingungsvariation«. Und damit ist gemeint, daß mehrere Handlungselemente zueinander in Beziehung gesetzt, miteinander kombiniert und dann als Ensemble so eingesetzt werden müssen, daß sie zusammenpassen und als »Attraktor« zusammenschwingen. Mit anderen Worten: Selbstorganisation plus Zusammenspiel statt hierarchische Organisation plus Einzelaktionen – das hieße, Politik in Beziehungen zu denken. Das Ziel dieser Übung könnte lauten: *Einfachheit jenseits der*

Komplexität anstreben, statt sich mit *Einfachheit diesseits der Komplexität* zu begnügen.

Zweitens: Wie könnte es gelingen, die starken sozialen Spaltungstendenzen dieser Zeit abzuschwächen oder gar zu überwinden? Wie können verhärtete Frontstellungen aufgebrochen, wie kann ein weiteres *Auseinanderdriften* der Welt in *Eingeschlossene* und *Ausgeschlossene* verhindert werden?

Auch hier geht es darum, ein anderes Herangehen zu entwickeln, das uns in unterschiedlichen Konfliktbereichen ermöglicht, grenzüberschreitend zu handeln – über ideologische und Parteigrenzen, über Ressort- und Zuständigkeitsgrenzen, über politische und kulturelle Grenzen hinweg. Die Denkansätze, die beispielsweise in der systemischen Therapie oder in der Kreativitätsforschung entwickelt wurden, können uns Anregungen geben, wie wir durch Einstimmung in die emotional geprägten Vorstellungs- und Beziehungswelten des anderen und durch die Einbeziehung des bislang logisch Ausgeschlossenen neue Lösungs- und Handlungsperspektiven entwickeln können. Wie wieder etwas geht, wenn scheinbar nichts mehr geht, sofern statt des üblichen Festhaltens an einem »Entweder-Oder« durch kreative Kombination oder paradoxe Intervention ein neues »Sowohl-als-Auch« gefunden oder erfunden wird, ein Sowohl-als-Auch, das festgefahrene Positionen auflöst, unfruchtbar gewordene Pro-und-contra-Rituale überwindet und allen Beteiligten mehr Denk- und Wahlmöglichkeiten eröffnet. Und neuere Erkenntnisse etwa aus der Evolutionsforschung, aus der Spieltheorie oder aus der Institutionenökonomie könnten uns dazu bringen, Spiele in ihren verschiedenen sozialen Ausprägungen als »Zusammen-Spiele« bewußter wahrzunehmen und kooperativen Lösungsstrategien prinzipiell mehr und neue Aufmerksamkeit zu schenken.

Zu lernen wäre, kooperatives Verhalten nicht als Ausnahme von der Regel, sondern als eine grundlegende Spielregel in den großen und kleinen Spielen menschlicher Gemeinschaften neu zu bewerten: in Spielen, in denen Wettbewerb und Zusammenarbeit sich nicht ausschließen, sondern zusammengehören. Dies insbesondere in einer Zeit der zunehmenden Vernetzung der gesellschaftlichen Systeme, in der die wichtigsten ökonomischen, ökologischen und gesellschaftspolitischen Probleme kaum noch innerhalb der jeweiligen Systemgrenzen gelöst werden können und schon deshalb »neue Kooperationsmuster« eines »selbständigen und aktiven Bürgertums« (Birger P. Priddat) eingeübt werden müssen.

Selbstorganisation und Kooperation – das wären demnach zwei der zu beachtenden Muster eines anderen politischen Denkens. Besser gesagt: es sind zwei (begrifflich nur unvollständig zu fassenden) Pole eines zusammenhängenden Musters, das eine intelligente Realpolitik neu zu reflektieren hätte. Und man sollte nicht versuchen, einen der beiden Pole vom anderen zu trennen. Wer Kooperationsstrategien auf höherer Warte entwirft, ohne die Formen und Energien der Selbstorganisation – die Kräfte der »Selbsttätigkeit«, wie es Goethe einmal nannte – sorgfältig zu berücksichtigen, dem werden diese in den komplexen Verhältnissen stets einen Streich spielen. Und wer nur auf Selbstorganisation setzt, ohne den Gedanken der Kooperation auf allen Ebenen gestaltend zu fördern, wird ein weiteres Auseinanderdriften der sich selbst organisierenden Kräfte nicht verhindern können.

Oft wird gefragt: Wo sind die neuen Politikentwürfe für diese Zeit, wo die glaubwürdigen Leitbilder einer vernünftigen, nachhaltig wirkenden Reformpolitik? Vielleicht könnte das Nachdenken über Selbstorganisation und Kooperation bei der schwierigen intellektuellen Arbeit an solchen Entwürfen helfen. Und zwar gerade, weil diese Muster nicht das »Was« – zu tun ist – dem anderen im einzelnen vorgeben, sondern das »Wie« – gemeinsam zu handeln wäre – in Grundzügen vorstellbar machen. Auf diesen Perspektivenwechsel und die damit verbundene Verlagerung der Aufmerksamkeit käme es an. Vom »Was« zum »Wie« heißt: Hier wird nicht gesagt: »Das ist das Beste für euch«, sondern gefragt: »Wie können wir Bedingungen schaffen, damit wir gemeinsam Besseres erreichen?« Hier wird nicht behauptet: »Dies ist die einzig richtige Lösung – wir wissen bereits im voraus genau das Ergebnis«, sondern beschrieben, auf welche Art und Weise zusammenhängende Lösungen entstehen können, die heute noch niemand exakt einschätzen kann.

Hier wird nichts apodiktisch festgestellt, nicht einfach festgeschrieben oder von oben vorgeschrieben, was zu geschehen hätte – im Glauben, es müsse so eintreten, sofern die anderen nur den programmatischen Vorschriften folgen. Hier wird vielmehr der Blick vom Programm auf den Prozeß, also auf das Nicht-Berechenbare, Kontingente, Veränderbare von Entwicklungen gelenkt, und damit wird das Moment der Eigenaktivität betont, ohne deren Reflexion jede Nachhaltigkeitsforderung bloß appellativ erscheint.

Erst mit diesem Perspektivenwechsel könnten vielleicht wieder Politikentwürfe entstehen, die auf der Höhe der Zeit und nicht nur »auf Kamerahöhe« sind, Entwürfe, die glaubwürdig sind, weil sie das andere und den anderen mitdenken. Auch hier geht es also um das »Sowohl-als-Auch«, das als Denkform des Politischen neu zu entwickeln und zu entfalten wäre. Ich nenne es *das andere Denken*, verstanden als eine andere Form von Bewußtheit, bezogen auf Personen und Funktionen, auf Raum und Zeit.

Die andere Intelligenz, die dieses andere Denken – wie dieser Band zeigt – auf unterschiedlichen Feldern erprobt, erhebt dabei nicht den Anspruch, sämtliche Probleme dieser Welt zu lösen. Ihre Ziele sind bescheidener und zugleich realistischer. Sie versucht in ihren eigenen Arbeitsprojekten und in den sozialen und kulturellen Umwelten ihrer Institutionen und Organisationen durch gedankliches Einbeziehen des anderen dem tatsächlichen Ausschluß der anderen vorzubeugen. Denn sie hat bei Hannah Arendt gelernt: »Handeln ist ein Wir und nicht ein Ich.«

VII

In Beziehungen denken und dabei das bislang Ausgeschlossene wieder einbeziehen – ein derartiges Lernprogramm würde zu einer Zeit passen, in der das »Inter« und das »Trans«, das »Zwischen« und das »Über Grenzen hinweg« zu richtungsweisenden Vokabeln geworden sind. Offenbar weil diese Verhältniswörter die neuen technologischen und ökonomischen Verhältnisse besonders treffend zum Ausdruck bringen: vom digitalen

Informations- und Speichermedium Internet über die Interaktionen und Transaktionen transnational agierender Unternehmen bis hin zu den organisationalen Netzwerken, die scheinbar mühelos herkömmliche Grenzen zwischen unten und oben, innen und außen überwinden. Überall werden dingliche, festgeronnene Kategorien, die sich an bestimmten Orten bannen ließen, in Frage gestellt. Die Wahrnehmung muß sich statt dessen neu auf bewegliche, ja flüchtige kommunikative Akte einstellen, die sich nur noch relational erfassen lassen.

Wir gehen offenbar in eine geschichtliche Etappe, von der – mit Blick auf die technologisch fortgeschrittenen Zonen und Zweige der Wirtschaft – zugespitzt gesagt werden kann: »The link is more important than the thing« (Bernard Cova) oder, wie Michel Serres es formuliert: »Wir speichern nicht mehr Dinge, sondern Relationen. Müssen wir den Kapitalismus überdenken?«

Überdenken müssen wir zumindest die Wertschöpfungsprozesse, die auf den wichtiger werdenden Ressourcen Informationen, Ideen und Wissen beruhen, denn diese sind ausschließlich menschliche Produkte. Der Mensch selbst wird, wie es Meinhard Miegel einmal formulierte, »in gewisser Weise zur Ackerscholle, zum Kohleflöz oder zur Ölquelle. Er selbst ist der Rohstoff, der wertschöpfend verarbeitet wird.« Infolgedessen verlagert sich die Wertschöpfung in vielen Branchen zunehmend von der Produktion schwerer, feststehender Güter hin zur Erzeugung immaterieller Güter, die in diversen Kommunikations-, Kooperations- und Dienstleistungsbeziehungen zwischen Mitarbeitern, Zulieferbetrieben, Netzwerkpartnern und Kunden entstehen. Analog dazu beginnen sich unsere ökonomischen Wertbestimmungen zu verschieben – von materiell zu immateriell, von den »tangible assets« zu den »intangibles«, von dem in Grundstücken, Gebäuden oder Maschinen angelegten Sachkapital zum intellektuellen Kapital bzw. Wissenskapital. Dies ist ein sonderbares, schwereloses Kapital, das man nicht anfassen kann, das in den Köpfen der Mitarbeiter, Partner, Zulieferer und Kunden steckt, in ihren Teamstrukturen und Netzwerken kaum sichtbar verborgen ist. Und dieses Wissenskapital vermehrt sich auf eigenartige Weise: Man muß es weggeben, verausgaben, gemeinsam mit anderen teilen. Wer es hortet oder wer nur abgeschottet von anderen mit ihm arbeitet, wird es verlieren.

Wissen durch Teilung zu vermehren – das ist die ebenso neue wie schwierige Aufgabe, vor der heute viele Wissensarbeiter in ihren Wertschöpfungsketten stehen und die gegenwärtig in nahezu allen Unternehmen als »crucial point« der Personal- und Organisationsentwicklung gilt. Es geht um die Entwicklung eines *immateriellen Vermögens* (im doppelten Wortsinn), das *nur in Beziehungen* entsteht und nur durch in *Beziehungen gelebte Werte* gefördert werden kann. Solche »Beziehungs-Werte« wie beispielsweise Toleranz, Respekt vor dem anderen, Kooperationsfähigkeit, Integrität oder Transparenz ermöglichen erst die grenzüberschreitenden Prozesse der Wissensbearbeitung. Sie sind die Voraussetzung für gelingende Innovationsvorhaben. Sie geben den Wissensflüssen Richtung und den Wissensproduzenten in ihrer Arbeit Halt und Sinn.

Heißt das nicht: Immaterielle Werte – die bislang eher in außerökonomischen Diskursen Bedeutung hatten – bekommen eine zunehmende ökonomische Relevanz? Wird Wert-Steigerung nicht abhängig von der Werte-Entwicklung?

Das Netz als Metapher zeitgemäßer, anscheinend »grenzenloser« Organisations- und Kommunikationsstrukturen weist ebenfalls in diese Richtung: Es bringt – bewußt oder unbewußt – zum Ausdruck, daß nicht mehr die klar abgegrenzten Funktionen und festen Positionen, sondern die Beziehungen zwischen ihnen als Bindungskräfte für den Erfolg einer Organisation von entscheidender Bedeutung sind. Dies gilt für die Beziehungen nach innen wie nach außen. Wenn Barrieren durchlässiger werden und Mauern fallen, werden Grenzübertritte in beide Richtungen einfacher.

Unternehmen werden zunehmend abhängig von ihrem sozialen und kulturellen Umfeld, insbesondere von funktionierenden Infrastrukturen, guten Forschungs- und Bildungseinrichtungen und einer intakten Umwelt in ihrer Region. Und sie werden beeinflußbar durch intellektuelle und emotionale Strömungen, die in ihrem Umfeld entstehen und in die Organisation hineinwirken. Sie sind darauf angewiesen, als »good corporate citizen« gute Beziehungen zu ihren Umwelten zu halten, und sie müssen lernen, diese in Vertrauensbeziehungen zu verwandeln. Denn nur so können sie ihr soziales Kapital mehren, das in Verbindung mit ihrem intellektuellen Kapital langfristig für ihre Zukunft mindestens ebenso wichtig ist wie das verfügbare Sach- und Finanzkapital.

Immaterielle Werte, Wissensteilung, intellektuelles und soziales Kapital – da ist eine spannende Entwicklung in Gang gekommen, deren Konsequenzen auch die Wirtschaftswissenschaftler erst in Ansätzen erfaßt haben. Die Ökonomie scheint sich – auch wenn das noch nicht überall ins Bewußtsein von Managern vorgedrungen ist – sukzessive in eine Ökonomie der Aufmerksamkeit, mehr noch: in eine »Economy of Relations«, zu verwandeln, in der Wertschöpfung zunehmend auf Wertschätzung basiert. Der rein rationale und berechenbare *homo oeconomicus* entwickelt sich offensichtlich allmählich zum »homo oeconomicus humanus«, wie es Uwe Jean Heuser ausdrückt.

Entweder-Oder-Denker, für die Wert und Werte, Geschäft und Moral strikt getrennte Dinge sind, werden umdenken müssen. Darunter auch Karl Kraus, wenn er noch leben würde, von dem die folgende Begebenheit berichtet wird: Zu ihm kommt eines Tages ein angehender Student, der ihm über seine Zukunftspläne berichten will. Karl Kraus fragt ihn: Was wollen Sie studieren? Dieser sagt: Wirtschaftsethik. – Darauf Karl Kraus: Da werden Sie sich wohl entscheiden müssen!

In der Vergangenheit haben viele geglaubt, sich eindeutig entscheiden zu müssen. Jetzt aber beginnen einige zu lernen, daß beides zusammengehört: »Altruismus aus Eigennutz« nannte es ein anderer Österreicher, nämlich Egon Friedell.

Die alte Parole »Profit over People« (Noam Chomsky), die einst die strikten Anhänger und die unbeugsamen Kritiker des Industriekapitalismus einte, scheint nicht mehr so recht zu einer sich verändernden Wirklichkeit zu passen, in der es vom intellektuellen und sozialen Vermögen der Menschen abhängt, ob überhaupt noch Profit erzielt werden kann. Sie ist jedenfalls für die meisten wertschöpfenden Unternehmen in unseren Breitengraden auf Dauer keine besonders intelligente Maxime mehr. (Was manche, ausschließlich wertabschöpfende Akteure des spekulativen, international vagabundierenden Finanzkapitals nicht hindern wird, ihr weiter zu folgen.) Denn wer langfristig gute Geschäfte machen möchte, wird nicht umhin können, sich auf die Spielregeln einer Economy of Relations einzustellen und auf die Qualität der Beziehungen mindestens ebenso zu achten wie auf die Quantität der eigenen Bezüge.

Natürlich handelt es sich bei all den hier skizzierten Phänomenen nicht um eine geradlinige Entwicklung *der* Ökonomie, sondern um eine Widerspruchsbewegung *in* der Ökonomie, deren Ausgang zudem völlig ungewiß ist. Aber diese Widerspruchsbewegung kennzeichnet eben, daß sie in zwei Richtungen verläuft: Wir haben es *nicht nur* – wie es häufig in der Beobachtung von außen einseitig interpretiert wird – mit einer Tendenz zur *Ökonomisierung der Gesellschaft und des geistigen Lebens* zu tun, sondern ebenso mit der Gegentendenz zur *Sozialisierung und Intellektualisierung der Wirtschaft.* In dieser Widerspruchsbewegung entwickeln sich manche Unternehmen gleichsam zu Laboratorien der intellektuellen und kulturellen Erneuerung, in denen andere Sichtweisen gelernt werden, das »Umformungsvermögen« erprobt und mit paradoxen Interventionsmustern experimentiert wird.

Könnten sich nicht die hier gewonnenen Erfahrungen des »konstruktiven Intellektuellen« bei der Gestaltung von Veränderungsprozessen auch in anderen gesellschaftlichen Bereichen als fruchtbar erweisen? Und zwar gerade dort, wo Vertreter des privatwirtschaftlichen und des öffentlichen Sektors sich nicht dem »Wahn der Eindeutigkeit« (Fritz B. Simon) unterwerfen, sondern in grenzüberschreitenden *sozialen Kooperationen* an längst überfälligen gesellschaftspolitischen Reformen arbeiten und über neue zivilgesellschaftliche Strukturen nachdenken?

VIII

Eine der bekanntesten Aussprüche in den Reformdiskussionen dieser Tage lautet: »Wir haben kein Erkenntnisdefizit, sondern ein Umsetzungsdefizit.« Damit ist wohl gemeint, es sei jedermann klar, was verändert werden müsse, es mangele allein an der notwendigen Bereitschaft und Konsequenz des Handelns. Doch wer sich aufmerksam und ernsthaft mit den neueren Denkansätzen – und, das sei hinzugefügt, auch mit einigen älteren Denkansätzen – beschäftigt, wird diesen Sprachgebrauch für irreführend halten.

Allein schon das Wort »Erkenntnisdefizit« ist fragwürdig, suggeriert es doch, es gäbe eine für jedermann gültige, »objektive« und damit beobachterunabhängige Erkenntnis, die ohne die mühsame Arbeit der kommunikativen Verständigung und ohne den »Rhythmus des Mißverständnisses«, wie Walter Benjamin sagen würde, zu erreichen wäre. Noch problematischer aber ist der zweite Hauptbegriff: Man mag eine Pflanze im Garten umsetzen oder einen technischen Plan in die Tat umsetzen. Aber geistige Konzepte für soziales Handeln – insbesondere in komplexen Prozessen – können nicht »umgesetzt« werden. Das Wort selbst verweist bereits auf den Ursprung des voraussichtlichen späteren Scheiterns. Was aber wäre die Alternative?

Einige Beiträge dieses Bandes zeigen auf, daß es sinnvoll sein könnte, wieder neu über zwei alte Worte nachzudenken, die mit dem Wort »Muster« inhaltlich verwandt sind: die Worte »Gestalt« und »Gestaltung«.

Diese Worte haben eine wechselhafte Bedeutungsgeschichte hinter sich. Wir haben uns daran gewöhnt, Gestaltung mit Design gleichzusetzen und das Wort im Sinne von visueller Gestaltung bzw. Produktgestaltung als äußerliche Formgebung materieller Dinge zu gebrauchen. Zwar ist in letzter Zeit häufiger davon die Rede, man müsse auch »den Wandel gestalten«, man spricht vom »Gestaltungsauftrag« der Politik, der Wirtschaft oder der Medien, aber bislang scheint das doch überwiegend eine leere, gedankenlose »Gestaltrhetorik« zu sein. Ausnahmen bestätigen die Regel.

Im öffentlichen Bewußtsein weithin vergessen sind die Ansätze der Gestalttheoretiker und Gestaltphilosophen, die zu Beginn des 20. Jahrhunderts disziplinübergreifend diskutiert wurden und später in die Entwicklung der Gestaltpsychologie einflossen. Manche ihrer Überlegungen – etwa zum Begriff der »Gestaltqualität« – scheinen mir auch heute noch (oder gerade heute wieder) von Interesse zu sein, sofern man sie in unsere Zeit und Sprache übersetzt. Wenn z.B. der – in Deutschland kaum noch bekannte – Psychologe und Kunsttheoretiker Rudolf Arnheim die Ursprünge der Gestaltpsychologie beschreibt, so klingt bereits das Motiv der hier geführten Diskussion unüberhörbar an: »Was wir an der Universität entwickelten, war eine Reaktion auf die naturwissenschaftliche Methode, die darauf beruhte, daß man den Gegenstand, den man untersucht, stückweise zusammensetzen kann, daß man also jedes Stück im einzelnen definiert und dann die Summe der Definitionen hat. Aber es stellte sich in der Biologie, in der Psychologie und überall heraus, daß es Gegenstände gibt, die auf der Beziehung zwischen den Teilen beruhen, so daß man die Teile nicht einzeln definieren kann.«

Über Gestalt und Gestaltung neu nachzudenken hieße, alte und neue Sichtweisen zusammenzuführen und dabei von der Anschauung konkreter, materieller Objekte auf die Ebene der Betrachtung immaterieller Prozesse zu wechseln und künftig nicht mehr von »konkreten Einzeldingen«, sondern von »abstrakten Relationen auszugehen« (F. A. Hayek). Zu arbeiten wäre an einer neuen Veranschaulichung des Abstrakten, an einer neuen Plastizität des Unsichtbaren, also im Sinne von Niklas Luhmann an einer neuen Anschlußfähigkeit unserer geistigen Konzepte und der von ihnen angestoßenen sozialen Prozesse:

Wie können wir intellektuelle Verständigungsprozesse anstoßen, in denen die vorherrschende Fixierung auf Begriffe überwunden und andere, ästhetische Formen der Erkenntnisgewinnung gemeinsam erprobt werden? Wie können wir Relationen und Korrelationen in der täglich auf uns hereinbrechenden Informationsflut wahrnehmen? Wie können wir Beziehungen und Korrespondenzen gestalten, die zwischen Unterschiedlichem Anschlüsse ermöglichen – in unseren Kommunikationsprozessen, in unseren Innovationsprojekten und Veränderungsarchitekturen?

Mit anderen Worten: Sind wir künftig in der Lage, eine gleichermaßen funktionale wie soziale, energetische und ästhetische Fähigkeit auszubilden, an der es offenkundig in der Gegenwart überall mangelt: die Fähigkeit, über intellektuelle Einzelleistungen hinauszugehen und – ohne

Verlust von Pluralität und Individualität – *Gemeinschaftsleistungen zu gestalten*? An derartigen »Mustern, die verbinden« zu arbeiten hieße, nicht nur »den sozialen Charakter des Geistes wiederzuentdecken« (John R. Searle), sondern auch den geistigen Charakter des Sozialen neu zu erkunden.

Daß dies eine Chance dieser Zeit sein könnte, ist einer der Gedanken, die uns dieses Buch näherbringen will. Ob der eine oder andere davon aufgegriffen wird, steht auf einem anderen Blatt. Auf ihm könnten die Worte von Shakespeare stehen: »Our thoughts are ours, their ends none of our own.«

Literatur

Arendt, Hannah: *Denktagebuch.* Erster Band 1950–1973, München: Piper 2002.

Ashby, Ross W.: *Einführung in die Kybernetik*, Frankfurt a. M.: Suhrkamp 1974.

Arnheim, Rudolf: *Kunst und Sehen*, Berlin/New York: Walter de Gruyter 1978.

Bateson, Gregory: *Geist und Natur. Eine notwendige Einheit*, Frankfurt a. M.: Suhrkamp 1987.

Beuys, Joseph: Aufruf zur Alternative, in: Harlan/Rappman/Schata: *Soziale Plastik*, Achberg: Achberger Verlag 1984.

Beck, Ulrich: *Macht und Gegenmacht im globalen Zeitalter*, Frankfurt a. M.: Suhrkamp 2002.

Benjamin, Walter: Erfahrung und Armut, in: *Illuminationen*, Frankfurt a. M.: Suhrkamp 1977.

Brockman, John: *Die dritte Kultur. Das Weltbild der modernen Naturwissenschaft*, München: Goldmann 1996.

Carroll, Lewis: *Alice im Wunderland*, Frankfurt a. M.: Insel 1973.

Chomsky, Noam: *Profit over People. Neoliberalismus und globale Weltordnung*, München: Europa Verlag 2000.

Cova, Bernard: From Marketing to Societing, in: Brownlie, Douglas et al.

(Hrsg.): *Rethinking Marketing: Towards Critical Marketing Accountings*, London: Sage 1999.

Foerster, Heinz von: *Wissen und Gewissen: Versuch einer Brücke*, Frankfurt a. M.: Suhrkamp 1993.

Franck, Georg: *Ökonomie der Aufmerksamkeit*, München: Carl Hanser 1998.

Friedell, Egon: *Kulturgeschichte der Neuzeit*, München: C. H. Beck 1965.

Hayek, Friedrich August von: Der Primat des Abstrakten, in: Koestler, A. / Smythies, J. R.: *Das neue Menschenbild. Die Revolutionierung der Wissenschaften vom Leben*, Wien/München/Zürich: Molden 1970.

Kandinsky, Wassily/Marc, Franz: *Der Blaue Reiter*, Dokumentarische Neuausgabe München: Piper 1984.

Luhmann, Niklas: *Die Gesellschaft der Gesellschaft*, Frankfurt a. M.: Suhrkamp 1998.

Miegel, Meinhard: Von der Arbeitskraft zum Wissen, in: *1. Johannisberger Gespräch*, Tagungsband, Frankfurt a. M. 2001.

Mutius, Bernhard von: *Die Verwandlung der Welt. Ein Dialog mit der Zukunft*, Stuttgart: Klett-Cotta 2001 (2. Aufl.).

–: Das andere Denken. Wertebalancierte und nachhaltige Unternehmensführung, in: *Zeitschrift für Organisationsentwicklung* 2/2003.

Searle, John R.: *Die Wiederentdeckung des Geistes*, München: Artemis & Winkler 1993.

Serres, Michel: Neue Technologien und Ökonomie des Vergessens, in: *Transit. Europäische Revue* Nr. 22, Frankfurt a. M.: Verlag Neue Kritik 2002.

Snow, Charles Percy: *Die zwei Kulturen. Literarische und naturwissenschaftliche Intelligenz*, Stuttgart: Klett 1967.

Thurow, Lester C.: *Die Zukunft des Kapitalismus*, Düsseldorf/München: Metropolitan 1996.

Valéry, Paul: Die Bilanz der Intelligenz, in: *Werke*, Bd. 7, Frankfurt a. M.: Insel 1995.

–: Die Politik des Geistes, in: *Werke*, Bd. 7, Frankfurt a. M.: Insel 1995.

ALTES DENKEN

Logiken des Trivialen = Muster, die trennen

Objekte
Dinge
Meinungen
Objektive Erkenntnis
Materiell
Bestimmtheit
Gegenstände
Gesetze
Abbildung
Eindeutigkeit
Einfache Definition
Entweder - Oder
Eindimensional
Linear
Widerspruchsfrei
Systematisch
Kurzfristig
Positionen
Einfachheit diesseits der Komplexität
Hierarchische Organisation
Räderwerk
Zentralperspektive
Starre Grenzen
Kolossal
Wissensbesitz
Feststellungen
Unterscheiden und ausschließen
Antworten
Monologe
Ethik
Zentralverantwortung
Machen
Umsetzen
Stückwerk
Vorsetzen
Einzelleistungen
Teile, Teilungen
Exklusion

»So ist es«

MUTIUS

NEUE DENKANSÄTZE

Logiken des Komplexen
= Muster, die verbinden

Beziehungen
Prozesse
Beobachtungen
Beobachterabhängige Erkenntnis
Immateriell
Unbestimmtheit
Kontexte
Muster
Konstruktion
Ambivalenz
Doppelte Beschreibung
Sowohl - Als auch
Mehrdimensional
Zirkulär
Paradox
Systemisch
Nachhaltig
Optionen
Einfachheit jenseits der Komplexität
Selbstorganisation
Netzwerk
Abschied von der Zentralperspektive
Grenzüberschreitungen
Transversal
Wissensaustausch
Lösungen
Unterscheiden und anschließen
Fragen
Dialoge
Kybernethik
Selbstverantwortung
Entwickeln
Gestalten
Korrespondenzen
Einbeziehen
Gemeinschaftsleistungen
Verbindungen
Re-Inklusion

»Ist es so?«

»Es geht darum, Denkweisen zu reformieren – Empfindungsweisen, die Millionen Jahre Besitzstandswahrung hinter sich haben.«

Paul Valéry

»Die Atomkraft hat alles verändert, nur unsere Denkweise nicht.«

Albert Einstein

»Vielleicht ist es deshalb ratsam, auch ohne große Theorieentwürfe zunächst einmal von einer Ökologie des Nichtwissens auszugehen, also die Beschreibung genau auf die Form zu lenken, hinter der zur Zeit der unmarked space liegt.«

Niklas Luhmann

Günter Küppers

Wissen und Nicht-Wissen – Für einen neuen Umgang mit Wissenschaft und Technik

Einleitung

Seit einigen Jahren wird behauptet, die Industriegesellschaft werde von der Wissensgesellschaft abgelöst. Wissen, so die These, werde zur wichtigsten Ressource industrieller, aber auch gesellschaftlicher Innovationsprozesse. Im Verlauf dieses Prozesses würden zunehmend neue Anforderungen an die Wissenschaft gestellt. Nicht mehr die Aufklärung fundamentaler Gesetzmäßigkeiten in Natur und Gesellschaft stünde dann im Zentrum gesellschaftlicher Erwartungen, sondern die Lösung konkreter Aufgaben, die sich im Zusammenhang gesellschaftlicher Modernisierungsprozesse ergeben. Freilich gibt es unterschiedliche Meinungen, wie weit dieser Prozeß fortgeschritten ist. Fest steht jedoch, daß der politische Druck auf die Wissenschaft zugenommen hat, für Probleme der Gesellschaft Lösungen anzubieten. Wissenschaftler werden gebeten, Vorschläge zur »nachhaltigen« Finanzierung der Renten und der Krankenkassen zu erarbeiten oder verläßliche Daten über die zukünftige Entwicklung des globalen Klimas zu liefern. Aber auch die Wissenschaft bietet vermehrt ihre Dienste an: Ist Fasten gesund? Macht Fernsehen dumm? Macht »Fast Food« krank? … – alles Beispiele für Fragen, für die die Wissenschaft bereitwillig Antworten anbietet.

Die Wissenschaft ist mit ihrem Gestaltungspotential in alle Teile der Gesellschaft eingedrungen. Das meint im Kern die These vom Wandel der Gesellschaft in die Wissensgesellschaft. Aber diese Entwicklung verläuft nicht ohne Konflikte. Zwar nähren die Erfolge der Wissenschaft in der Vergangenheit die Hoffnung, die Wissenschaft könne auch in der Zukunft den gestiegenen Erwartungen der Gesellschaft gerecht werden, gleichzeitig wächst aber die Furcht vor dem zunehmenden Einfluß der Wissenschaft auf die Gesellschaft. Hierfür gibt es vor allem zwei Gründe: Zum einen gerät die Wissenschaft zunehmend in Konflikt mit etablierten Werten in der Gesellschaft. Gerade die Optionen, die die modernen Lebenswissenschaften heute zur Verfügung stellen, werden im Hinblick auf ihre Umsetzung zunehmend kritisch beurteilt. Die Diskussionen um Stammzellentherapie, Präimplantationsdiagnostik und Gentherapie sind Beispiele für diesen Konflikt. Nicht mehr alles, was die Wissenschaft kann, wird von ihr auch gewollt. Aber es ist nicht einfach, die Verwendung des produzierten Wissens zu kontrollieren. Obwohl sich die Mehrheit gegen das Klonen von Menschen ausspricht, ist damit noch keineswegs sichergestellt, daß dies nicht doch irgendwo geschieht. Medienberichte haben zumindest für eine gewisse Verunsicherung gesorgt.

Ein zweiter Aspekt kommt hinzu: Die verstärkt an die Wissenschaft herangetragenen Nutzungsanforderungen der Gesellschaft treiben die Forschung in immer komplexere Problemfelder. Die Wissenschaft wird auf funktionierende Anwendungen ausgerichtet, und ihr Sachverstand wird zunehmend dort nachgefragt. Die in der Grundlagenforschung vertretbaren Idealisierungen und Vereinfachungen sind nicht mehr möglich, angewandte Wissenschaft muß sich stärker als die Grundlagenforschung auf die Komplexität konkreter Problemstellungen einlassen. Mit der wachsenden Komplexität ihrer Aufgaben aber nimmt die Unsicherheit des erzeugten Wissens zu. Auf diesen Umstand und seine Konsequenzen will ich im Folgenden ausführlicher eingehen.

Komplexität

Auf den ersten Blick zeichnet sich wissenschaftliches Wissen – vor allem in den Naturwissenschaften – durch seinen hohen Grad an Präzision und

Verläßlichkeit aus. Solches Wissen gewinnt die Wissenschaft überwiegend aus Modellen, selten direkt aus der Wirklichkeit. Modelle sind Idealisierungen, in denen bestimmte Aspekte der Wirklichkeit vernachlässigt werden. Dennoch gilt das erzeugte Wissen als exakt, denn die Ungenauigkeiten, die aufgrund theoretischer Vereinfachungen und technischer Näherungsverfahren auftreten, können abgeschätzt und als Abweichung vom Idealwert bestimmt werden. Das Idealbild einer exakten Wissenschaft liegt in dieser prinzipiellen Bestimmbarkeit von Näherungsfehlern begründet.

Daß diese Vorstellung von Exaktheit letztlich nur in einer *linearen* Welt gilt, ist im Prinzip schon lange bekannt, wurde aber in der Vergangenheit immer wieder erfolgreich verdrängt. Eine lineare Welt zeichnet sich dadurch aus, daß Ursache und Wirkung zueinander proportional sind, d.h. in einem konstanten Verhältnis zueinander stehen. Mehrere Ursachen können deshalb ebenso wie ihre Wirkungen addiert werden. Es gilt das Überlagerungsprinzip. Auch kleine Abweichungen in den theoretischen Annahmen oder experimentellen Verfahren gehen nur additiv in die Gesamtbilanz ein. Deshalb gilt: Ähnliche Ursachen haben auch ähnliche Wirkungen. Solange die bei der Modellierung vorgenommenen Näherungen nur hinreichend klein sind, erhält man eine von der Wirklichkeit nur geringfügig abweichende Beschreibung der durch das Modell repräsentierten Realität. Die Qualität dieser Beschreibung läßt sich in jedem Fall aus der Kenntnis der durchgeführten Näherungen exakt bestimmen.

Bei den *nicht-linearen* Problemen sind solche Schlußfolgerungen nicht mehr zulässig, denn hier sind die Ursachen nicht mehr proportional zu ihren Wirkungen. Das Überlagerungsprinzip hat keine Gültigkeit mehr. Die Wirkung mehrerer nicht-linear miteinander verwobener Einzelursachen kann nicht durch Überlagerung (Addition) der Einzelwirkungen berechnet werden, die Gesamtdynamik läßt sich nicht mehr auf ihre Einzelursachen reduzieren. Die Folge ist: ähnliche Ursachen können jetzt ganz verschiedene Wirkungen haben. Eine Vernachlässigung von Effekten kann, auch wenn sie im Vergleich mit anderen sehr klein sind, zu enormen Abweichungen des Modellverhaltens führen; denn auch die kleinsten Effekte können zu großen Veränderungen in der Gesamtwirkung führen.

Metaphorisch gesprochen: Im Nichtlinearen sind es die kleinen Dinge, die Großes hervorbringen. So ist z.B. die Reibungskraft der Luft verantwortlich dafür, daß sich das Wetter über eine längere Zeitspanne nicht vorhersagen läßt. Dort, wo Näherungen in der Modellierung unumgänglich sind, läßt sich ihre Güte nicht mehr abschätzen. Diese schmerzliche Erfahrung mußte schon gegen Ende des 19. Jahrhunderts der französische Mathematiker Henri Poincaré machen, als er versuchte, das sogenannte »Dreikörperproblem« – die Bewegung von drei Körpern in ihrem gemeinsamen Schwerkraftfeld – zu lösen. Treffend stellte er in einem Brief an einen Kollegen fest: »Man beginnt irre zu werden«. Entscheidend dabei ist, daß man nicht immer im voraus sagen kann, wo diese Unberechenbarkeit existiert und wo nicht.

Die enge, nicht in ihre Komponenten auflösbare Verknüpfung der Bewegung der Teile ist die Ursache für das unberechenbare Verhalten des Ganzen. Am eindrucksvollsten sieht man diesen Sachverhalt am sogenannten Doppelpendel. An einem Pendel hängt ein zweites Pendel mit ungefähr der gleichen Masse. Während das Einzelpendel vollkommen regelmäßig um seinen Ruhepunkt schwingt, fängt das Doppelpendel als Ganzes ohne ersichtlichen Anlaß an, völlig unregelmäßig zu schwingen. Das Schwingungsverhalten des Doppelpendels ist in seinem zeitlichen Ablauf nicht mehr vorhersehbar. Sein Verhalten ist *komplex*. Was ist damit gemeint?

Bei der Suche nach einer geeigneten Definition für »Komplexität« findet man in der Literatur eine Vielfalt von Beschreibungen, die alle darauf verweisen, daß Komplexes aus vielen Teilen zusammengesetzt ist, seine Eigenschaften sich aber nicht auf eine *Addition* der Eigenschaften dieser Teile reduzieren lassen. Der Hinweis »Das Ganze ist mehr als die Summe seiner Teile« charakterisiert diesen Umstand. Entscheidend für das Phänomen des Komplexen ist daher die Emergenz neuer Eigenschaften. Diese werden wesentlich durch die Art des Zusammenwirkens und nicht durch besondere Eigenschaften der miteinander wechselwirkenden

Teile bestimmt. Mit anderen Worten: Auch Einfaches, aus wenigen Teilen Bestehendes kann komplex sein, wenn nur das Zusammenwirken dieser Teile auf eine besondere Weise geschieht.

Sucht man nach Beispielen für komplexe Zusammenhänge, muß man zwischen *komplexen Strukturen* und *komplexen Systemen* unterscheiden. Eine Struktur ist in der Regel aus einfachen Elementen zusammengesetzt, die sich zu einem Ganzen fügen. Eine *Struktur* ist *komplex*, wenn sie sich in ihrem Gesamteindruck nicht auf diese Basiselemente reduzieren läßt. Ein Beispiel: Mosaikbilder sind aus kleinen bunten Mosaiksteinen zusammengesetzt und erzeugen in ihrer Gesamtheit ein komplexes Bild (siehe z.B. die Mosaiken in Ravenna). Das Bild ist aber in den einzelnen Steinen nicht auf eine verborgene Weise angelegt. Es entsteht im Gehirn des Betrachters. Mit Hilfe der Informationstheorie kann man zeigen: Eine Struktur ist komplex, wenn es keine Form ihrer Darstellung gibt, in der sich die Anordnung der verwendeten Elemente zur Beschreibung nutzen läßt. Definiert man eine Information als eine komplexe Struktur von einzelnen Zeichen, so gilt: Je weniger Zeichen ein Code braucht, um eine Information wiederzugeben, desto geringer ist deren Komplexität. In diesem Kontext bedeutet Komplexität die Unmöglichkeit, eine Zeichenfolge ohne Verlust an Information auf einfachere Formen der Beschreibung zu reduzieren. Verschiedene Begriffe wie »strukturelle Komplexität«, »informationale Komplexität«, »computational complexity« und viele mehr werden in der Literatur zur Beschreibung dieser *strukturellen Komplexität* benutzt.

Versucht man den Begriff der *Komplexität* auf *Systeme* zu übertragen, so folgt aus dem bisher Gesagten: Systeme sind komplex, wenn sie Eigenschaften besitzen, die nicht bereits in den Elementen, aus denen sie aufgebaut sind, angelegt sind. So gesehen sind komplexe Systeme nicht auf ihre Elemente zu reduzieren, ihre Besonderheit ist ein emergentes Phänomen. Ihr charakteristisches Verhalten und ihre Abgrenzung von der Umwelt emergieren aus dem nicht-linearen Zusammenwirken ihrer Elemente.

Das soll uns aber nicht daran hindern, komplexe Systeme in ihrem

Aufbau zu untersuchen und die Elemente, aus denen sie bestehen, zu bestimmen. Inwieweit in solchen Fällen aus der Mikrodynamik der Elemente auf die Gesamtdynamik des Systems geschlossen werden kann, bleibt jedoch eine offene Frage. Ein Beispiel: Es besteht wohl kein Zweifel daran, daß das soziale Verhalten von Individuen die komplexe Welt sozialer Institutionen aufbaut. Auf der anderen Seite kontrollieren soziale Institutionen in gewisser Weise das soziale Verhalten ihrer Mitglieder. Aber nicht nur im Bereich des Sozialen ist unklar, auf welchen Mechanismen diese gegenseitige Konstituierung von Struktur und Prozeß im einzelnen beruht.

Eine der Schwierigkeiten bei der Suche nach solchen Mechanismen liegt in einer gewissen »Unterdeterminiertheit« dieses zyklischen Bedingungsverhältnisses. Veränderungen im sozialen Verhalten müssen nicht zwangsläufig zu einer Änderung in der sozialen Struktur führen, und Änderungen in der Sozialstruktur garantieren nicht zwangsläufig Änderungen in der sozialen Praxis. Jeder, der sich einmal in der Steuerung sozialen Verhaltens versucht hat, weiß davon ein Lied zu singen. Dasselbe Problem besteht auch bei anderen dynamischen Strukturen. Beispielsweise ändern sich globale Strömungsmuster in Flüssigkeiten nicht, wenn sich die lokale Dynamik der Flüssigkeitsteilchen durch interne Schwankungen oder externe Störungen leicht verändert. Mikro- und Makrodynamik sind so gesehen nur lose miteinander gekoppelt. Aus der Kenntnis der Mikrodynamik läßt sich deshalb nicht immer auf die Makrodynamik schließen und umgekehrt. Auf einer der beiden Ebenen bleibt man immer blind.

Der Grund für diese lose Kopplung von Struktur und Prozeß liegt in der Nicht-Linearität der dynamischen Verknüpfungen der Einzelprozesse. Lokale Schwankungen im Prozeßnetzwerk können sich dann nämlich auf das ganze Netzwerk verteilen, lokale Veränderungen werden auf diese Weise kompensiert, und die Strukturen verändern sich nicht. Anders ausgedrückt: Aufgrund der nicht-linearen Verknüpfung ist die Kopplung zwischen Struktur und Prozeß nicht starr, sondern gleicht einer Verbindung mit Gummibändern. Daß diese elastische Kopplung nur innerhalb bestimmter Schranken hält, versteht sich von selbst. Veränderungen, die oberhalb einer kritischen Schwelle liegen, führen in jedem Fall zu Veränderungen der Struktur oder gar zu ihrer Zerstörung.

Aber in der Nicht-Linearität eines Prozeßnetzwerks liegt nicht nur eine gewisse Elastizität in der Kopplung zwischen Struktur und Prozeß begründet, sondern auch eine gewisse Unbestimmtheit in ihrer gegenseitigen Determination. Darin liegt die eigentliche Schwierigkeit, Voraussagen über den Zusammenhang zwischen Struktur und Prozeß zu treffen. Kleine Unterschiede können große Wirkungen haben – so lautet eine mögliche Interpretation des Kausalitätsgesetzes im Komplexen. Unter nahezu gleichen Bedingungen können ganz unterschiedliche Strukturen entstehen. Die Eindeutigkeit des Linearen zerfällt in die Vieldeutigkeit (nicht in die Beliebigkeit!) des Nicht-Linearen.

Diese Vieldeutigkeit des prinzipiell Möglichen muß auf die Eindeutigkeit des jeweils Konkreten reduziert werden. Mit anderen Worten: Die Emergenz eines bestimmten Musters des Zusammenwirkens ist nur dann möglich, wenn ein Selektionsmechanismus eine unter den vielen Möglichkeiten der Dynamik auswählt und die ausgewählte Form gleichzeitig stabilisiert. Die Theorie der Selbstorganisation hat wesentlich dazu beigetragen zu zeigen, wie diese Selektion im einzelnen abläuft. In der Natur, wo Ungleichgewichte – ungleiche Verteilungen von Masse und Energie – die Selbstorganisation treiben, ist es die zirkuläre Kopplung von Ursache (Ungleichgewicht) und Wirkung (der Abbau des Ungleichgewichts), die als interner Selektionsmechanismus wirkt: In einer bestimmten Umwelt ist eine bestimmte Form eines Ungleichgewichts nur durch eine bestimmte Form des Ausgleichs möglich. Ursache und Wirkung bedingen einander in dem spezifischen Muster der Selbstorganisation. Im Kognitiven, Psychischen oder Sozialen sind es jeweils spezifische Unsicherheiten, die auf ihre Reduktion drängen und auf diese Weise Ursache und Wirkung zyklisch schließen.

So gesehen ist die Undurchschaubarkeit des Komplexen auch eine Folge der Vieldeutigkeit der internen Dynamik. Diese Form des Nicht-Wissens ist durch keine Erkenntnisstrategie – weder theoretisch noch praktisch – aufzulösen. Nur die Dynamik selbst kann durch den Mechanismus der Selbstorganisation die Vieldeutigkeit des Komplexen reduzieren, indem dieser je nach Kontext eine bestimmte Möglichkeit realisiert und reproduziert. »Es ist so, es könnte auch anders sein«, hat Helga Nowotny in einem Buchtitel diese Unbestimmtheit charakterisiert (Frankfurt a. M.: Suhrkamp 1999). Erst im nachhinein weiß man, was der Fall ist. Voraussagen sind nur noch eingeschränkt möglich.

Durch den Mechanismus der Selbstorganisation findet eine komplexe Dynamik ein dynamisches Gleichgewicht, eine Balance zwischen Ungleichgewicht und Ausgleich im Natürlichen, zwischen Ungewißheit und Gewißheit im Kognitiven, zwischen emotionaler Unsicherheit und Ruhe im Psychischen und zwischen sozialem Risiko und sozialer Sicherheit im Sozialen. Entscheidend für diese Prozesse der Selbstorganisation ist, daß das Gleichgewicht, die Gewißheit, die Ruhe oder die soziale Sicherheit nie wirklich erreicht werden, weil die Umwelt stets einen ausreichenden Vorrat an Ungleichgewichten, Ungewißheiten, emotionalen Unsicherheiten oder sozialen Risiken bereithält, der die Selbstorganisation auf Dauer stellt und die kontinuierliche Differenzierung komplexer Systeme vorantreibt.

Gleichzeitig liefert der Mechanismus der Selbstorganisation den Schlüsssel zum Verständnis der Anpassung komplexer Systeme an ihre Umwelt. Selbstorganisierende Systeme können in variablen Umwelten überleben, weil aufgrund der Nicht-Linearität der Dynamik ein ausreichendes Repertoire an Möglichkeiten bereitsteht, durch entsprechende interne Strukturänderungen auf Veränderungen in der Umwelt zu reagieren. Anpassung ist deshalb eine Leistung der internen Selbstorganisation und kein Ergebnis externer Selektionsmechanismen, wie es die Darwinsche Evolutionstheorie sieht. Auch hier gilt natürlich die Einschränkung, daß die Umweltveränderungen eine kritische Schwelle nicht überschreiten dürfen, um die Anpassung nicht zu gefährden.

Komplexität: Die Gleichzeitigkeit von Wissen und Nicht-Wissen

Die Grenze zwischen Wissen und Unwissen schien über lange Zeit eindeutig und klar gezogen. Entweder man wußte etwas, oder man wußte etwas nicht. Halbwissen wurde als ein bedauernswerter Zustand von Dummköpfen angesehen, die sich ihrer Unwissenheit nicht bewußt waren. Gleichzeitig wurde die Zunahme von Wissen immer auch mit einer Zunahme des Unwissens verbunden – je mehr man wußte, desto mehr blieb außen vor. Das Wissen wurde als Fläche betrachtet, deren Ausweitung immer auch zu einer Vergrößerung ihres Randes führte.

Aber immer blieb Wissen vom Unwissen klar getrennt. Durch die Entdeckung des Komplexen hat sich diese Sichtweise grundlegend geändert. Im Komplexen ist das Wissen selbst immer unsicherheitsbelastet. Wissen und Nicht-Wissen treten gemeinsam an ein und demselben Sachverhalt auf. Während Unwissen immer durch die Produktion von Wissen überwunden werden kann, ist das Nicht-Wissen an das Wissen gekoppelt und durch kein anderes Wissen zu beseitigen – Wissen und Unwissen existieren nebeneinander.

Zur Erläuterung dieses zunächst paradox wirkenden Tatbestands soll wieder das bereits zitierte Problem der Wettervorhersage dienen. Selten gelingt es, über eine längere Zeitspanne das Wetter verläßlich vorauszusagen. Der Grund liegt darin, daß kleine Schwankungen in der Temperatur oder im Luftdruck zu erheblichen Veränderungen in der Dynamik der Atmosphäre führen können. Edward Lorenz, ein amerikanischer Meteorologe, wurde berühmt, als er zeigen konnte, daß kleine Veränderungen in den Variablenwerten seines lediglich aus drei Gleichungen bestehenden Wettermodells zu großen Veränderungen im Ablauf des auf dem Computer simulierten Wetters führen. Mit mathematischer Genauigkeit konnte er die prinzipielle Unvorhersagbarkeit des Wetters zeigen. Dabei war das Wetterchaos keine Folge von verborgenen Mechanismen oder okkulten Kräften. Die Gesetze, nach denen das Wetter abläuft, sind bekannt: Es sind dies die Gesetze der klassischen Newtonschen Physik. Weder ein geheimnisvoller Zauber noch irgendeine geheime Quelle des

Zufalls ist mit im Spiel. Mit anderen Worten: Wir wissen alles und gleichzeitig nichts.

Wie läßt sich diese Paradoxie auflösen? Die Antwort ist verblüffend einfach. Es ist das Zusammenspiel interner Gesetzmäßigkeiten und der von unkontrollierten Umwelteinflüssen verursachten Schwankungen. Während sich im »Linearen« die Auswirkungen von Umweltschwankungen sowohl auf der Ebene der Ursachen als auch auf der der Wirkungen in die interne Dynamik ›einprägen‹ und deshalb Gesetzmäßigkeit und Kontext stets voneinander getrennt werden können, ist diese Trennung im »Nicht-Linearen« nicht mehr möglich. Im Nicht-Linearen verlieren sich entweder Schwankungen, weil sie in der internen Dynamik aus Stabilitätsgründen aufgehen, oder sie treiben im instabilen Fall die interne Dynamik in einen neuen Zustand. In beiden Fällen sind interne Dynamik und externe Störungen nicht mehr unabhängig voneinander. Vielmehr bestimmen die Störungen wesentlich die Systemdynamik. »Order from fluctuations« bzw. »Order from noise« haben Prigogine bzw. Heinz von Foerster dies genannt. Eine solche durch externe Einflüsse ausgelöste Dynamik ist zwar im Regelwerk der internen Dynamik angelegt, sie bleibt aber wegen der Offenheit der Umwelteinflüsse letztlich unbestimmbar. Diese enge Verknüpfung von Gesetzmäßigkeit und Randbedingungen (Umwelteinfluß) erzeugt im Komplexen die paradoxe Gleichzeitigkeit von Wissen und Nicht-Wissen.

Ähnlich ist dies bei gekoppelten Systemen, wo unterschiedliche Dynamiken miteinander verwoben sind. Ein Beispiel für ein solches System ist das Klima. Die Dynamik der Atmosphäre beschreibt, wie die großen Luftströme sich bewegen, wie die Temperatur sich in ihr verteilt und wie Tief- und Hochdruckgebiete entstehen und vergehen. Als treibende Kraft für diese Dynamik des Wetters dient in erster Linie die Energie, mit der die Sonne die Atmosphäre kontinuierlich versorgt. Wie gut diese Versorgung funktioniert, bestimmen chemische Prozesse, die in der Atmosphäre ablaufen. Die sogenannten Klimagase bestimmen die Absorption der Sonnenstrahlung und die Emission der Wärmestrahlung der Erdoberfläche. Sie bestimmen, wieviel Energie in der Atmosphäre gespeichert werden kann. Die Austauschprozesse der Klimagase mit den Ozeanen und den Vegetationsgürteln der Erde bestimmen letztendlich die Konzentration dieser Gase und damit den Energiehaushalt und die Temperaturverteilung auf der Erde. Die Entwicklung des Klimas wird also von mehreren komplexen Teilprozessen bestimmt, deren treibende Kräfte vom jeweils anderen Teilprozeß bestimmt werden. Auch hier kennen wir die Grundregeln, nach denen die einzelnen Prozesse ablaufen. Über ihr Zusammenwirken lassen sich aber nicht immer verläßliche Aussagen machen. Das Klima kann instabil werden.

Aus denselben Gründen werden wir bei komplexen Technologien immer wieder durch Pannen oder sogar Katastrophen überrascht. Komplexe Technologien zeichnen sich dadurch aus, daß immer mehr Teile in funktionale Zusammenhänge integriert werden. Das Motormanagement einer Mittelklasselimousine vereinigt heute mehr Computerpower als die Apollokapsel, mit der die ersten Astronauten auf den Mond geflogen sind. Das immer dichtere Wirkungsgefüge moderner Technologien stellt die Sicherheitstechnik vor immer neue Herausforderungen. Technische Sicherheit galt lange Zeit als machbar. Lediglich ein im Prinzip zu vernachlässigendes Restrisiko schien unhintergehbar. Heute dagegen weiß man, daß die Sicherheit selbst zum Risiko werden kann. Sicherheitsinvestitionen sind immer Eingriffe in eine komplexe Technik mit zunächst unbekannten Nebenwirkungen. Die Schubumkehr bei einem Düsenjet ist zunächst ein zusätzlicher Bremsmechanismus, der helfen soll, den Jet nach der Landung sicher zum Stehen zu bringen. Sie wird zum Risiko, wenn sie zu früh aktiviert wird. Sensoren, die den Bodenkontakt melden, sind ein eindeutiger Sicherheitsgewinn. Zum Risiko schlägt dieser Sicherheitsgewinn um, wenn sich z.B. der Sensor durch Aquaplaning täuschen läßt und das Einschalten der Schubumkehr blockiert. Was in einem Kontext als zusätzliche Sicherheit funktioniert, kann in einem anderen zur tödlichen Gefahr werden. Auch hier sind es geringfügige Veränderungen in der Umwelt, die sich zur großen Katastrophe aufschaukeln können. Das Wissen um die Zuverlässigkeit in der Vergangenheit erlaubt keine Extrapolationen in die Zukunft.

Fazit: Komplexität und Planbarkeit

Daß theoretisch exakt die Unvorhersehbarkeit der Entwicklung komplexer Prozesse begründet werden kann – das ist im Kern die Revolution unserer Weltsicht durch die Entdeckung des Komplexen. Liebgewordene Modellvorstellungen verlieren ihren beispielgebenden Charakter; das Universum ist kein Uhrwerk, der Mensch ist keine Maschine, und das soziale Zusammenleben fügt sich keinem Plan. Diese Erkenntnisse sind gegen Ende des letzten Jahrhunderts gerade durch die Folgen einer Wissensordnung entstanden, die durch das klassische Modell der Wissenschaften – Berechenbarkeit und Vorhersagbarkeit – getragen war. Die Wirklichkeit aber ist komplex: Überall kommt alles anders, als es die Extrapolationen der bisherigen Entwicklung erwarten lassen. Die Komplexität der Eingriffe wurde in der Vergangenheit unterschätzt, weil man in einfachen Modellen linearer Kausalität gefangen war. Trotz neuer Einsichten fällt es schwer, die Lehren aus den Erfahrungen im Umgang mit komplexen Systemen zu ziehen: Prognosen sind in der Regel nicht möglich, verallgemeinerungsfähige Lösungen eines Problems gibt es nicht, und es ist keine Sache der Erfahrung, den richtigen Weg gefunden zu haben. Denn Situationen wiederholen sich niemals exakt; und ähnliche Ursachen haben oft grundverschiedene Wirkungen. Aus der Geschichte läßt sich in der Regel nicht lernen. Wenn man den richtigen Weg gefunden hat, so ist das daher eher Zufall und kann nicht zur Bestätigung rationalen Verhaltens dienen. Der Glaube an die Vernunft der Planung ist stärker. Er suggeriert sicheren Boden, und zwar sogar noch dort, wo wir schon längst im Treibsand des Komplexen zu versinken drohen.

Die Entdeckung des Komplexen hat die Idee der Planung – der technischen wie der sozialen – auf eine harte Probe gestellt: Wenn Planungen Eingriffe in komplexe Systeme sind, dann bleibt ihr Ausgang allemal ungewiß: nicht weil wir noch nicht alles wissen, sondern weil wir im Komplexen bestimmte Dinge nie wissen werden. Das mit dem Wissen verknüpfte Nicht-Wissen wird zum eigentlichen unhintergehbaren Risiko der Planung. Das hat weitreichende Folgen für die Wissensordnung der Gesellschaft. Das Risiko der Praxis, die Unwissenheit über mögliche Folgen des Handelns, können nicht länger auf die Wissenschaft abgeschoben werden. Die Gesellschaft muß sich dieser Verschiebung des Risikos bewußt werden. All die schönen Instrumente, die in den letzten 30 Jahren im Bereich der Risikoforschung und der Technikfolgenabschätzung entwickelt worden sind, taugen allenfalls dazu, aus Vorsicht gewisse Eingriffe zu unterlassen. Aber sie können keine verläßliche Auskunft über die Wirkungen dessen geben, was der Plan vorsieht. Es gibt keinen schnelleren Weg, Auswirkungen von Handlungen zu erkennen, als sie in der täglichen Praxis zu erleben. Die politische Funktion der Wissenschaft ist nicht mehr die der Berechnung oder der Prognose, sondern die einer experimentellen Begleitung gesellschaftlicher Modernisierungsprozesse. Die Entwicklung neuer Technologien und ihre Implementierung in die Praxis ist wie die Planung eines Experiments: Man richtet bestimmte Anfangsbedingungen ein, modifiziert die Mechanismen und registriert unerwartete Effekte. Diese experimentelle Praxis wird auf Dauer die theoretisch bestimmte Zukunftsplanung ersetzen. Denn Planung im Sinne theoretisch bestimmter und kontrollierter Handlungsschritte auf dem Weg zu vorgegebenen Zielen wird immer von der Wirklichkeit überrollt und wird zum eigentlichen Risiko moderner Gesellschaften werden. Bei der Gestaltung unserer Zukunft müssen wir uns darauf einstellen.

Heinz von Foerster
Christiane Floyd

Systemik oder: Zusammenhänge sehen

In diesem Beitrag wollen wir auf eine Entwicklung aufmerksam machen, die neue Möglichkeiten der Zusammenarbeit mit sich bringt. Es handelt sich um ein verändertes Verständnis von gemeinsamem Tun und, damit verbunden, der Beziehung der Menschen untereinander. Die Veränderung betrifft unsere Sichtweise unserer eigenen Rolle. Sie bedeutet einen Übergang von Überspezialisierung zur Transdisziplinarität, von der Fixierung auf gegebene zur Öffnung auf neu sich ergebende Aufgaben, von der Unterstellung fester Entscheidungsgrundlagen zur Anerkennung prinzipieller Unwißbarkeit.

Heinz: Ich will dir zuerst einen kleinen Vortrag halten. Ich bin schon lange nervös über systemisches Denken. »Systemisch« wird als Eigenschaftswort gebraucht und in aller Munde geführt. Das geht so weit, daß – wie mir ein Freund berichtet – Artikel im Reviewing-Verfahren mit dem Hinweis »Not sufficiently systemic« zurückgewiesen werden. Ich sehe das anders. »Systemisch« muß zum Hauptwort werden.

Für mich gibt es zwei grundsätzliche Modi: *Wissenschaft* (science) und *Systemik* (systemics). Gehen wir z.B. vom Problem des Managements aus, so sehen wir, daß ein Manager in seinem Betrieb – solange er nicht außenstehende Management-Berater heranzieht – selbst ein Teil des Betriebes ist, den er berät. Das heißt, was er den anderen sagt, daß sie tun sollen, trifft auf ihn selbst zu, oder: Wenn er den Betrieb organisiert, organisiert er sich selbst. Das System wird zu einem selbstorganisierenden System.

Was sagt die Wissenschaft zu solchen zirkulären, selbstorganisierenden Strukturen? Sie lehnt sie ab. Warum? Sie sind die Wurzeln der *circuli vitiosi*, der Paradoxa, der Störenfried der gesitteten, wissenschaftlichen Aussagen, die entweder wahr oder falsch sein müssen. Aber nicht wahr, wenn man sie als falsch annimmt. Oder falsch, wenn man sie als wahr annimmt. Was macht man mit einem Menschen, der von sich sagt: »Ich bin ein Lügner«? Glaubt man ihm, dann hat er gelogen. Hat er gelogen, so hat er doch die Wahrheit gesprochen.

So etwas kann die Wissenschaft nicht brauchen. Das hat Helmholtz bewogen, auf seinen berühmten *locus oberservandi* zu steigen, von dem aus er unbeeinflußt über das Treiben der Welt berichten kann. Man nennt das Objektivität: Die Eigenschaften des Beobachters sollen nicht in die Beschreibung seiner Beobachtungen eingehen. Was dabei herauskommen soll, ist heute noch nicht klar. Wenn die Eigenschaften des Beobachters und Beschreibenden nicht erscheinen können, was bleibt denn dann noch übrig? Ist Objektivität dann Unsinn? Soll man sich der Subjektivität zuwenden? Aber man weiß ja, die Verneinung einer unsinnigen Aussage ist ebenso unsinnig. Also, was tun?

Was ist das Geschäft der Wissenschaft? Im Deutschen hat das Wort »Wissenschaft« eine sehr allgemeine Bedeutung. Man könnte sagen, Wissenschaft ist eine Tätigkeit, die Wissen schafft. Und das kann ja auf viele verschiedene Weisen vor sich gehen. Aber das deutsche Wort »Wissenschaft« wird doch zunehmend in demselben Sinne gebraucht wie das englische »science«. Dort und in mehreren anderen europäischen Sprachen ist Wissenschaft viel enger durch die Herkunft aus dem lateinischen *scientia* definiert. Die indoeuropäische Wurzel für dieses Wort ist SKEI und bedeutet »trennen« oder »unterscheiden«. Das ist die Strategie des Reduktionismus. Ist es zu schwierig, ein Ganzes zu verstehen, zerstückelt man es in kleinere Teile. Sind auch die zu kompliziert, teilt man weiter, bis man bei etwas ankommt, das man zu verstehen glaubt. Das Attraktive an dieser Methode ist, daß sie immer erfolgreich ist. Aber der Preis, den man für diesen Erfolg zahlen muß, sind die verlorengegangenen Verbindungen, welche die Teile zum Ganzen machen. Es ist klar, daß diese Methode zum Verständnis jeglicher Vorgänge der Zusammenarbeit oder Kommunikation in Gesellschaft, Betrieben, Gemeinschaften etc. völlig unbrauchbar ist, denn sie zerstört genau das, was man verstehen will. Wiederum: Was tun?

Sehen wir uns doch die Komplemente der semantischen Stützen der sogenannten *scientific method* an. Da entspricht Trennen dem Verbinden, Teilen dem Vereinen und Unterscheiden dem Gleichsetzen. Schauen wir uns wieder die sprachliche Wurzel dieser Begriffe des Vereinens an, kommen wir auf das griechische HEN, das Wort für eins, das dann zu SYN wird, wie in Synthese, Sinfonie und System, im Sinne von sýn = zusammen und histánai = (hin)stellen, aufstellen. Ich möchte diese Haltung des Zusammensehens mit *Systemik* bezeichnen, ein Substantiv, das geformt ist wie Mathematik oder Physik oder andere Bereiche des Schauens.

Kaum hatte ich mir diese Unterscheidungen schön zurechtgelegt, da tauchte in mir der Verdacht auf, als hätte ich das alles schon einmal gehört. Nach einigem Nachstöbern stieß ich auf die ersten Worte in Arthur Schopenhauers Doktorarbeit »Über die vierfache Wurzel des Satzes vom zureichenden Grunde«. Paragraph 1 der Einleitung (»Die Methode«) beginnt mit den Sätzen: »Plato der göttliche und der erstaunliche Kant vereinigen ihre nachdrucksvollen Stimmen in der Anempfehlung einer Regel zur Methode alles Philosophirens, ja alles Wissens überhaupt. Man soll, sagen sie, zweien Gesetzen, dem der *Homogeneität* und dem der *Specifikation*, auf gleiche Weise, nicht aber dem einen, zum Nachtheil des andern, Genüge leisten.« (Ausg. 1970, S. 7) Das Gesetz der »Homogeneität« soll uns, wie bei der Systemik, »auf die Aehnlichkeiten und Uebereinstimmungen der Dinge« (ebd.) aufmerksam machen, und das der Spezifikation soll, wie bei der *scientific method*, verhüten, daß Unterscheidungen »in ein Gemische zusammenfließen« (ebd., § 2, S. 9).

Er unterscheidet also zwei Formen des Denkens: das analytische und das synthetische. Darum geht es. Es ist wichtig, das Zusammenspiel, die Komplementarität von Wissenschaft und Systemik zu verstehen. Bei Wissenschaft geht es um Kausalität. Systemik ist dort gefordert, wo Relationen im Vordergrund stehen.

Christiane: Wo liegen die historischen Ursprünge der Systemik?

Heinz: Hippokrates (ca. 460–ca. 370 v. Chr.) fällt mir als ein früher Zeuge ganzheitlichen Sehens ein, der wohl verstand, einen gebrochenen Arm zu heilen, aber sich fragte, ob es nicht die schlechten Augen des Patienten seien, die ihn zum Stolpern und dann zum Stürzen brachten. Langsam beginnt man heute wieder so zu denken.

Die Idee, die in der frühen Renaissance sehr lebendig war, nämlich die Idee der kosmischen Einheit alles Geschehens, kann auf eine seltsame Sammlung philosophischer und okkulter Schriften aus dem 2. und 3. nachchristlichen Jahrhundert zurückgeführt werden. Sie hatte unter dem Namen »Corpus hermeticum« deutlichen Einfluß auf Denker des 12., 13. und 14. Jahrhunderts. Man höre Albertus Magnus aus dem 12. Jahrhundert: »Es ist nicht so, daß Teile des Universums bewirken, daß sich andere Teile so oder so verhalten. Es ist die Konfiguration aller Dinge im Universum, die es mit sich bringt, daß wieder andere Konfigurationen entstehen.« *Magie* bezeichnet den Bereich der gemeinsamen Wurzel aller Wissenschaften, ob sie sich mit Sternen, Steinen, Tieren oder Pflanzen beschäftigen. Oder man denke an einen Wegbereiter der *Homöopathie*, Philipp Aureolus Theophrast Bombast von Hohenheim, genannt Paracelsus, etwa um 1500 n. Chr. Der Leitsatz »Similia similibus curantur«, also »Ähnliches wird mit Ähnlichem geheilt«, zeigt die Vereinungsidee gegenüber der Trennung.

Unserer Zeit näher sind die Gestaltpsychologen wie Christian von Ehrenfeld und später Wertheimer und Köhler, die die Invarianz einer visuellen Relationsstruktur, die *Gestalt*, zur Basis für ihre Theorie der Wahrnehmung erhoben.

Von einer ganz anderen Richtung her kam in den 30er Jahren des 20. Jahrhunderts eine Vertiefung des ganzheitlichen Denkens durch Ludwig von Bertalanffy. Er sah die Möglichkeit, die außerordentlich wirksamen und hochentwickelten Formalismen der Thermodynamik durch eine Erweiterung auch auf lebendige Systeme anwendbar zu machen. Ursprünglich sind die Gesetze der Wärmelehre für energetisch geschlossene Systeme entwickelt worden – das sind Systeme, die in eine energieundurchlässige Hülle eingeschlossen sind. Wollte man eine Katze in eine solche Hülle sperren, hätte man in Kürze keine Katze mehr. Um die für geschlossene Systeme entwickelten Formalismen auch für Systeme brauchbar zu machen, die nur durch einen ständigen Energieaustausch mit der Umwelt existieren können – wie Katzen oder betriebswirtschaftliche Organisationen –, erweiterte er die theoretischen Grundlagen der Thermodynamik, so daß sie auch für energetisch offene Systeme verwendbar wurden. Er nannte diese Entwicklung eine *allgemeine Systemtheorie*. Wenn man auch heute von Mängeln seiner Theorie sprechen könnte, so hat er doch damals nicht nur die Grundlagen für das, was man heute *nicht-lineare Dynamik* nennt – mit ihren interessanten, neuen Begriffen wie »Fließgleichgewicht«, »Eigenwerte«, »Chaos« u.a. –, gelegt. Er hat damit auch das ganze Vokabular geschaffen, mit dem wir heute über Ganzheiten sprechen.

Aber der uns nächste, vielleicht größte »Magus« unserer Zeit ist sicherlich Gregory Bateson.

Christiane: Bevor wir zu ihm kommen, sag bitte zuerst etwas über die logischen, philosophischen Grundlagen dieses Denkens.

Heinz: Was waren die Anstöße im zweiten Drittel des 20. Jahrhunderts, die uns bewogen, unseren Blick statt auf die Teile jetzt auf deren Zusammenhalt zu richten? Wieso dieser plötzliche Aufbruch in einen Denkstil, in dem SKEI – trennen, teilen, unterscheiden – gegenüber HEN – verbinden, vereinen, gleichsetzen – in den Hintergrund gedrängt wurde? Ich sehe das als eine Folge der Einsicht, daß man sich auf das einzige Verbindungsglied, das zwischen zwei Beobachtungen noch übrigbleibt, nämlich das der Kausalität, nicht länger verlassen konnte.

Wie kam das zustande? Bei der *Kausalität*, einem triadischen Argument, braucht man als erstes ein *Gesetz* (Naturgesetz, Transformationsregel, Regel …), das die beiden anderen Elemente, nämlich *Ursache* und *Wirkung*, miteinander verbindet. Ein Beispiel: Ursache – ich werfe einen Ball hoch. Naturgesetz – schwere Körper ziehen einander an. Wirkung – der Ball fällt zur Erde.

Christiane: Kausalität hängt eng mit der Möglichkeit wissenschaftlicher Vorhersagbarkeit zusammen. Wo findet sie ihre Grenzen?

Heinz: Schauen wir uns ein anderes Beispiel für Kausalität an, einen »Anagrammer«: eine Maschine, die Anagramme erzeugt, also nach einer gegebenen Regel Buchstaben A, B, C … in andere übersetzt: C, A, B … Wie findet man solche Gesetze, wenn sie einem noch nicht gegeben sind? Das ist das analytische Problem oder, im Jargon gesprochen, das Maschinen-Identifikationsproblem. Wenn man es mit trivialen Systemen zu tun hat, bei denen die Beziehung der Ursache zur Wirkung – des Input zum Output, des Reizes zur Reaktion etc. – stets die gleiche bleibt, ist die Lösung des analytischen Problems oder des Maschinen-Identifikationsproblems trivial. Ein paar Versuche, und man kann das Gesetz ableiten.

Die Situation ändert sich doch wesentlich, wenn es sich um nichttriviale Systeme handelt. Was sind das für Systeme? Das sind Systeme, bei denen sich nach jedem Durchgang die Regeln der Transformation – also die Regeln, welche die Ursache mit der Wirkung, den Reiz mit der Reaktion verbinden – ändern.

Nehmen wir wieder das kleine Beispiel unseres Anagrammers. Angenommen, wir hätten so einen Apparat, der nur zwischen zwei verschiedenen Permutationen durch eine Regel zweiter Ordnung operiert und hin- und herspringt. Es läßt sich nach einer einfachen Formel zeigen, daß dann ungefähr 65 000 verschiedene Maschinen zu untersuchen sind, um herauszukriegen, welche Maschine, welches Anagramm hier vor uns steht. Es wäre ja immerhin noch möglich, 65 000 verschiedene Maschinen mit sehr schnellen Rechnern zu untersuchen, aber die Situation wird sofort noch viel schwieriger, wenn wir nicht wissen, daß es nur zwei Anagramm-Regeln sind, die dieser Anagrammer miteinander vertauschen kann. Die Anzahl der Maschinen, die wir dann untersuchen müssen, übersteigt weit alle astronomischen Größen. Hätte man unmittelbar nach dem Urknall einen schnellen Computer eingeschaltet, der in jeder Mikrosekunde eines von unseren Anagrammen errechnet, so hätte er heute das Identifikationsproblem dieses Systems noch nicht einmal angekratzt. Im »Computerjargon« spricht man in einem solchen Fall von einem »transcomputationalen« Problem, oder auf deutsch: Man kann es nicht ausrechnen, es ist nicht möglich, laßt das Problem sein!

Man könnte natürlich sagen, daß man doch einmal das analytische Problem für nichttriviale Systeme werde lösen können, wenn man genügend Geduld aufbringt oder wenn man Computer bauen kann, die schnell genug rechnen. Leider ist auch diese Hoffnung vergeblich. Es läßt sich zeigen, daß der innere Aufbau von Systemen so konstruiert sein kann, daß es prinzipiell unmöglich ist, durch eine endliche Anzahl von Experimenten den Code dieser Systeme zu knacken.

Die Einsicht in die Unmöglichkeit, diese Gesetze analytisch zu ermitteln, läßt die ganze Idee, auf die Kausalität sich bezieht, zusammenbrechen. Denn wenn es nicht möglich ist, das Gesetz zu etablieren, um eine Ursache mit einer Wirkung oder einen Reiz mit einer Reaktion oder einen Input mit einem Output zu verbinden, so kann die Frage nach der Kausalität nicht beantwortet werden. Diese Einsicht bringt völlig andere Perspektiven in unsere Sicht, die es doch möglich machen, mit solchen Systemen fertig zu werden.

Christiane: Die Kausalität ist aber doch direkt in der Logik verankert. Können wir uns auch darauf nicht mehr verlassen?

Heinz: Interessant ist, daß der Verdacht, daß das Prinzip der Kausalität sich nicht universell anwenden läßt, keineswegs neu ist. Ich kann auf Ludwig Wittgenstein verweisen, der in seinem »Tractatus logico-philosophicus« in einer Reihe von Propositionen die Unmöglichkeit gezeigt hat, sich auf Kausalität zu verlassen. Die Struktur seines Arguments baut auf der Idee des Elementarsatzes auf. Der einfachste Satz, der Elementarsatz, behauptet das Bestehen eines Sachverhalts. Aus einem Elementarsatz läßt sich kein anderer folgern. Und jetzt eine Konsequenz dieser Überlegungen, die man in seinem Punkt 5.135 findet: »Auf keine Weise kann aus dem Bestehen irgendeiner Sachlage auf das Bestehen einer von ihr gänzlich verschiedenen Sachlage geschlossen werden.« Die nächste Proposition (5.136) lautet: »Einen Kausalnexus, der einen solchen Schluß rechtfertigt, gibt es nicht«. Und die darauf folgende Proposition 5.1361: »Die Ereignisse der Zukunft *können* wir nicht aus den gegenwärtigen erschließen. Der Glaube an den Kausalnexus ist der *Aberglaube.*«

Schon Aristoteles erkannte, daß die Form des Kausalgesetzes

identisch ist mit der Form des deduktiven Syllogismus, wo der Obersatz (»Alle Menschen sind sterblich«) dem Transformationsgesetz, der Untersatz (»Sokrates ist ein Mensch«) der Ursache und die Schlußfolgerung (»Sokrates ist sterblich«) der Wirkung entspricht.

Und Ludwig Wittgensteins These beeinträchtigt die Schlußweisen der Logik keineswegs. Diese Einsichten zeigen nur, daß sprachliche Formen, die unsere Erlebnisse und Handlungen beschreiben sollen, nicht notwendigerweise auf Formen der logischen Syllogismen abgebildet werden können. Nicht die Gültigkeit des Syllogismus steht in Frage, sondern die Formulierung einer Beobachtung wie »Schwere Körper ziehen sich an«, »Alle Menschen sind sterblich« etc. als Obersatz ist mit Mißtrauen zu betrachten. Wie wichtige Kritiker des Obersatzes »Alle Menschen sind sterblich« schon bemerkten, kann der Satz nur ausgesprochen werden, wenn alle Menschen schon gestorben sind. Aber wer kann diesen Satz dann aussprechen?

Christiane: Ist die Brüchigkeit der Kausalität der einzige Hinweis darauf, daß logische Formen nicht ohne weiteres auf menschliches Handeln und Geschehen angewendet werden können?

Heinz: Ein anderer Hinweis, daß dies zu Irrtümern führt, ist das Beispiel der *Werte-Heterarchie*. Gibt man einer Versuchsperson die Wahl zwischen zwei Dingen, etwa einem Apfel (A) und einer Birne (B), so mag sie den Apfel wählen (A größer als B); gibt man ihr die Wahl zwischen einer Birne und einer Zitrone (C), so mag sie die Birne wählen (B größer als C). Gibt man ihr nun die Wahl zwischen Apfel und Zitrone, wird häufig (o Schreck!) die Zitrone dem Apfel vorgezogen. Jetzt könnte man ein Bild malen, das in einem Kreis die drei Buchstaben A, B, C anordnet und die Größer-Zeichen zwischen A und B, zwischen B und C und zwischen C und A einträgt. Das heißt, keine der Früchte kann den Anspruch erheben, die beste zu sein, und Logiker glauben jetzt zeigen zu können, wie dumm Menschen sind. Das Urteil »größer« ist transitiv, d. h. wenn A größer als B ist und B größer als C, dann ist auch A größer als C.

Warren McCulloch und später Gregory Bateson haben jedoch umgekehrt argumentiert. Sie sagten, dieses Beispiel zeige, wie dumm die Logiker sind, weil sie nicht die Logik entwickelt haben, die menschlichem Denken und Handeln zugrunde liegt. In einer – wie ich finde – außerordentlich wichtigen Veröffentlichung im Jahr 1945 mit dem Titel »A Heterarchy of Values Determined by the Topology of Nervous Nets« (1945), also auf deutsch: »Eine Werteheterarchie, bestimmt durch die Topologie des Nervennetzes«, zeigt McCulloch, daß es die Organisation des Nervensystems ist, die diese Wertanomalie errechnet. Sie ist zirkulär, ja sogar doppelt zirkulär. Zuerst zeigt er, daß die Reflexbogen von Reiz zu Reflex und wieder zum Reiz zurückführen, daß aber hemmende Fasern von Bogen zu Bogen immer nur einen der Reflexbogen aktiv lassen. Das heißt, hier wird die Entscheidung, wie zu handeln ist, nicht wie in einer Hierarchie (hieros = das Heilige; archein = herrschen) getroffen, wo Kommandos von einer Zentralstelle die entsprechenden Effektoren aktivieren, sondern sie wird zwischen zwei Nachbarn, dem jeweils ›anderen‹ (heteros), ausgehandelt. Daher wählte McCulloch das Wort »Heterarchie« für eine solche Organisationsform. In einer populären Version nannte er die Funktionsweise eines solchen Systems »das Prinzip der Redundanz der potentiellen Kommandos, bei dem Information die Autorität konstituiert«.

Ein Beispiel für den Erfolg dieser heterarchischen Organisation ist die berühmte Seeschlacht bei den Midway-Inseln im Zweiten Weltkrieg, in der das amerikanische Kommandoschiff als erstes von den Japanern versenkt wurde. Die verbliebenen einzelnen amerikanischen Schiffe übernahmen jeweils das Kommando über die gesamte Flotte, und als die Nacht hereinbrach, war ein Großteil der japanischen Schiffe zerstört. Übersetzt in die Welt der Betriebsorganisationen, besagt dieses Prinzip: »In einem sich selbst organisierenden Wirtschaftsbetrieb ist jeder Mitarbeiter auch ein Mitmanager dieses Betriebes.«

Inwieweit berühren diese Überlegungen die vorhin erwähnte prinzipielle Unlösbarkeit des analytischen Problems? Nehmen wir die McCullochsche Schließung des sensumotorischen Kreises *Organismus – Umwelt – Organismus* als eine Metapher für die Zirkularität von *Betrieb – Gesellschaft – Betrieb*, so können uns die Erkenntnisse über operativ geschlossene Systeme als Wegweiser dienen.

Der ideale formale Apparat für solche Kreisprozesse wurde unter dem Namen »Rekursive Funktionentheorie« Ende des 19. Jahrhunderts unter der Führung von Henri Poincaré und David Hilbert entwickelt und und vor etwa zwei Jahrzehnten wieder entdeckt und aufs neue getauft. Man nannte es Chaostheorie. Unter den vielen eindrucksvollen und erstaunlichen Resultaten ist – wie mir scheint – eines im Kontext unseres Themas von besonderer Bedeutung: In einem operativ geschlossenen System wird das Ende einer Operation zum Anfang der nächsten und das Resultat dieser wieder zum Anfang der nächsten usw. In vielen Fällen konvergieren Resultate diese Operationen zu einem stabilen Wert. Früher nannte man diese Werte »Eigenwerte« einer operativen Funktion. Heute ist der Ausdruck »Attraktor« Mode geworden.

Dieser Beitrag ist nicht der Ort, um die Behandlung nicht-trivialer Systeme mit Mitteln der Theorie rekursiver Funktionen zu thematisieren. Hier nur in wenigen Worten das paradoxe Fazit dieser Überlegungen: Unter gewissen Umständen lassen sich die Zustände nicht-trivialer Systeme voraussagen, obwohl ihr *modus operandi* prinzipiell unwißbar bleibt.

Christiane: Aber wie kann man diese theoretischen Einsichten in gemeinsame Praxis umsetzen?

Heinz: Der Übergang von der Linearität zur Zirkularität war für mich ganz wesentlich. Zuerst glaubt man, man gewinnt einen Freiheitsgrad dazu: Die Linearität spielt sich ja entlang der Geraden ab, die Zirkularität in der Ebene. Aber bei der Zirkularität müssen eben der Anfang und das Ende zusammenpassen, und dadurch ist man gebunden.

Aus dem Vorherigen ist, so glaube ich, ziemlich klar, was die »gewissen Umstände« sein müssen, aufgrund derer man Voraussagen machen kann. Letzteres ist offenbar nicht möglich, wenn man sich außerhalb des Systems postiert und sich – wie Helmholtz vorschlug – auf das Postament des *locus oberservandi* setzt. Man muß zu einem Teil des Systems werden, das man beobachten möchte.

Christiane: Das führt uns wieder zu Bateson. Er sah die Welt in Beziehungen. Zentral war für ihn das Muster, das verbindet, »the pattern which connects«.

Heinz: Ja, das war seine Zauberformel: »Welches Muster verbindet den Krebs mit dem Hummer und die Orchidee mit der Primel und all diese vier mit mir? Und mich mit Ihnen?« (Bateson 1985)

Aber siehst du, *pattern* ist eben nur die eine Seite. Im Englischen geht dieses Wort auf lateinisch »pater« zurück – also eine patriarchalische Konzeption. Wie du weißt, bin ich in einem Matriarchat aufgewachsen. Ich habe daher dem *pattern* von Bateson eine *matrix* (dt. u.a.: Mutterboden, Nährboden, Gebärmutter, Matrize, C. F.) gegenübergestellt, »the matrix which embeds«. Die Matrix steht hier für den Raum, in dem die gesamten Relationen aufgehoben werden können.

Christiane: Das verstehe ich noch nicht.

Heinz: Ich versuche dir zu erklären, was ich meine. Kennst du die Arbeit von Gotthard Günther? Er hat eine *Place Value Logic* entwickelt. Diese wird durch einen Satz in Wittgensteins Tractatus motiviert: »Die Proposition p und ihre Negation ¬p sprechen über das selbe.« Du mußt dir das so vorstellen: Da gehen die Revolutionäre auf die Straße und schreien stundenlang: »Nieder mit dem König, nieder mit dem König!« Eigentlich müßte der König sie nach Hause schicken und jedem fünf Dollar dafür zahlen, daß sie seinen Namen unters Volk gebracht haben. Sie haben die ganze Zeit Propaganda für ihn gemacht. Um überhaupt »König« zu sagen, brauchst du den Platz dafür, das zum Thema zu machen. Das zu formalisieren ist das Anliegen von Gotthard Günther. Die *place values* sind »accept« oder »reject«, und es geht darum, ob etwas einen Platz findet.

Man muß Platz schaffen, um über etwas zu sprechen. Das will ich dir noch an einem anderen Beispiel erklären. Weißt du, ich habe an der Universität von Illinois Kurse zusammen mit Herbert Brühn veranstaltet. Diese Arbeit wurde zum Teil in dem Buch »Cybernetics of Cybernetics« festgehalten. Die Studenten hatten dabei eine sehr aktive Rolle. Jede Stunde wurde von einem anderen vorbereitet und moderiert. In jeder Stunde wurde ein Thema diskutiert.

Und dabei haben sich Stufen ergeben: das Thema selbst, z.B. »Retina«. Warum sprechen wir über das Thema? Warum »Retina«? Warum sprechen wir überhaupt? Um das zu verdeutlichen, habe ich erfunden, daß der Vortragende sich drei verschiedene kreisrunde Schilder um den Hals hängen konnte: ein grünes, das stand für das Thema selbst, ein rotes, das stand für die Frage »Warum das Thema?« und ein schwarzes für »Warum sprechen wir überhaupt?«. In den 60er Jahren war die dritte Stufe von großer Bedeutung, aber mir geht es jetzt um die zweite.

Christiane: Das ist eng verwandt mit dem, was ich in meinem Papier über Softwareentwicklung (Floyd 1989) den *Design-Raum* genannt habe. Der Design-Raum entfaltet sich ja erst durch die Bezüge, die wir zum Thema machen, durch Beziehungen, die wir anerkennen und zulassen, und Unterscheidungen, die wir treffen. Der Raum entspricht deiner Matrix, und das Geflecht, das ihn aufspannt, sind die Unterscheidungen, die wir treffen. Sie bilden das Muster, das *pattern* von Bateson. Die beiden bedingen einander wechselseitig.

Heinz: Ja, genau, das entspricht dieser Figur. Systemik ist für mich nicht primär eine Art zu denken, sondern eine Haltung.

Christiane: Ich sage auch immer gern »Haltung«, aber manche Menschen stört das. Was meinst du damit?

Heinz: Ich meine die Absicht, die Sprache so zu verwenden, daß immer wieder neue Verbindungen entstehen, Inseln, die den semantischen Raum bereichern und aus denen sich neue Verbindungen ergeben usw. Es ist eine Disziplin: Ich muß ununterbrochen aufpassen, immer so zu sprechen. Dabei spielen auch Bilder und Metaphern eine große Rolle.

Christiane: Nur sprechen? Oder auch handeln? Bedeutet »Haltung« nicht auch zu handeln?

Heinz: Ja, aber ich muß so handeln, als ob ich sprechen würde.

Christiane: Ich fühle mich erinnert an das »von Foerstersche Dreieck«, das ich anläßlich der Feier deines 85. Geburtstages in Wien erfunden habe.

Heinz: Ja, das war eine ganz liebe Rede, in der ich mich gut verstanden fühlte. Ich kann mich selbst ja nur dadurch verstehen, daß du mich erfindest. Bitte, erinnere mich noch einmal, was du mit dem »von Foersterschen Dreieck« sagen wolltest.

Christiane: Ich sehe das so, daß sich dein Ansatz in den Dimensionen Epistemologie, gemeinschaftliche Praxis und Ethik entfaltet. Das Zusammenspiel dieser drei Dimensionen habe ich als »von Foerstersches Dreieck« bezeichnet.

Heinz: Ich habe die schriftliche Fassung deines Vortrags noch nicht gesehen (vgl. Floyd 1997).

Christiane: Nein, deshalb will ich dir das jetzt einfach noch einmal sagen. Ich beziehe mich auf deinen Aufsatz »Über das Konstruieren von Wirklichkeiten« (v. Foerster 1993), der von der Geschlossenheit des Nervensystems und den dadurch implizierten Grundvoraussetzungen der Wahrnehmung handelt. Am Schluß skizzierst du die Folgerungen für die Epistemologie. Und dann setzt du dich mit dem Vorwurf des Solipsismus auseinander: Daß der Andere existiert, kann nicht bewiesen werden. Ob ich den Anderen anerkenne oder nicht, ist vielmehr meine Stellungnahme zu einer prinzipiell unentscheidbaren Frage. Du schreibst: »Wenn ich es ablehne, dann bin ich der Mittelpunkt des Universums, meine Wirklichkeit sind meine Träume und meine Alpträume, meine Sprache ist ein Monolog, meine Logik eine Monologik. Wenn ich das Prinzip akzeptiere, kann weder ich noch ein anderer den Mittelpunkt des Universums bilden. Es muß wie im heliozentrischen System etwas Drittes geben, das den zentralen Bezugspunkt bildet. Das ist die Relation zwischen Du und Ich, und diese Relation heißt *Identität*: Wirklichkeit = Gemeinschaft.« (Ebd., S. 49)

Im Anschluß daran formulierst du deinen ästhetischen und deinen ethischen Imperativ. Besonders letzterer wird viel zitiert, meist aber aus dem Zusammenhang gerissen. Meine Überlegungen dazu, meine Versuche, dich zu verstehen, sind die folgenden:

Identitätsrelation: Wirklichkeit = Gemeinschaft: Es geht weder um Egoismus noch um Altruismus, sondern um Dialogik. Darum, wie du auch schreibst, sich »durch die Augen des anderen zu sehen«. Nicht der einzelne ist das Grundelement der Wirklichkeit, sondern die Dyade. Ich bin durch dich auf Martin Buber gestoßen, der argumentiert, es gebe kein Grundwort »Ich« oder »Du«, sondern nur die Wortpaare »Ich-Es« oder »Ich-Du« (vgl. Buber 1979). Im dialogischen Grundwort Ich-Du wechseln sich Geben und Nehmen ab, übernehmen die Partner abwechselnd die Führung ohne festes hierarchisches Verhältnis. Das Handeln in Gemeinschaften wird dann als Geflecht von Dyaden verstanden, alle werden einbezogen und in Interaktion gebracht, um den jeweiligen Prozeß zu tragen.

Ästhetischer Imperativ: Willst du erkennen, lerne zu handeln: Das, was für uns erkennbar ist, erschließt sich durch unser Handeln. Für deinen Artikel hast du George Spencer Browns Maxime »Triff eine Unterscheidung!« – in der ausführlichen Fassung: »Make a distinction and a universe comes into being« (Spencer Brown 1969) – als Motto gewählt. Durch unser Handeln werden Unterscheidungen möglich, eröffnen sich Möglichkeitsräume, die wir zu sehen lernen, ergeben sich Bewertungsgrundlagen, die wir abzuwägen lernen. Möglichkeiten werden zu Optionen, für oder gegen die wir uns entscheiden können.

Ethischer Imperativ: Handle stets so, daß die Anzahl der Möglichkeiten größer wird – im Gegensatz zu ›Du sollst‹-Geboten ist dies kein restriktiver, sondern ein konstruktiver Imperativ, der uns einlädt, in Möglichkeitsräumen zu denken und sie zu entfalten. Für sich genommen, bliebe dieser Imperativ sehr unbestimmt, doch machen die vorangehenden Sätze klar, daß der Bezugsrahmen die Gemeinschaft ist – es geht also um Möglichkeiten für mich und den anderen – und daß es in unserer eigenen Verantwortung steht, diese Möglichkeiten sehen zu lernen, indem wir handeln.

Heinz: Das ist schön.

Christiane: Ich habe im übrigen längere Zeit die Bedeutung deines ästhetischen Imperativs unterschätzt. Das hat damit zu tun, daß ich Ästhetik in einem eingeschränkten Sinne verstanden habe. Es geht hier aber um schöpferisches Denken und Urteilen wie bei Kant. Also messe ich jetzt deinem ästhetischen Imperativ fast die größte Bedeutung zu.

Für mich war es wichtig, diese drei Dimensionen im Zusammenhang zu zeigen, weil dein ethischer Imperativ von manchen mißverstanden, ja auf absurde Weise im Gegensatz zu deinen Absichten ausgelegt wird. Ich habe z.B. einmal eine Kritik gehört, wonach nach deinem Imperativ ein Land, das die Witwenverbrennung zuläßt, zu loben wäre, weil es dem, der das will, die Möglichkeit zur Witwenverbrennung einräumt. Was würdest du so einem Menschen sagen?

Heinz: Ich würde ihm sagen: Aha, ich verstehe, Sie wollen also Witwen verbrennen. Sie brauchen ein explizites Verbot, das das ausschließt. Für mich stellt sich die Frage so nicht. Ich will, daß die Ethik implizit bleibt, aber immer da ist. Die Ethik gehört mit der Dialogik zusammen. Das Ich entsteht immer nur aus dem Du. Es gibt keine Identitätskrise, nur eine dialogische Krise.

Christiane: Andere deiner Kritiker meinen, eine solche Betonung des Dialogischen sei naiv. »Die Welt ist nicht so«, sagen sie. »Sie ist voller Konfrontation, voller Konflikt.« Was sagst du dazu?

Heinz: Ich sage dazu: »Wie ist die Welt?« Da gibt es offensichtlich Menschen, die wissen, wie die Welt ist. Das zeigt eben die Wichtigkeit der Sprache.

Ich verdanke eine wichtige Erfahrung meinem Freund, dem Psychotherapeuten Moni El Khaim. Er hat mich einmal zu einem Vortrag eingeladen. Mitten im Vortrag hat er mich plötzlich unterbrochen und gesagt: »Heinz, rede nicht weiter über das. Sag uns lieber, was du wirklich willst, dann können wir darüber reden.« Da war ich ganz unvorbereitet und sagte: »Ich möchte lernen, meine Sprache so zu beherrschen, daß Ethik immer implizit ist.«

Man muß sich entscheiden, ein Teil der Welt zu sein, einzugreifen, ja, das Geschehen der Welt mitzugestalten, von der man selbst ein Teil ist. Gibt es Gründe, die einen zwingen, sich zu entscheiden, ob man wie durch ein Guckloch die Welt betrachtet, wie sie an einem vorüberzieht, oder ob man sich zum Teil der Welt erklärt, der sie mit jeder eigenen Handlung verändert? Nein, es gibt keine solchen Gründe. Die Frage ist – wie beim analytischen Problem – prinzipiell unentscheidbar. Diese Freiheit bringt aber auch die Verantwortung mit sich, wenn wir uns fürs eine oder andere entscheiden. Wir können auf niemanden und auf nichts zeigen, das uns veranlaßt haben könnte, so oder so zu handeln. Sicherlich können wir einem Zuruf »Du sollst« oder »Du sollst nicht« folgen, aber das ist wiederum unsere Entscheidung.

Hier höre ich wieder Wittgenstein in seinem »Tractatus«, Proposition 6.422, sprechen: »Der erste Gedanke bei der Aufstellung eines ethischen Gesetzes von der Form: ›Du sollst …‹ ist: Und was dann, wenn ich es nicht tue?« Und er fährt fort: »Es ist aber klar, daß die Ethik nichts mit Strafe oder Lohn im gewöhnlichen Sinne zu tun hat.« Und an späterer Stelle: »Es muß zwar eine Art von ethischem Lohn und ethischer Strafe geben, aber diese müssen in der Handlung selbst liegen.« Um Ethik nicht ins Moralisieren abrutschen zu lassen – wo immer zum anderen gesagt wird, wie er handeln soll: »Du sollst«, »Du sollst nicht« –, beginnt er die Diskussion mit Proposition 6.421: »Es ist klar, daß sich die Ethik nicht aussprechen läßt.« In der Ethik handelt es sich ja um »Ich soll«, »Ich soll nicht«.

Christiane: Ich verstehe. Die Haltung, von der du sprichst, kannst du selbst einnehmen, andere kannst du dazu nur einladen. Lassen wir uns darauf ein, so gewinnen wir die Möglichkeit, eine Matrix zu schaffen, in der sich die Dialogik entfalten kann und in der wir Muster, Beziehungen, Zusammenhänge zu sehen lernen. Dadurch verändert sich nicht nur unser Selbstverständnis, es ergeben sich auch neue Grundbedingungen für unsere Zusammenarbeit.

Nachbemerkung

Das hier veröffentlichte Material geht auf das Jahr 1998 zurück. Damals planten Heinz von Foerster und ich ein dialogisches Papier über »Wirklichkeit als Zusammenarbeit«, in dem er über »Grundlagen der Systemik« schreiben wollte und ich über die »Leitgedanken für Zusammenarbeit«, die ich, angeregt von seinen Denkansätzen, entwickelt hatte. Dazu führten wir im März zunächst ein erstes Gespräch in Pescadero, das ich bald nach meiner Rückkehr nach Hamburg aufschreiben und mit ihm abstimmen konnte. Wegen der großen räumlichen Distanz zwischen uns haben wir uns dann entschieden, unsere jeweiligen Beiträge in der Substanz getrennt auszuarbeiten und die Texte nachträglich zusammenzufügen. Bereits im April hatte er seinen Teil abgeliefert. Gerade zu dieser Zeit begann ich mich jedoch für die Internationale Frauenuniversität zu engagieren, die mir über mehrere Jahre hinweg einen außerordentlich hohen Arbeitseinsatz abverlangte. Zu meinem großen Bedauern mußte ich die Weiterarbeit an unserem geplanten Aufsatz zurückstellen; daß mir die Fertigstellung nicht vor seinem Tode gelungen ist, tut mir zutiefst leid.

So liegen mir seit fast fünf Jahren die schriftliche Fassung unseres Auftaktgesprächs sowie Tonbandaufzeichnungen und vollständig ausgearbeitete handschriftliche Skizzen von Heinz vor. (Mein Beitrag über Leitgedanken der Zusammenarbeit ist inzwischen im Rahmen der Internationalen Frauenuniversität publiziert worden [Floyd 2002].)

Nun ergibt sich die Gelegenheit, im Gedenken an ihn seine Überlegungen zu veröffentlichen – allerdings ohne den Text mit ihm abstimmen zu können. Ich habe mich entschlossen, seine vertiefenden Ausführungen in den Text unseres Auftaktgesprächs zu integrieren. Dabei habe ich die von ihm verfaßten Beiträge im wesentlichen nicht verändert, sondern nur leicht gestrafft und meine Beiträge entsprechend angepaßt. Die Einführung war noch zwischen uns abgestimmt.

Wenn auch alles, was hier zum Thema gemacht wird, an der einen oder anderen Stelle in Foersters Spätwerk publiziert wurde (vgl. v. a. von Foerster 1997; von Foerster & Pörksen 1998; von Foerster & Broecker 2002), so ist dies doch eine spezifische Zusammenschau, in der verschiedene Aspekte integriert sind. Um es in seinen Worten zu sagen: Wir haben eine Matrix geschaffen, einen Platz, um über Systemik zu sprechen, und dabei das Muster, die Verbindungen zwischen Epistemologie, Dialogik und Ethik, die für sein Denken grundlegend waren, nachgezeichnet.

Christiane Floyd
Hamburg, Mai 2003

Literatur

Bateson, G.: *Ökologie des Geistes*, Frankfurt a.M.: Suhrkamp 1985.

Buber, M.: *Das Dialogische Prinzip*, Heidelberg: Verlag Lambert Schneider 1979 (4. Aufl.).

Floyd, C.: Softwareentwicklung als Realitätskonstruktion, in: Lippe, W.-M. (Hrsg.): *Software-Entwicklung: Konzepte, Erfahrungen, Perspektiven.* Informatik-Fachberichte 212, Berlin / Heidelberg: Springer-Verlag 1989, S. 1–20.

–: Das Mögliche ermöglichen: Zur Praxis der Realitätskonstruktion am Beispiel Softwareentwicklung, in: Müller, A., Müller, K. H. & Stadler, F. (Hrsg.): *Konstruktivismus und Kognitionswissenschaft. Kulturelle Wurzeln und Ergebnisse*, Wien / New York: Springer-Verlag 1997, S. 107–124.

–: Towards Knowledge Co-Construction, in: Floyd, C., Kelkar, G., Klein-Franke, S., Kramarae, C. & Limpangog, C. (Hrsg.): *Feminist Challenges in the Information Age*, Opladen: Leske+Budrich 2002, S. 203–222.

Foerster, H. von: Über das Konstruieren von Wirklichkeiten, in: Ders.: *Wissen und Gewissen – Versuch einer Brücke.* Frankfurt a.M.: Suhrkamp 1993, S. 25–49.

–: *Der Anfang von Himmel und Erde hat keinen Namen. Eine Selbsterschaffung in 7 Tagen.* Hrsg. von A. Müller und K. H. Müller, Wien: Döcker Verlag 1997.

– & Broecker, M.: *Teil der Welt. Fraktale einer Ethik*, Heidelberg: Carl Auer 2002.

– & Pörksen, B.: *Wahrheit ist die Erfindung eines Lügners. Gespräche für Skeptiker*, Heidelberg: Carl Auer 1998.

McCulloch, W. S.: A Heterarchy of Values Determined by the Topology of Nervous Nets, in: *Bulletin of Mathematical Biophysics*, Bd. 7, 1945, S. 89–93.

Schopenhauer, A.: *Über die vierfache Wurzel des Satzes vom zureichenden Grunde.* Hrsg. von M. Landmann u. E. Tielsch, Hamburg: Meiner 1970 (2., durchges. Aufl.).

Spencer Brown, G.: *Laws of Form*, London: G. Allen and Unwin 1969.

Wittgenstein, L.: *Tractatus logico-philosophicus. Logisch-philosophische Abhandlung*, Frankfurt a. M.: Suhrkamp 1973.

»Gäbe es nur eine Wahrheit, könnte man nicht hundert Bilder zum gleichen Thema malen.«

Pablo Picasso

»Wir müssen uns daran erinnern, daß das, was wir beobachten, nicht die Natur selbst ist, sondern Natur, die unserer Art der Fragestellung ausgesetzt ist.«

Werner Heisenberg

»Die verschiedenartigen Bildwelten, die der Mensch zwischen sich und die Wirklichkeit stellt …«

Ernst Cassirer

Ernst Peter Fischer

Genetik als Geisteswissenschaft oder: Erklärungen für das Leben, das sich mit den Genen selber schafft

I

Die Genetik – so wie sie heute betrieben und an den Universitäten unterrichtet wird – ist natürlich keine Geistes-, sondern eine Naturwissenschaft. Wenn über die neuesten Ergebnisse der modernen und meist an DNA-Molekülen ausgerichteten Vererbungsforschung berichtet wird und niemand nach moralischen Ansprüchen oder ethischen Argumenten fragt, dann stehen diese Ergebnisse gewöhnlich in naturwissenschaftlichen Magazinen oder auf den Seiten der Zeitungen, die für diesen Teil der Beiträge zur menschlichen Kultur reserviert sind. Die bekannte Genetik gehört also zu den Naturwissenschaften, und sie hat ihren Namen auch von einem Naturwissenschaftler bekommen, nämlich von dem Engländer William Bateson. Er schlug vor bald 100 Jahren – genauer: im Jahre 1906 – vor, der damals vermehrt einsetzenden und präziser werdenden Erkundung von Erbregeln einen angemessenen Namen mit klassischem Klang zu geben, eben den der »Genetik« bzw. der »genetics« (in Batesons Muttersprache); aus beiden Wörtern hört man den griechischen Ursprung des »genos« heraus, was »Geschlecht« heißt und woraus »genetikon« als das »Hervorgebrachte« gebildet wird, dessen Wortstamm uns aus der Generation, der Genealogie und der Genesis vertraut ist, um nur einige Beispiele zu nennen.

Als die »Genetik« aufkam – gemeint ist das Wort –, dauerte es noch weitere drei Jahre, bis der »Hauptmatador« der neuen Naturforschung die Bühne betrat. Gemeint ist das »Gen« selbst, das 1909 als Begriff in die Welt der Wissenschaft eingeführt wurde, wobei sein Erfinder, der Däne Wilhelm Johannsen, Vertreter einer exakten Vererbungslehre, ausdrücklich davor warnte, in dem Gen – also in der Erbanlage, die mit diesem Wort bezeichnet wird – ein stoffliches bzw. materielles Gebilde zu sehen. Johannsen und seine Kollegen wollten die Genetik als eigenständige Wissenschaft etablieren, was bedeutet: sie wollten nicht irgendeine Unterabteilung von Physik oder Chemie aufmachen und wollten Gene weder in Milligramm gemessen noch in Reaktionsgleichungen eingebaut wissen. Sie behandelten Gene wie buchhalterische Einheiten, mit denen sie die Bilanzen ihrer Kreuzungsexperimente aufstellen konnten.

Johannsen war sehr stolz auf sein »hübsches und kurzes Wort«, wie er das »Gen« selbst einschätzte, weil sich damit eine wunderbare Möglichkeit für die Konversation bot. Mit der einen Silbe konnte man nämlich ganz locker über seine Wissenschaft und ihre Ergebnisse sprechen. Denn – so Johannsen – »wenn wir an eine bestimmte Eigenschaft denken, welche durch ein bestimmtes ›Gen‹ bedingt ist, können wir am leichtesten ›Gen der Eigenschaft‹ sagen, statt umständlichere Phrasen wie ›das Gen, welches die Eigenschaft bedingt‹, zu benutzen.«

II

Unter der schlechten Angewohnheit, die aus dieser guten Absicht entstanden ist, leiden wir bis zum heutigen Tage. Mit Johannsen hat sich nämlich die unsägliche Sitte eingebürgert, Gene für alles Mögliche und Unmögliche verantwortlich zu machen und sowohl von Genen für Hautfarbe oder Haarwuchs als auch von Genen für Untreue und Mordlust zu reden. Übrigens – der zugleich mit der Wortschöpfung von höchster Stelle sanktionierte schlampige Umgang mit dem eleganten Ausdruck wäre meiner Ansicht nach eine sprachwissenschaftliche Untersuchung wert, was einen ersten Hinweis auf die Genetik als Bereich der Geisteswissenschaften liefert. Eine solche Untersuchung könnte z.B. fragen, was dieser sichtlich unsinnigen Verwendung eines ebenso sichtlich sinnvollen Begriffs zugrunde liegt und wieso sie flächendeckend von den Köpfen Besitz ergreifen kann. Eine einfache Antwort könnte lauten, daß unser Denken – unabhängig von allen Zeiten und Epochen – Ursachen gerne direkt anspricht und konkret erfaßt und sich dabei am liebsten direkt faßbaren Gegenständen zuwendet.

Beides – sowohl der Kausalitätswunsch als auch das Bedürfnis nach handfester Dinglichkeit – wird perfekt von dem netten Gen befriedigt, das die ersten Genetiker mit Johannsen an der »sprachlichen Spitze« vorgeschlagen haben. Und so verwenden wir das Wort ziemlich unabhängig von dem, was die wissenschaftlichen Experimente zeigen.

Das oben angeregte geisteswissenschaftliche Bemühen um die Wortgeschichte des Gens könnte auch tiefer gehen und z.B. fragen, ob das Verwenden von »Gen« in diesem öffentlichen und allgemeinen Sprachgebrauch etwas Neues darstellt oder ob man vor dem neuen über ein anderes Zauberwort verfügte, dessen Nennung alle Fragen mit einem Schlag beantworten konnte. Zwei amerikanische Beobachterinnen der neuen Genetik, Dorothy Nelkin und Susan Lindee, sind der Ansicht, daß es ein solches Zauberwort tatsächlich gegeben hat, und zwar eines, das heute etwas aus der Mode gekommen ist: die Seele. Wofür früher die Seele zuständig war, dafür sorgen heute die Gene. Während früher jemand ein schlechter Kerl war, weil er eine böse und unreine Seele hatte, ist heute jemand ein schlechter Kerl, weil er die falschen und unpassenden Gene hat.

Nelkin und Lindee wörtlich in ihrem Buch über »The DNA Mystique – The Gene as a Cultural Icon« (1995): »So wie die christliche Seele ein archetypisches Konzept darstellt, mit dessen Hilfe wir eine Person und die Kontinuität ihres Ichs verstehen, so erscheinen die Gene als seelenartige Einheiten, als heilige und unsterbliche Reliquien, als ein Bereich, den man nicht berühren darf.« Und weiter: »Gene haben die soziale und kulturelle Funktion der Seele übernommen. In den Darstellungen des biologischen Determinismus sind sie die wesentliche Einheit, der Ort des wahren Selbst.« Doch kehren wir zurück zu den naturwissenschaftlichen Fakten, die seit längerem um die berühmte Doppelhelix aus DNA kreisen, die 1953 als Struktur des genetischen Materials identifiziert wurde und sich in den Jahrzehnten danach zu dem entwickelt hat, was inzwischen vielfach als Ikone unseres Zeitalters gefeiert, als Index des Lebens verstanden und als Symbol des Lebens begriffen wird – und im Frühjahr 2003 ihren 50. Geburtstag gefeiert hat.

Diese Struktur ist sehr eindrucksvoll – als Ikone oder Symbol –, weshalb man sich wundern darf, daß die geisteswissenschaftlichen Gelehrten bislang nicht mehr aus ihrer Schönheit gemacht haben. Denn wenn von Ikonen bzw. Symbolen in der Genetik die Rede ist, dann darf es eigentlich nicht lange dauern, bis hier die ersten Kulturwissenschaftler bzw. Wissenschaftler, die sich mit Bildern und Symbolen befassen, auftauchen, um sich Gedanken über die Bilder und Zeichen zu machen, die von Forschern hervorgebracht und sich selbst und dem staunenden Publikum zum Verständnis angeboten werden.

Erst heute – fünfzig Jahre nach der Vorstellung der Doppelhelix – findet dieses Thema nach und nach seinen Weg in die Festungen der Philosophie. Wenigstens einige Kulturwissenschaftler fangen inzwischen an, die technischen Bilder als Repräsentanten des Wissens und Instrumente des Erkennens ernst zu nehmen und dabei mit ihren Mitteln zu untersuchen, wie wir mit dem Auge denken und mit den dazugehörigen Bildern verstehen. Schließlich erzwingen unsere Bilder unsere Gedanken und nicht umgekehrt unsere Gedanken unsere Bilder, wie man z.B. bei Friedrich Dürrenmatt nachlesen kann.

III

Doch so sehr diese Entwicklung zu begrüßen und zu fördern ist, auch sie spielt nur am Rande eine Rolle, wenn hier von der »Genetik als Geisteswissenschaft« die Rede ist. Was mich wirklich interessiert, steckt in der Frage, wann die Genetik aufhören muß zu sein, was sie bislang ist, nämlich eine Physik von lebenden Objekten. Wann muß die Genetik andere

Erklärungen als die abgeben, die wir aus der Physik kennen? Und von welcher Art müssen diese anderen Erklärungen sein?

Um an diesen Punkt zu gelangen, an dem der naturwissenschaftliche Zaun übersprungen werden muß, gilt es, sich daran zu erinnern, was die Genetik eigentlich herausfinden wollte und wissen will. Die dazu gehörenden Fragen lauten: Wie bringen die Gene ihre Wirkungen hervor? Wie wird aus einem Ei ein vielzelliger Organismus? Wie agieren Gene? Wie bringen sich Organismen mit ihnen aus sich selbst hervor?

Dies sind die zentrale Fragen, und zu ihrer Beantwortung reicht die Physik nicht mehr aus, die sich im Gewand der Genetik präsentiert und heute meist mit dem Vornamen »Molekular« angeredet wird. Um sagen zu können, wie die Gene ihre Wirkungen erzielen – so die These dieses Beitrags –, muß anders gedacht und argumentiert werden, als es die Naturwissenschaften in ihrer traditionellen Weise tun, die sich an den Erfolgen der Physik orientiert – wobei dies natürlich sehr oft aus gutem Grund und mit großem Erfolg geschehen ist.

Viele Molekularbiologen werden an dieser Stelle widersprechen wollen, weil sie denken, die Wissenschaft könne die Frage, »wie Gene die Entwicklung steuern«, doch schon längst beantworten, schließlich gebe es seit kurzem ein Buch mit genau diesem Titel (Basel u.a. 2001). »Wie Gene die Entwicklung steuern«, meint sein Autor Walter Gehring tatsächlich im Anschluß an die wunderbare Entdeckung einer sogenannten Homeobox verstehen zu können. Mit diesem zunächst merkwürdig klingenden Begriff ist ein gar nicht besonders langes Stück Erbsubstanz DNA gemeint, das die Evolution erstens weit verbreitet und zweites gut konserviert hat. Es findet sich in Genen, die dafür sorgen, daß Körpersegmente zur rechten Zeit an die richtige Stelle kommen. Diese Gene heißen bei Gehring wie der Kasten, der in ihnen steckt: nämlich Homeogene; bei anderen Genetikern hingegen haben diese biologischen Funktionseinheiten andere Namen bekommen, und zwar u.a. »Realisationsgene«, »Identitätsgene« oder »Interpretationsgene«, und wer diese Namen hört und sich dann Gedanken über Identität und Interpretation machen will, wird bald merken, daß er oder sie irgendwann die Hilfe der

Geisteswissenschaften erbitten sollte. Wo es um Interpretationen geht, da ist die Literaturwissenschaft zuständig und nicht die Physik, auch wenn sie »Genetik« genannt wird.

Die »Homeogene« mit ihrer Homeobox haben ihren Namen nach dem griechischen Wort für »ähnlich« – »homoios« – bekommen. Die Silben sind uns aus der eher unglücklichen Homöopathie bekannt, deren Grundidee in einem »ähnlichen Erleiden« des Kranken liegt und die ihm daher Heilmittel verordnet, die dem Erreger ähnlich sind. Die genetische Homoiosis (oder Homeosis) entstammt der Beobachtung, daß es in der Natur Lebensformen geben kann, bei denen sich an falschen Orten Strukturen bilden, die denen ähnlich sind, die man sonst von anderer Stelle kennt. Konkret gemeint sind Beine, die bei Fliegen da wachsen, wo sonst Fühler sind, oder Antennen, die sich bei Krebsen da zeigen, wo sonst Augen sind. Monster dieser Art sind zuerst im 19. Jahrhundert in der Natur beobachtet und erst später in den Laboratorien nachgemacht worden.

An solchen uns merkwürdig berührenden Umbauten sind homeotische Genen beteiligt, wie man sagt, und so liegt der Schluß nahe, daß in ihnen bzw. in ihrem homeotischen Kästchen vielleicht so etwas wie der Bauplan des Lebens steckt. Doch so aufregend dieser konkrete Gedanke ist, so langweilig bleibt das allgemeine Konzept, mit dem die Genetiker immer noch die biologische Entwicklung insgesamt erklären wollen. Das Zauberwort, mit dem an dieser Stelle hantiert wird – das Kaninchen, das die genetischen Künstler aus ihren Reagenzgläsern hervorziehen –, heißt »das genetische Programm«, was vor allem zeigt, wie konservativ die angeblich so revolutionäre Genetik denkt. Man hält brav am informativen Computerdenken fest und zeigt sich wie Gehring z.B. davon überzeugt, daß die Gesamtheit der menschlichen Gene »ein genaues Programm enthält, nach welchem wir uns entwickeln«.

IV

Die Vokabel und die Vorstellung eines genetischen Programms – und damit ein Maschinenbild des Lebendigen – ist derart weit verbreitet, und zwar sowohl in der Literatur als auch in den Köpfen von Experten und zugleich von Laien, daß man sich zwar Zitate ersparen kann, um dies nachzuweisen, daß man aber mit Unverständnis rechnen muß, wenn man darauf hinweist, daß das Konzept nichts taugt. Und die Sache ist noch schlimmer. Das Reden vom genetischen Programm als Basis des sich entwickelnden Lebens verhindert geradezu, daß man versteht, was im Leben abläuft und bei seiner Entwicklung passiert. Es verhindert vor allem, daß man sich darüber Gedanken macht, was man an seine Stelle setzen muß, damit die vielen entdeckten Homeoboxen einen Sinn ergeben.

Wie Begriffe das Denken tatsächlich zu blockieren in der Lage sind, können die Naturwissenschaftler von Geisteswissenschaftlern lernen, die offenbar schon oft Erfahrungen dieser Art gemacht haben. Als Beispiel sei auf die Gespräche hingewiesen, in denen der Philosoph und Ideenhistoriker Raymond Klibansky seine »Erinnerung(en) an ein Jahrhundert« schildert (dt. Frankfurt a. M. 2001). Dabei kritisiert er die zahlreichen Soziologen, die nach dem großen Max Weber kamen. So fortschrittlich dessen Gedanken über die Wissenschaft als Beruf und die Entzauberung der Welt durch ihre rationale Erklärung waren, so fest blieben Webers Nachfolger bei den Vorgaben ihres Lehrers stehen. Für sie, so Raymond Klibansky, bestand die Aufgabe ihrer Wissenschaft schlicht und einfach darin, »die Geschichte im Lichte bestimmter Begriffe zu bemeistern«. Wenn einer von ihnen »einen bestimmten Begriff benennen konnte, der die Phänomene zu erfassen schien, glaubte [die Zunft] schon, sie zu begreifen«.

So ergeht es den Genetikern mit dem Programm, und als Konsequenz kommt die zentrale Frage den Akteuren kaum in den Sinn. Sie ist ja nicht die, wie Zellen funktionieren, sondern wie Organismen entstehen, und die entscheidende Beobachtung bei dem Gestalt annehmenden Werden des Lebens besteht darin, daß die Organismen dies alleine, selbst und aus sich heraus machen. Das Leben mit seinen Genen kann also genau das, was Computer mit ihren Programmen nicht können – sich selbst hervorbringen. Organismen agieren anders als Maschinen, und sie entstehen anders als sie, nämlich nicht durch Pläne und Maßnahmen von außen, sondern durch und aus sich selbst, und dabei laufen Vorgänge ab, bei denen Plan und Ausführung zusammengehören und gerade nicht so getrennt werden, wie dies in einer Fabrik und bei mechanischen Herstellungen oder in Computern der Fall ist.

Das Zusammengehören von Plan und Ausführung kennt die Kunstgeschichte aus dem Entstehen eines Kunstwerks, und die Tatsache, daß kein moderner Genetiker auf diese Verbindung aufmerksam wird, kann als Beleg für die Beobachtung von Gregory Bateson, dem Sohn des eingangs zitierten William, dienen, der in seinem Buch über »Geist und Natur« (Frankfurt a. M. 1987) den »Verlust des Sinnes für ästhetische Einheit« beklagt und dies als »erkenntnistheoretischen Fehler« bezeichnet hat. Diesen begeht die moderne Genetik, die nur nach materiellen Einheiten schielt und meint, allein rational-analytisch das Gen als Kausalfaktor verstehen zu können, während es doch auch ein Formfaktor ist. Diese ästhetische Komponente des Gens erschließt sich über den Begriff »Form«, mit dem sich ausdrücken läßt, daß sowohl die Gene die Natur gestalten als auch die Natur die Gene. Gene bringen Menschen hervor, und Menschen bringen Gene im dem Sinne hervor, den Immanuel Kant formuliert hat, als er darauf hinwies, daß wir die Gesetze der Natur nicht in ihr finden, sondern ihr vorschreiben. Gene bilden und werden gebildet, und diese ästhetische Einheit der Bildung könnte als Grundlage für ein eleganteres Verständnis der Vorgänge dienen, mit denen das Leben sich selbst hervorbringt (eben bildet).

Das neue Bild von der Entfaltung des Lebens zeigt kein Programm, das abläuft, wenn Menschen und andere Lebewesen entstehen. Es zeigt vielmehr so etwas wie einen Schöpfungsvorgang, wobei nicht die Kreativität eines Gottes, sondern die eines Künstlers gemeint ist. Vielleicht entstehen wir (und andere Lebensformen) dank der Gene so, wie die Werke eines Malers entstehen, und in diesem Fall wären wir endgültig bei den

Geisteswissenschaften, denn die künstlerische Produktion verstehen die Naturwissenschaften ganz sicher nicht ohne Rückfragen in der anderen Fakultät.

Wenn ich nicht völlig danebenliege, fängt etwa beim Malen der Prozeß des Hervorbringens mit einer Vorstellung im Kopf des Künstlers an. Seine Fortführung hängt dann von den Ergebnissen ab, die im Laufe der Bildentstehung auf der Leinwand sichtbar werden. Und was die Embryonalentwicklung angeht, so fängt der Prozeß mit Vorgaben im Kern der Zelle an, und seine Fortführung hängt von den Bildungen ab, die im Laufe der Zeit entstehen und von der Umwelt registriert werden und auf das sich bildende und gebildete Leben zurückwirken. Die Details können hier keine Rolle spielen. Wichtig ist ein zentraler Punkt, der sich wie folgt formulieren läßt: Wer die Entstehung eines Bildes beschreibt und dabei den Machenden vom Gemachten trennt, geht an der Sache vorbei. Und genau dies gilt für die biologische Entwicklung. Bei deren Beschreibung sollte man nicht versuchen, das Bildende von dem Gebildeten zu trennen, weil die Gene und ihre Produkte in kontinuierlicher Wechselwirkung stehen.

Wenn wir dies alles mit einem Wort sagen wollen: Gene spulen keine Programme ab, Gene agieren vielmehr kreativ. Die Gesamtheit der Gene – also das, was wir »Genom« nennen – verfügt über Kreativität. Es ist natürlich riskant, den Begriff »Kreativität« in die Biologie einzuführen, aber es gibt an dieser Stelle sehr gute Gründe, dies zu tun. Sie stecken vor allem in den Formen, die Gene wirksam hervorbringen, denn sie gefallen uns und lassen uns von ihrer Schönheit sprechen – der Schönheit der Natur nämlich. Wenn Organismen sich selbst genetisch hervorbringen, entstehen nicht organische Reaktionsbehälter, die funktionieren, sondern lebendige Formen, die uns gefallen.

Natürlich erwartet man Kreativität weniger bei Genen und mehr bei Dichtern, z.B. bei Vladimir Nabokov, der hier genannt wird, weil er uns helfen kann. Der »Vater« von »Lolita« hat nämlich einmal erzählt, daß nicht nur er selbst, sondern seine ganze Familie synästhetisch begabt ist und Farben hören kann, und zwar mit einer besonderen »Charakteristik«: Während der Buchstabe M für Nabokov selbst rosa und für seine Frau blau ist, erscheint dem Sohn dabei die Farbe Lila, also genau jene Mischung, die sich beim Malen mit den elterlichen Farbtönen ergeben würde. Eine Tatsache, die Nabokov mit den Worten kommentiert: »so, als ob die Gene Aquarellisten wären«.

V

Es wird nun hier vorgeschlagen, diese spielerisch klingende Idee ernst zu nehmen und sich vorzustellen, daß Gene malen und Farben produzieren können. Und sie tun dies, wenn es lebendigen Organismen gelingt, sich selbst als gestaltende und gestaltete Wesen hervorzubringen. Um diese künstlerische Vorstellung an die naturwissenschaftlichen Kenntnisse anzuschließen, erinnern wir uns daran, daß Gene es einer Zelle erlauben, Proteine herzustellen (wobei anzumerken ist, daß sich das Prinzip der bildenden Dualität hier erneut zeigt, schließlich machen die Gene die Proteine, die die Gene machen, wie sich in jedem Lehrbuch der Molekularbiologie nachlesen läßt). Die Vielfalt der Aufgaben, die diese Moleküle übernehmen, kann kaum überschätzt werden. Proteine transportieren Sauerstoff, sie empfangen Licht, sie bewegen Muskeln, sie zerlegen die Nahrung und vieles mehr. Eine besondere Klasse von Proteinen hat nun die Eigenschaft, direkt mit den Genen selbst in Kontakt treten und ihre Aktivität regulieren zu können. Sie sollen »Master-Proteine« heißen, und zwar einfach deshalb, weil die Herstellung anderer Proteine von ihnen abhängt.

Wenn z.B. eine Pflanze heranwächst, lassen sich in den Zellen unterschiedliche Aktivitätsmuster von Master-Proteinen finden. Mit Hilfe dieser – dem Auge ursprünglich nicht zugedachten, dank technischer Hilfe ihm inzwischen aber doch farblich darstellbaren – Muster läßt sich etwa identifizieren, von welcher Stelle eines frühen und zunächst noch unförmigen Zellverbands später ein Frucht- oder ein Blütenblatt herauswächst, und Entsprechendes gilt für tierische Lebensformen wie z.B. Fliegen, bei denen sich mit entsprechenden Mustern identifizieren läßt, welche Positionen in einem zunächst gestaltlosen Zellhaufen im Laufe der Entwicklung zu einem Auge oder einem Bein umgeformt werden.

Tatsächlich haben die Entwicklungsbiologen in den letzten Jahrzehnten mit Hilfe gentechnisch vorbereiteter Methoden zweierlei bemerkt: Zum einen verfügen sämtliche Organismen über einen Vorrat an Master-Proteinen (und den dazugehörigen Genen), die in der frühen Phase der Entwicklung in Erscheinung treten und durch ihr Aktivitätsmuster festlegen, was aus diesen so bestimmten Zellen wird. Bei diesem Schritt könnte man von einer *Interpretation* reden, um an dieses Konzept zu erinnern. Eine Interpretation ist, allgemein gesprochen, ein Vorgang, bei dem in einem gegebenen Rahmen unter mehreren Möglichkeiten eine Wahl getroffen werden kann, wobei die Entscheidung bzw. die Auswahl durch Informationen bedingt ist, die historisch zustande gekommen sind – im Fall der Biologie ist damit die evolutionäre Geschichte gemeint. Und zum zweiten läßt sich mit dem Vorrat an Master-Proteinen ein Muster bilden, das man auch ein »Gewebe« nennen könnte und dessen Form im Verlauf des weiteren Wachsens nach und nach verfeinert und ausgearbeitet wird – genauso wie es beim Malen einen Bildes passiert. Deshalb hat der britische Biologe Enrico Coen den Vorschlag gemacht, sich die Master-Proteine als verborgene (innere) Farben vorzustellen, mit denen das Gemälde des Lebens seinen Anfang nimmt.

Der entscheidende Punkt, der den Vergleich zwischen dem Malen und dem Wachsen ermöglicht, steckt dabei in der Wechselwirkung. Die Farben kommen von Genen und beeinflussen Gene. Entsprechend gilt, daß die Farben auf der Leinwand von einem Maler stammen und auf ihn zurückwirken. Kreativität steckt u.a. in der Fähigkeit, auf Dinge zu reagieren, die zuvor geschehen sind. Und in beiden Fällen agieren die Akteure nicht beliebig, sondern unter historischen Vorgaben. Der Maler ist durch seine Zeit und Kultur geformt, und die Gene führen ihre evolutionäre Geschichte mit sich.

Ich bin davon überzeugt, daß wir das Leben verschenken, wenn wir versuchen, es wie eine Maschine zu verstehen. Da läuft kein Programm ab, wenn Organismen sich selbst hervorbringen. Vielmehr agieren die Gene kreativ, um die Kunstwerke des Lebens zu schaffen, die uns gefallen. Wir müssen sowohl verstehen, wie die Formen des Lebens geschaffen werden, als auch, warum sie immer auch ästhetische Qualitäten haben. In beiden Fällen können die Geisteswissenschaften helfen. Wie Nabokov gesagt hat: Es ist wirklich so, als ob die Gene Aquarellisten wären, und zwar sehr geschickte und gute. Könnte es nicht sein, daß wir von dem Augenblick an, an dem wir sie so verstünden, viel vorsichtiger mit ihnen umgehen würden?

Sigrid Weigel

Zur Rolle von Bildern und Metaphern in der Rhetorik der Biowissenschaften[1]

Am Beispiel der Genese des Informationsbegriffs in den Biowissenschaften und dessen doppelter Funktion – als Meistertrope und als Deckbegriff – wird die Aufmerksamkeit auf die Rhetorik, die Bilder und Metaphern wissenschaftlicher Erklärungsmodelle gerichtet. Und es wird entwickelt, warum und inwiefern diese Sicht dazu geeignet ist, das komplexe Zusammenspiel von Wissen und Nicht-Wissen zu beschreiben, in dem wir uns stets befinden und insofern notwendigerweise zu üben haben.

I

Wenn wir heute jahrhundertealte Erklärungen über die Ursachen von Krebs oder alte Rezepte zu dessen Heilung hören, löst das regelmäßig Heiterkeit aus. Ob es sich um die über Jahrhunderte geltende, auf Hippokrates zurückgehende Vorstellung handelt, daß nicht abfließendes Monatsblut zur Brust geschickt wird und dort einen »ockulten Krebs« bildet, den Galen, der diese Idee übernahm, mit Mohnaufgüssen behandeln zu können glaubte (vgl. Cabanne et al. 1986, S. 2759); ob es um Paracelsus' Erklärung geht, daß der Krebs von einem mineralischen Salz im Blut verursacht wird, das sich einen Weg aus dem Körper sucht und dort, wo es nicht hinauskann, Tumore verursacht (ebd., S. 2762), oder auch um seine berühmte Empfehlung, man solle einen lebenden Krebs, dem die Scheren verbunden wurden, auf den befallenen Körperteil legen und ihn dort sterben lassen: dann sei auch »der andre Krebs gestorben und vergangen« (Liber Principiorum); ob es gar den Glauben betrifft, daß im astrologischen System der Tierkreiszeichen der Krebs »die Lunge regiert«, oder ob es sich um die im 18. Jahrhundert entwickelte Theorie über die Entstehung von Krebs aus der Gerinnung der Lymphe dreht, wie sie z.B. in »Zedlers Gelehrtenlexikon« (1737) zu lesen war: »Die Ursache des Krebses ist eine Verstopffung derer Drüßlein und Gefäßlein, welche von dicken und scharffen Feuchtigkeiten enstehet.«[2] Oder ob Rudolf Virchow, der ja durch seine »Cellularpathologie« (1858) einen wichtigen Schritt zur zelltheoretischen Erklärung des Krebses geleistet hat, behauptet, es gebe eine Krebssubstanz: All diese Deutungen bewirken heute nur noch ein Schmunzeln. Das Kopfschütteln oder Lachen in Anbetracht überkommener medizinischer Deutungen gründet im historischen Abstand des Wissens und im bekannten Gefühl der Überlegenheit von Nachgeborenen gegenüber der Vergangenheit.

II

Doch bedarf es nur eines kleinen Gedankenexperiments, um sich einen Krebskongreß in 100 Jahren vorzustellen, auf dem ein Referent zur Erheiterung der versammelten Expertenrunde beispielsweise von der »Area Code-Hypothese« berichtet, die am *California Institute of Technology* entwickelt wurde. Diese Theorie, die besagt, daß jede Zelle auf ihrer Oberfläche über ein Adressen-System verfügt, das auf einem Set von Molekülen geschrieben wird, für die Moleküle anderer Zellen lesbar ist und den Standort der Zelle festlegt[3] – diese Theorie könnte in der besagten Runde womöglich schon deshalb auf Unverständnis stoßen, weil man sich zu dieser Zeit unter einem Adressensystem mit Postleitzahlen nicht mehr sehr viel wird vorstellen können. Und selbst wenn dieselben Zuhörer vielleicht noch konkretere Vorstellungen mit Worten wie »Information«, »Code« und »Alphabet« werden verbinden können, könnte auch die heute allgemein anerkannte Rede von der genetischen oder Erbinformation auf eine ähnliche Reaktion stoßen – jene Gewißheit, wonach man mit der Entschlüsselung oder Dekodierung des menschlichen Genoms über den Bauplan des menschlichen Lebens verfüge, weil die DNS-Sequenzen die Information für die Herstellung spezifischer Proteine enthalten.

Wozu dieses Gedankenexperiment? Keineswegs soll damit suggeriert werden, das derzeit gültige genetische Erklärungsmodell führe in die Irre. Und schon gar nicht soll bezweifelt werden, daß es zu nützlichen Erkenntnissen und praktikablen Therapiewegen führen kann. Schon das genannte Beispiel der »Adressen-Theorie« belegt den praktischen Nutzen solcher Hypothesen, ist doch nicht zuletzt durch sie die Analyse der Oberflächenstruktur von Krebszellen beflügelt worden, in deren Folge von der Pharmaindustrie jene monoklonalen Antikörper (Maks) entwickelt werden, die nach dem sogenannten Schlüssel-Schloß-Prinzip funktionieren. Nicht unwichtig ist dabei allerdings die Beobachtung, daß beim Übergang vom hypothetischen Wissen der Grundlagenforschung zum praktischen Wissen der therapeutischen Forschung ein signifikanter Wechsel des Sprachgebrauchs zu verzeichnen ist: Das Feld der Metaphern wechselt von der Post zum Krimi; denn von den Maks sagt man ja gern, sie seien »Detektiv und Auftragskiller in einem«.[4]

Der imaginierte Kongreß in fernerer Zukunft soll auch nicht als Hinweis auf das Kantsche »Was uns bei allem Wissen immer noch zu wissen übrig bleibt« verstanden werden und ebensowenig auf die Binsenweisheit, daß unser Wissen immer begrenzt ist und von künftigen Wissenschaftlern überholt werden wird. Denn diese Vorstellung schriebe den Diskurs der Überlegenheit nachfolgender Generationen fort und damit zugleich die Gewißheit eines stetigen Wissenswachstums – so, als ob das Wissen selbst einem Naturgesetz folgte. Das aber ist das Muster von Erfolgsgeschichten, die im übrigen selten ohne die herausragende Rolle von zu ihrer Zeit verkannten Genies auskommen.[5] Denn Irrtum und Verkennung sind unverzichtbare Bestandteile von Erfolgs- und Fortschrittsnarrativen. Die zitierten Krebstheorien aus der Antike und dem 16. bis 20. Jahrhundert machen nämlich nicht nur den historischen Abstand des jeweiligen Wissens deutlich; sie zeigen auch, wie stark die Modelle durch die je dominanten kulturellen Deutungsmuster, durch die je herrschenden Symbolsysteme und Kulturtechniken geprägt sind. Diese vor allem, nicht ein natürliches Wachstum des Wissens, sind es, die über die wechselnden Bilder entscheiden, mit denen versucht wird, die

Gesetzmäßigkeiten des Organismus zu beschreiben. Denn Wissen hat eine historische Signatur und wird nicht unwesentlich über das spezifische Bilddenken seiner Zeit generiert.

So gehörte die magische Heilkunst eines Paracelsus, die den Krebs mit Krebs beseitigen wollte, einem Weltbild an, in dem Mikro- und Makrokosmos in einem System vielfältiger Ähnlichkeiten miteinander korrespondierten. Das Bild von den mit Dickflüssigem verstopften Gefäßen dagegen war ein Lieblingsbild des 18. Jahrhunderts, in dessen Obsession für die Säfte und alles Flüssige sich alte Ideen, die noch auf Galens Humoralpathologie zurückgehen, recht gut mit späteren Entdekkungen von Blutkreislauf, Lymph- und anderen Gefäßen vertrugen. Und schließlich ist der ubiquitäre Diskurs über die genetische Information nicht ohne die Kybernetik, nicht ohne Computertechnologie, KI und IT denkbar – obwohl es eben jener Informationsbegriff ist, der die Unterschiede zwischen dem molekularen System und der mathematischen Informationstheorie verwischt hat. Denn für letztere stellt sich »Information« als rein quantitative Einheit dar, meßbar in *bits*. Die Überlagerung der kybernetischen Konzepte Code, Programm und Information mit dem biowissenschaftlichen Diskurs über molekulare Information, genetischen Code und Erbinformation, der ja mit der Hoffnung auf die Entschlüsselung bestimmter Inhalte (sprich: Krankheiten) verbunden ist, hat allerdings eine Janusgestalt. Denn diese Vermischung, oft Verwechslung hat ebenso viele Verwirrungen und Illusionen gestiftet, wie sie Experimente und wichtige Hypothesenbildungen befördert hat.

Genau dies nämlich ist die Wirkungsweise von Bildern im Wissen und in der Wissenschaft. Die Metaphern in der Medizingeschichte signalisieren nicht nur den historischen Index des jeweiligen Wissens; sie haben auch eine wichtige Funktion für das Verständnis der untersuchten Mechanismen, sie sind geradezu konstitutiv für neuartiges Wissen. Aber sie funktionieren unterschiedlich für verschiedene Register der Erkenntnis: in der spekulativen Hypothesenbildung anders als im praktischen Wissen – wie das Beispiel von postalischer und kriminalistischer Metaphorik gezeigt hat. Die Bilder stellen vor allem eine Möglichkeit dar, mit der Dialektik von Wissen und Nicht-Wissen umzugehen, eine Strategie also, durch die in neuartige Erkenntnisse auch jene Aspekte integriert werden können, die unverstanden geblieben sind und möglicherweise auch bleiben werden.

III

Das setzt allerdings voraus, daß der Begriff von »Wissen« entrümpelt wird von der Vorstellung, es handle sich dabei um einen gesicherten, positiven Bestand und eine sich stetig ausdehnende Verfügung über die Gesetze des Organismus, um statt dessen eine Dialektik von Wissen und Nicht-Wissen ins Spiel zu bringen. Insofern handlungsorientierte Forschungsziele, wie z.B. therapeutische Zwecke, häufig nicht mit dem Ziel vollkommener, abschließender Erklärungen oder Theorien in Einklang gebracht werden können – wie sich im Verhältnis des gigantischen Human-Genom-Projekts zur genetisch gestützten Therapeutik in der Medizin am deutlichsten zeigt –, bedarf es einer Erkenntnistheorie, die kreative und produktive Umgangsweisen mit dem Nicht-Wissen einschließt. Hier kann auf genuin geisteswissenschaftliche Methoden wie Diskursanalyse, Begriffsgeschichte, Metaphorologie, Rhetorik etc. zurückgegriffen werden. So hat sich jenseits ideologiekritischer oder gar kulturpessimistischer Haltungen ein äußerst produktives Feld zur Erforschung von Figuren des Wissens (Denkfiguren, Bildern, Modellen) eröffnet.

Das setzt allerdings eine Auffassung von Metaphern voraus, die nicht davon ausgeht, daß Bilder aus *einem* Objektbereich der Sprache geborgt und in einen *anderen* übertragen werden, sondern daß die Bilder den Begriffen vorausgehen, daß sie an deren Herstellung kreativ beteiligt sind, in dem Sinne, wie Hans Blumenberg von ›absoluten Metaphern‹ gesprochen hat. So gesehen betrifft die Rhetorik nicht eine poetische oder sonstwie ›geschmückte Redeweise‹, sondern sie zielt mitten in die Erkenntnistheorie: die rhetorische Praxis als Verfahren der Wissenschaft im Umgang mit dem – immer und notwendig – Vorläufigen, Kontingenten und Ungeklärten ihrer Erkenntnisse: »Rhetorik hat es zu tun mit den

Folgen aus dem Besitz von Wahrheit *oder* mit den Verlegenheiten, die sich aus der Unmöglichkeit ergeben, Wahrheit zu erreichen.« (Blumenberg 1971, S. 67) Sie bildet damit, wie Blumenberg formuliert, eine produktive Möglichkeit für die Wissenschaft, »die Vorläufigkeit ihrer Resultate unbegrenzt ertragen zu können« (ebd., S. 72).

Gleichzeitig – und das macht die Chance der Rhetorik für die Analyse von Wissen aus – können die Metaphern blinde Flecken im Wissen beleuchten und eröffenen einen Zugang zu diesen (vgl. Weigel 2002a). Ist der Blumenbergsche Hinweis auf die Vorläufigkeit wissenschaftlicher Resultate nicht an Norm, Ideal oder Telos eines vollkommenen Wissens ausgerichtet, so erschließt sich darüber ein Zugang zu einem Nicht-Wissen, das nicht als Noch-nicht-Gewußtes verstanden wird, sondern auf das stets und notwendig im Wissen eingeschlossene Nicht-Wissen verweist. Das meint nicht so sehr »dunkle« Stellen, die späterer Aufklärung harren, sondern ausgeblendete Aspekte, die aufgrund einer bestimmten Fokussierung notwendigerweise außerhalb des Blickfeldes bleiben. Das heißt, in dem zu entfaltenden Feld der *Rhetorics of Sciences* geht es um nichts weniger als um das Bewußtsein vom Zusammenspiel von Wissen und Nicht-Wissen. Daran zu erinnern und es zu beleuchten ist eine Aufgabe der Kulturwissenschaften: nicht Antworten auf praktische oder ethische Fragen zu geben, sondern dazu beizutragen, daß die Frage*stellungen* der Komplexität der Probleme angemessen sind.

IV

Und dies ist nicht nur eine Frage der Bilder, sondern auch des Einsatzes, der unterschiedlichen Umgangsweisen mit Bildern und der verschiedenen Typen und Medien bildlicher Darstellungen. Aus der Geschichte der Biologie haben sich vor allem die Schautafeln ins Bewußtsein eingeprägt. An ihnen kann die Funktion von ikonographischen Schemata und die Differenz zwischen visuellen und textuellen Bildern studiert werden. Man denke z.B. an den berühmten »Stammbaum des Menschen« aus Ernst Haeckels »Anthropogenie« (1874). In diesem Schema hat Haeckel versucht, die Entwicklungsgeschichte der Gattung mit der der Arten in einem einzigen Evolutionsmodell zusammenzuführen, das von den Amöben bis zum Menschen aufsteigt. Auch dieses Schema gehört zu jenen überkommenen Erklärungen, die viel Spott auf sich gezogen haben, in diesem Fall weniger wegen des Evolutionsmodells, sondern deshalb, weil Haeckel seine These, daß Phylogenese und Ontogenese parallel verlaufen, mit morphologischen Ähnlichkeiten nachzuweisen bemüht war, u.a. mit einer Bildfolge von Embryonen verschiedener Arten (Haeckel 1877). Dienten ihm solche Bildserien dazu, den evolutionären Zusammenhang der Arten anhand sichtbarer Ähnlichkeiten zu beweisen, so hatte der »Stammbaum des Menschen« dagegen die Funktion, seine Theorie als kohärentes Modell zu veranschaulichen. Dafür griff er auf eine traditionsreiche Ikonographie, auf den Stammbaum, zurück.

Heute dienen viele graphische oder computergenerierte Bilder, mit denen komplizierteste wissenschaftliche Erklärungen gerne – besonders in Zeitschriften und in Magazinsendungen des Fernsehens – veranschaulicht werden, dem Ziel vermeintlich größerer Verständlichkeit. Die neue Popularität sogenannter Wissenschaftsmagazine lebt nicht zuletzt von der Ästhetik und Suggestivkraft der meist farbigen und beweglichen Graphiken, digitaler Bilder, mit denen die Zuschauer in die komplexesten Mechanismen der Naturgesetze gleichsam eindringen können und mit denen »die Natur« als erklärt, verfügbar und zugleich »wunderbar« erscheint. Auch ungeklärte Phänomene erhalten in diesen Graphiken ihre bestimmte Position und Darstellung, so daß das Nicht-Wissen in der Repräsentation aufgehoben ist. Die Möglichkeitsbedingung einer derartigen Bildpolitik ist durch den *Iconic Turn* in den Wissenschaften gegeben, auch wenn die massenmedialen Visualisierungen, die im Dienste einer Vermittlung oder auch eines *Public Understandig of Science* stehen, nicht mit den bildgebenden Verfahren und den bildähnlichen Aufzeichnungssystemen und Darstellungstechniken in den Wissenschaften selbst verwechselt werden dürfen.

Die vielzitierte Formel des *Iconic Turn* bezieht sich nämlich im engeren Sinne auf die computergenerierten Darstellungen und die bildgebenden Verfahren bzw. Meßmethoden in den (Natur-) Wissenschaften. Während diese neuen Verfahren mit den konventionellen Begriffen von Text und Bild gar nicht mehr zu beschreiben sind, da es sich um Darstellungen handelt, die jenseits der Repräsentation liegen und eher an jene der Trennung von Bild und Alphabet vorausgegangenen Schemata, Figuren und Modelle erinnern, führt der *Iconic Turn* strenggenommen nicht zu Bildern, sondern zu Darstellungsmodi jenseits des Bildes. Insofern wurde dadurch auch das Projekt einer nicht fachwissenschaftlichen Bildwissenschaft motiviert, in die Kunst-, Literatur-, Medien- und Wissenschaftshistoriker ebenso involviert sind wie Philosophen und Anthropologen. Und jüngst wurde dieses Vorhaben durch die Beteiligung von Physikern, Chemikern, Nanowissenschaftlern zu einem Dialog zwischen den zwei Kulturen erweitert (Heintz & Huber 2001). Von hier aus eröffnen sich interdisziplinäre Forschungen, in denen das ganze Archiv scheinbar gesicherter Begriffe wie »Text«, »Bild«, »Symbol«, »Index«, »Formel«, »Diagramm« etc. neu gesichtet werden muß, analysiert als Zusammenspiel von technischen *und* ästhetischen Verfahren.

Doch zurück zu Haeckel. Der Abstand zwischen den Graphiken der TV-Wissenschaftsmagazine und seinem Bild ist nur einer der Technik. Schon in seiner »Anthropogenie« hatte die Graphik dieselbe Aufgabe: bildliche Symbolisierung der einzelnen epistemischen Objekte und deren Anordnung in einem geschlossenen System, so daß eine eindeutige und klare Beziehung zwischen den Einzelpositionen hergestellt ist. Im Falle von Haeckels »Stammbaum des Menschen« ist dies eine Engführung von genealogischer und klassifikatorischer Ordnung der Arten im Schema des Baums. In der Ikonographie des Baums und dessen Verzweigungen ist seine These, daß die Abfolge zwischen den Arten historischen *und* systematischen Charakter hat, gleichsam aufgehoben.

Ganz anders der Text der »Anthropogenie«. In ihm stehen anstelle des Baums sprachliche Bilder wie »Kette« und »Reihe«: die Kette der verschiedenartigen Tiergestalten, die Ahnenreihe und Vorfahrenkette – aber auch die Buchstabenreihe des Alphabets: »Wir können diese unterbrochene Gestaltenfolge mit der Buchstabenreihe des Alphabets bezeichnen:

A, B, C, D, E u.s.w. bis Z.« Dieses alphabetische Aufschreibesystem wird in Haeckels Keimtheorie ganz offensichtlich eingeführt, um mit den »mannichfachen Lücken« in den empirischen Belegen umzugehen: mit dem, was Haeckel als Fälschungen, Verkürzungen und Verschiebungen in der onto- und phylogenetischen Kette bezeichnet, die von ihm auf diese Weise als eine Art ›verderbter‹ Text behandelt werden. Da aber beide Texte lückenhaft sind, insofern die Ahnenreihe der Gattung ebensowenig geschlossen werden kann wie die Embryonalstadien, erscheinen beide je unterschiedlich entstellt, der eine als »Auszugsgeschichte«, der andere als »Fälschungsgeschichte«, so Haeckel. Seine Rhetorik, die hier mit den Bildern von Alphabet und Text operiert, ist also deutlich als Umgang mit notwendigen Lücken zu erkennen, ein Umgang, der das Wissen um diese Lücken jedoch zugleich wachhält, während die Ikonographie des Stammbaums ein lückenloses und geschlossenes Modell imaginiert (dazu ausführlicher Weigel 2003). – Während also die graphischen Schemata die Vorstellung von einem kohärenten, gesicherten Wissen suggerieren, macht die Rhetorik den Umgang mit dem Ungeklärten im Wissen (wieder) lesbar.

V

Das Alphabet der Keime rückt Haeckels »biogenetisches Grundgesetz« in die Vorgeschichte moderner Genetik. So gesehen wäre es nicht erst Erwin Schrödinger, der in seinem Vortrag »What is life?« (1943) die Idee zur Alphabetisierung der Vererbung eingeführt hat. Allerdings mußte Haeckels Buchstabenreihe noch einige Sprünge machen: den Sprung von Keimen zu Genen (vgl. Weigel 2002b), die Verkürzung der 26 Buchstaben auf vier für die Notierung der DNA und auf 20 für das sogenannte Alphabet der Aminosäuren, vor allem aber den Sprung in die Information. In Erwin Schrödingers Text, dem vielerorts die Erfindung des genetischen Codes zugeschrieben wird, werden die Probleme sichtbar, die sich im Begriff genetischer Information verbergen. Sein Versuch, sich mit physikalischen Theorien der Frage nach dem Leben zu nähern, verwendet nämlich den Informationsbegriff gerade nicht. »Noch nicht«, wie es zumeist heißt, da sein Text sozusagen am Vorabend der Informationstheorie formuliert wurde, nur wenige Jahre nämlich, bevor 1948 Norbert Wieners »Cybernetics or Control and Communication in the Animal and the Machine« und, ein Jahr später, C. E. Shannons »Mathematical Theory of Communication« erschienen, und auch Jahre, bevor John von Neumann in seiner »General and Logical Theory of Automata« (1951) die Funktionsweise lebender Organismen, vor allem des Nervensystems, mit einem künstlichen Automaten bzw. dem Computer verglich. Eine vergleichende Lektüre von Schrödinger und Wiener eignet sich gut, um die Transformation eines Bildes in einen vermeintlich gesicherten Begriff zu studieren. Es geht um die Rede von der »negativen Entropie«. Mit ihr unternehmen beide Autoren den Versuch, Analogien zwischen Materie und Organismus, zwischen Maschine und Lebewesen, zwischen geschlossenen und offenen Systemen herzustellen – wenn auch in je umgekehrter Perspektive.

Schrödingers Einführung der negativen Entropie ebenso wie sein so folgenreicher Einfall, das Gen im Bild eines Miniaturcodes nach dem Vorbild des Morsecodes zu konzipieren, gründen im Versuch, die Gesetze der statistischen Mechanik auf die Biologie zu übertragen, zugespitzt in der Frage, auf welche Weise lebende Organismen in der Lage sind, sich dem Entropiesatz zu entziehen, d.h. der Tendenz der Materie zu Unordnung oder Wärmetod zu entkommen. Um die Tendenz des Organismus zu Ordnung oder Organisation zu erklären, greift Schrödinger auf die Rede von negativer Entropie zurück. Er erprobt also die Umkehr eines physikalischen Begriffs bzw. eines Begriffs aus der statistischen Mechanik, um damit die Mechanismen des Lebens zu umschreiben – umschreiben im wörtlichen Sinne, nicht zu definieren, sondern mit Bezug auf bekannte Begriffe bildlich einzukreisen. Während aber Entropie errechenbar ist und in der berühmten Boltzmannschen Formel angeschrieben werden kann, muß Schrödingers Versuch, eine Formel für die negative Entropie des Organismus zu formulieren, notwendig in eine Sackgasse führen. Da, so Schrödinger, die Geordnetheit des Lebens anders erklärt werden muß, wechselt sein Text zu einem anderen Bild, zum Uhrwerk. Insofern bleibt negative Entropie hier ein Bild, mit dem das Andere des Organismus umschrieben wird, ohne daß dies in der Negation des physikalischen Begriffs der Entropie aufgeht.

Im Grunde genommen geht es bei Schrödingers Frage um den alten und wiederholten Versuch, jene Mechanismen zu verstehen und zu erklären, nach denen Organismen ihre Form, ihre Gestalt oder Organisation ausbilden, erhalten, weiterentwickeln und vererben – ein Leitmotiv der Wissenschaft, das sich von Aristoteles' »unbewegtem Beweger« über die *vis formativis* der epigenetischen Theorie oder Lamarcks »inneren Entwicklungstrieb«, Maupertius' »Kristallisation« und die molekularbiologische »Organisation der Zelle« bis zur genetischen Information verfolgen läßt. Es geht um die Frage, was einen Organismus zu dem disponiert, was er einmal werden soll, und was dafür verantwortlich ist, daß er sich dazu ausbildet oder eben nicht. Von Erwin Schrödinger werden im Zuge der Erörterung dieser Frage sehr verschiedene Bilder erprobt: neben dem Uhrwerk die negative Entropie, das Morsealphabet und der Code, alles Versuche, die nicht vollständig zu genügen scheinen. So wird auch der Code als zu eng erachtet, denn: »Die Chromosomstrukturen tragen gleichzeitig dazu bei, die Entwicklung, welche sie ahnen lassen, hervorzubringen. Sie sind zugleich Gesetzbuch und ausübende Gewalt, Plan des Architekten und Handwerker des Baumeisters.« (Schrödinger 1987, S. 57) Das Ungenügen einer Metapher bringt also nur wieder neue Bilder hervor.

All diese von Schrödinger reflektierten Schwierigkeiten scheinen dann mit der Informationstheorie gelöst zu sein. Denn von Norbert Wiener wird negative Entropie kurz und bündig mit Information gleichgesetzt, so in seiner Begründung der Kybernetik (1948): »Wie der Informationsgehalt eines Systems ein Maß für den Grad der Ordnung ist, ist die Entropie eines Systems ein Maß für den Grad an Unordnung; und das eine ist einfach das Negative des anderen.« (Wiener 1963, S. 31) Dieser Satz ist die Grundlage, um in seinem nachfolgenden Buch »The Human Use of Human Beings. Cybernetics and Society« (1950) dann – über eine Engführung der Konzepte von Entropie und Information – die Reichweite eines Vergleichs zwischen Automaten und Organismen, zwischen Maschine und Mensch, zu diskutieren. Seine Diagnose läuft darauf hinaus, daß dem Status des Menschen als Information lediglich technische Grenzen gesetzt seien. Das Gedankenexperiment, das zu diesem Ergebnis führt, betrifft die Frage, ob ein lebender Körper auf demselben Wege wie ein Telegramm übermittelt werden könne:

»Wenn eine Zelle sich in zwei teilt, oder wenn eines der Gene, das unser körperliches und geistiges Erbe trägt, bei der Vorbereitung zur Reduktionsteilung einer Keimzelle gespalten wird, ist dies eine Trennung von Materie, bedingt von der Kraft eines dem lebenden Gewebe innewohnenden Schemas, sich selber zu verdoppeln. Da dies so ist, gibt es keine fundamentale absolute Grenze zwischen den Übermittlungstypen, die wir gebrauchen können, um ein Telegramm von Land zu Land zu senden, und den Übermittlungstypen, die für einen lebenden Organismus wie den Menschen zum mindesten theoretisch möglich sind.« (Wiener 1958, S. 89)

Die einzige Barriere besteht in den dafür notwendigen Schritten, das Gewebe zunächst zu zerstören und dann wieder aufzubauen.

»Mit anderen Worten: Die Tatsache, daß wir das Schema eines Menschen nicht von einem Ort zu einem anderen telegrafieren können, liegt wahrscheinlich an technischen Schwierigkeiten und insbesondere an der Schwierigkeit, einen Organismus während solch einer umfassenden Rekonstruktion am Leben zu erhalten. Sie liegt *nicht an der Unmöglichkeit der Idee.*« (Ebd., S. 90)

Stößt in Wieners Gedankenexperiment die Übermittlung des Menschen wegen dessen leiblicher Konstitution an eine Grenze, so ist bemerkenswert, daß in dieser informationstheoretischen Reformulierung des Organismus der tradierte Dualismus von Geist und Körper wiederkehrt, nur daß der Begriff »Information« nun an die Stelle des Geistes getreten ist. Damit wäre die Information in der Kybernetik der Organismen nichts anderes als Ersatz und Nachfolger des »Geistes«. Das heißt aber: Während die Kulturwissenschaften – im Zuge einer Abwendung von ihren metaphysischen Ursprüngen – mit der *Austreibung des Geistes aus den Geisteswissenschaften* (so der Titel eines programmatischen Bandes, hrsg. von Friedrich Kittler) befaßt waren, hat umgekehrt der Geist, verkleidet als Information, Einzug in die Biowissenschaften gehalten – und das, obwohl doch das Ziel der modernen Molekularbiologie gerade darin bestand, »die Algorithmen der lebenden Welt« zu bestimmen, wie François Jacob 1970 formuliert hat (Jacob 1972, S. 319).

Seit der Etablierung der Kybernetik ist Wieners Satz, Information sei negative Entropie, als Begriff kanonisiert. Während bei Schrödinger die negative Entropie genau jene Stelle markiert, an der sich die Differenz zwischen der Errechenbarkeit der Materie und der Organisation des Lebens auftut, hat der Informationsbegriff, als Ersatz an die Stelle der nicht in einer Formel anschreibbaren negativen Entropie getreten, alle Schwierigkeiten bei der Analogisierung von Mensch und Maschine überbrückt *und* verdeckt – überbrückt, insofern sich dennoch damit arbeiten ließ, verdeckt, weil das Ungeklärte darin vergessen scheint. Und als Deckbegriff hat er nicht wenige Mißverständnisse in den schwierigen Verhandlungen über die Gentechnologie nach sich gezogen.

VI

An deren Fluchtpunkt steht die Bezeichnung des menschlichen Genoms als genetische bzw. Erbinformation und als Buch des Lebens. In ihr wird Information als Datenansammlung oder Instruktion mit Wissen oder Verstehen gleichgesetzt. Dabei kann man die Verwechslung von kybernetischem und semantischem Informationsbegriff nicht einfach den Medien anlasten, sie begegnet auch in vielen wissenschaftlichen Texten. Konjunktur hat sie immer dann, wenn es darum geht, neue Forschungsunternehmen über entsprechende Erfolgsversprechen zu lancieren – so wie für das *Human-Genom-Projekt* Anfang der 90er Jahre etwa mit dem berühmten Bild der CD geworben wurde, auf der man die ganze DNA-Sequenz eines Menschen speichern könne, um sie auf diese Weise überblicken zu können. Als man nach Abschluß des aufwendigen Projekts tatsächlich eine gigantische Datenfülle in der Hand hatte, wurden Fragen lauter, die von Kritikern des Projekts schon vorher aufgeworfen worden waren: Welche Aussagekraft hat die reine Sequenzierung der Basenpaarungen, aus denen die doppelsträngige DNA zusammengesetzt ist? Wieviel näher ist man damit dem Verständnis von Erbkrankheiten und der Frage, unter welchen Bedingungen sie »ausbrechen«, oder gar den Möglichkeiten zur Therapie? Und hat man über die Faszination für die Erbinformation und die Konzentration aller Kapazitäten auf dieses Projekt nicht andere Forschungen vernachlässigt, z.B. über die biochemischen Prozesse der Embryogenese oder die der Epigenese – also die alte Frage nach der Ausbildung des Organismus (vgl. Atlan 2002)?

Das gigantische Projekt zur Sequenzierung des menschlichen Genoms firmierte unter dem Titel »Die Erbinformation entschlüsseln«, obwohl in der Forschung der Satz, daß die DNA die Information für die Proteinherstellung enthalte, längst viel differenzierteren Vorstellungen Platz gemacht hatte. Schon länger ging man davon aus, daß nicht nur Gene bestimmte Prozesse aktivieren, daß sie vielmehr selbst durch bestimmte Zellbedingungen aktiviert werden. Vor allem aber hatte sich das Bild der molekularen Proteinherstellung wesentlich verkompliziert. Doch waren diese Forschungen gerade durch den Informationsbegriff beflügelt und vorangetrieben worden, und dies nicht zuletzt durch dessen unklare, mehrdeutige Konturen.

Der Begriff »Information« kam nicht erst 1953 mit dem Einfall von Watson und Crick ins Spiel, die von ihnen entdeckte Doppelhelixstruktur als Code zu bezeichnen, der die genetische Information trägt. Er spielte schon eine Rolle, als Erwin Chargaff 1950 auf die Idee verfiel, die vier Buchstaben des Nukleinsäurealphabets nicht nur als Namen zu verstehen, sondern auch, sozusagen mathematisch, als Positionszeichen, womit er das Prinzip der Komplementarität in der Replikation fand: A verbindet sich nur mit T, G nur mit C. Der Informationsbegriff motivierte aber vor allem die Entschlüsselung des genetischen Codes Anfang der 60er Jahre, mit dem die Rolle der RNA bei der Übersetzung bzw. dem Transfer des genetischen Informationsflusses zwischen DNA und Proteinen entdeckt wurde – und zwar erst, nachdem man sich von Hypothesen verabschiedet hatte, die mit Bildern wie Kopie oder Matrize, also mit Abdruckvorstellungen arbeiteten. Im Anschluß daran wurden Erklärungen für kleinteiligste Prozeduren entwickelt, mit denen die vier Nukleinsäuren, bzw. die 64 aus ihnen gebildeten dreistelligen Sequenzen, über Transfer-, Messenger-RNA und Ribosome in die 20 Aminosäuren umgewandelt werden. Dabei weitete sich das Modell für die Proteinherstellung zu einem vielfältigen Vorgang aus, der aus Replikation, Reparaturmechanismen, Translation, Spleißen, Editieren, Transkription etc. besteht (vgl. Rheinberger 2001). Das sind Prozeduren, die zwar im Begriff eines genetischen Programms zusammengefaßt werden können, die aber die Frage nach der Genese des Organismus aus den Genen nicht beantworten können, weil man nicht weiß, was man damit weiß.

Die meisten Mißverständnisse über den genetischen Code kursieren heute aufgrund des Zusammenspiels von semantischem und informationstheoretischem Codebegriff im Diskurs über die Genetik. Während die Zahlenziffern in der Geschichte des europäischen Wissens – seit der Einführung der arabischen Ziffern und der Null – als Positionszeichen funktionieren, wird mit den Buchstabenzeichen des Alphabets geschrieben, d.h. Bedeutung hergestellt. Die Funktion der Buchstaben A, C, G und T nicht nur als Bezeichnung für die Nukleinsäuren, sondern auch als Positionszeichen in der Kette der DNA ist es, die die beiden Lesarten des Codes ermöglicht: als bedeutsamer Text oder als Algorithmus.

VII

Während sich die wissenschaftlichen Diskussionen über den Nutzen und Informationsgehalt des entschlüsselten Codes in diese Doppeldeutigkeit verstricken, kommt dem Projekt eines Künstlers das Verdienst zu, hier eine der klarsten Antworten formuliert zu haben, nicht in Form einer Definition oder eines Begriffs, sondern in Form eines künstlerischen Experiments. In seiner Installation *Genesis* konnte Eduardo Kac zeigen, daß es möglich ist, den genetischen Code eines Bakteriums zu manipulieren bzw. zu verändern, auch ohne Herr im Haus seines Sinns zu sein (Kac 2002). Der Charakter dieses Codes ist, wie in seinem Experiment erkennbar wird, weder rein sematisch, als Erb*gut*, noch rein mathematisch, als Instruktion zur Replikation, zu begreifen. Vielmehr stellt er sich als Aufschreibesystem einer Kombinatorik dar, in deren Zusammenwirken von Buchstaben und Positionen jene alphanumerische Schrift wiederkehrt, die der *Ars Combinatoria* ähnelt, welche der modernen Trennung von Buchstaben und Zahlen historisch vorausgegangen war (vgl. Flusser 1996; dazu meine Flusser-Lecture »Buchstabe und Zahl«). Nur daß die Kombinatorik nun nicht mehr nur einer Darstellung, Anordnung und Repetition des Wissens dient, sondern als materielle Praxis in die Molekularstruktur eingreift, die Materie selbst also rekombiniert.

Auf einem Berliner Symposium über »Genetisches Wissen« wurde im letzten Jahr verkündet, Leben sei »in gewissem Sinn ein Rechenprozeß – der Organismus errechnet sich aus den im Genom gegebenen Informationen«. Dabei scheint wieder einmal genetisches Wissen mit dem Wissen über genetische Mechanismen verwechselt worden zu sein. Denn inzwischen ist es zwar möglich geworden, *mit Hilfe* von DNA zu rechnen, wie die Entwicklung von DNA-Computern zeigt, die die Geschwindigkeit der molekularen Aktivitäten für die rasche Bewältigung großer Datenoperationen nutzen. Doch das Leben läßt sich deshalb noch lange nicht errechnen.

Da war Schrödinger uns im Wissen voraus.

Anmerkungen

1 Der Text geht auf einen Vortrag zurück, der beim Krebskongreß in Berlin im März 2002 gehalten wurde. Eine kürzere Vorfassung erschien in: *Die Zeit*, 11.7.2002.

2 Beide Zitate aus der Textsammlung: *Krebs. Eine Krankheit im Spiegel der Jahrtausende.* Vgl. auch Jacob Wolff 1929.

3 Erkki Ruoslahti in *Scientific American*: Special Issue, Sept. 1996: *What You Need To Know About Cancer*, S. 43.

[4] Krebs, der Billionenmarkt, in: *Finanzen* 10/2000.

[5] Als wunderbares Beispiel einer solchen Erfolgsgeschichte der Krebsforschung vgl. Daniel J. Kevles 1996.

Literatur

Atlan, H.: DNS – Programm oder Daten? Oder: Genetik ist nicht in den Genen, in: Weigel, S. (Hrsg.): *Genealogie und Genetik*, a.a.O., S. 203–222.

Blumenberg, H.: Anthropologische Annäherung an die Aktualität der Rhetorik (1971), in: Kopperschmidt, J. (Hrsg.): *Rhetorische Anthropologie. Studien zum Homo rhetoricus*, München 2000.

Cabanne, F., Géard-Marchant, R. & Destaing, F.: Geschichte des Krebses, in: Souria, J.-C., Poulet, J. & Martiny, M.: *Illustrierte Geschichte der Medizin*, Bd. 5, Salzburg 1986.

Flusser, V.: Die Auswanderung der Zahlen aus dem alphanumerischen Code, in: Matejovski, D. & Kittler, F. (Hrsg.): *Literatur im Informationszeitalter*, Frankfurt a. M./New York 1996.

Haeckel, E.: *Anthropogenie oder Entwicklungsgeschichte des Menschen. Gemeinverständliche Wissenschaftliche Vorträge über die Grundzüge der menschlichen Keimes- und Stammes-Geschichte*, Leipzig 1877 (3. Aufl.).

Heintz, B. & Huber, J. (Hrsg.): *Mit den Augen denken. Strategien der Sichtbarmachung in wissenschaftlichen und virtuellen Welten*, Zürich 2001.

Jacob, F.: *Die Logik des Lebendigen. Von der Urzeugung zum genetischen Code*, Frankfurt a. M. 1972.

Kac, E.: *Genesis. Maison Européenne de la Photographie*, Paris 2002.

Kevles, D. J.: Forschungen gegen den Strom: Eine Geschichte von Mut, Viren und Krebs, in: *Verborgene Geschichten der Wissenschaft*. Hrsg. v. R. B. Silvers, Berlin 1996.

Kittler, F. (Hrsg.): *Austreibung des Geistes aus den Geisteswissenschaften*, Paderborn u.a. 1980.

Krebs. Eine Krankheit im Spiegel der Jahrtausende. Hrsg. v. P. Schramm, Taunusstein 1987.

Neumann, J. von: *The General and Logical Theory of Automata in Cerebral mechanisms in Behavior*, New York 1951.

Rheinberger, H.-J.: *Experimentalsysteme und epistemische Dinge. Eine Geschichte der Proteinsynthese im Reagenzglas*, Göttingen 2001.

Schrödinger, E.: *Was ist Leben? Die lebende Zelle mit den Augen des Physikers betrachtet*, München 1987.

Shannon, C. E. & Weaver, W.: *Mathematische Grundlagen der Informationstheorie*, München 1976. (Orig.: *The Mathematical Theory of Communication*, 1949).

Weigel, S.: Der Text der Genetik. Metaphorik als Symptom ungeklärter Probleme wissenschaftlicher Konzepte, in: Dies. (Hrsg.): *Genealogie und Genetik. Schnittstellen zwischen Biologie und Kulturgeschichte*, Berlin 2002 (zit.: Weigel 2002a).

–: Inkorporation der Genealogie durch die Genetik – Vererbung und Erbschaft an Schnittstellen zwischen Bio- und Kulturwissenschaften, in: Dies. (Hrsg.): *Genealogie und Genetik*, a.a.O., S. 71–97 (zit.: Weigel 2002b).

–: Genealogie – zu Ikonographie und Rhetorik einer epistemologischen Figur in der Geschichte von Kultur- und Naturwissenschaft, in: *Bühnen des Wissens. Interferenzen zwischen Wissenschaft und Kunst*. Hrsg. v. H. Schramm u.a., Berlin 2003, S. 226–269 (zit.: Weigel 2003).

–: *Buchstabe und Zahl in grammatologischer und wissenschaftsgeschichtlicher Perspektive. Flusser-lecture* (im Druck).

Wiener, N.: *Kybernetik. Regelung und Nachrichtenübertragung im Lebewesen und in der Maschine*, Düsseldorf/Wien 1963 (Orig.: *Cybernetics or Control and Communication in the Animal and the Machine*, 1948).

–: *Buchstabe und Menschmaschine. Kybernetik und Gesellschaft*. Frankfurt a. M. / Berlin 1958. (Orig.: *The Human Use of Human Beings. Cybernetics and Society*, 1950.)

Wolff, J.: *Die Lehre der Krebskrankheit von den ältesten Zeiten bis zur Gegenwart*. Jena 1929 (2. Aufl.).

»Weit entfernt von einem dem Geist der Wissenschaft fremden Mystizismus weist die Bezeichnung Komplementarität nur auf die mit unserer Stellung bei Beschreibung und Zusammenfassung von Erfahrungen im Bereich der Atomphysik verbundenen logischen Bedingungen hin.«

Niels Bohr

»Wir müssen möglicherweise den ganzen Begriff des ›Gesetzes‹ revidieren.«

Ilja Prigogine

»Es ist gleich tödlich für den Geist, ein System zu haben, und keins zu haben. Er wird sich also wohl entschließen müssen, beides zu verbinden.«

Friedrich Schlegel

Wolf Singer

Die Erforschung organisierter Systeme oder: Die Notwendigkeit einer theoretischen Fundierung der Lebenswissenschaften

I

Während der letzten Dekaden bewirkten die Naturwissenschaften eine exponentiell zunehmende Ausweitung unseres Wissens um die Beschaffenheit der Welt. Der analytischen Vorgehensweise wissenschaftlicher Bemühungen entsprechend führte dies zur Zerlegung von Systemen in ihre Komponenten und zu immer genaueren Beschreibungen immer kleinerer Einheiten. Dieses Vorgehen erwies sich als außerordentlich erfolgreich und eröffnete immer neue Forschungsfelder, die sich mit immer spezielleren Teilaspekten von Subkomponenten komplexer Systeme befaßten. Wegen der nahezu unerschöpflichen Herausforderung, die dieser analytische Ansatz stets neu schafft, gerieten synthetische Forschungsansätze aus dem Blickfeld. Der Suche nach den organisierenden Prinzipien, die das Zusammenspiel der Komponenten koordinieren, wurde weit weniger Aufmerksamkeit zuteil als der Bestandsaufnahme der Eigenschaften von Komponenten. In Vergessenheit gerät gelegentlich sogar das triviale Faktum, daß die Funktionen von organisierten Systemen nicht aus den Eigenschaften der Komponenten abgeleitet werden können, selbst wenn diese vollständig beschrieben sind.

Diese Entwicklung hat vor allem in den experimentellen Disziplinen, die sich mit lebenden Systemen befassen, ein bedrohliches Ausmaß angenommen. Zugleich aber sind die Voraussetzungen günstiger denn je, um diesem Problem zu begegnen. Kaum eine Wissensdisziplin erfährt zur Zeit so umfassende und schnelle Verschiebungen von Grenzen wie die naturwissenschaftliche Erforschung lebender Systeme. Der gewaltige Wissenszuwachs erzwingt zunehmende Spezialisierung. In dem Maße aber, in dem die Forschungsgebiete reifen, können ihre Ergebnisse einer theoretischen Behandlung zugeführt und auf abstrakten Ebenen beschrieben werden. Dies wiederum erleichtert interdisziplinären Austausch und kann helfen, Spezialisierungen zu überwinden. In den kommenden Jahren werden deshalb fruchtbare Interaktionen zwischen neuen, theoretisch ausgerichteten Forschungsrichtungen der Lebenswissenschaften und theoretisch arbeitenden Disziplinen der Physik, Chemie, Mathematik und Informatik möglich. Um dieses erkenntnisträchtige Zusammentreffen vormals unverbundener naturwissenschaftlicher Disziplinen zu fördern, bedarf es neuer akademischer Ausbildungswege und Institutionen. Im Hinblick auf den hohen Differenziertheitsgrad der Naturwissenschaften, den von ihnen beförderten exponentiellen Wissenszuwachs und die in Teilbereichen unverkennbar enger werdenden Bezüge zu den Geistes- und Humanwissenschaften erscheint dieses Postulat als dringlich.

Die neuen Strukturen sollen folgende Desiderata erfüllen: Zunächst müssen kooperationsfähige Forschungsfelder identifiziert werden. Naturgemäß kommen dabei nur solche Wissensgebiete in Betracht, die bereits über hinreichend abstrakte und von der Phänomenologie der einzelnen Forschungsgegenstände unabhängige Beschreibungssysteme verfügen, um einen fruchtbaren Austausch von Methoden und Erkenntnissen zu ermöglichen. Dies erfordert die Zusammenführung von Wissensgebieten, die entweder bereits einen hohen Erkenntnisstand erreicht haben, der abstrakte und verallgemeinernde Beschreibungen zuläßt, und/oder Forschungsrichtungen, die sich mit Systemen befassen, von denen erwartet werden kann, daß sie ähnliche Eigenschaften aufweisen – auch wenn deren Erscheinungsformen zunächst wenig miteinander gemein zu haben scheinen. Naturgemäß werden bei diesem Vorhaben die Suche nach Prinzipien, Computersimulationen, Theoriebildung und konzeptuelle Arbeit im Vordergrund stehen.

Die Definition von Wissensgebieten, die für eine institutionelle Bündelung reif sind oder ihrer sogar dringend bedürfen, fällt relativ leicht, da sich gegenwärtig Konvergenzbewegungen abzeichnen, die sowohl methodische als auch inhaltliche Aspekte umfassen. Besonders attraktiv hierbei ist, daß sich erstmals eine Zusammenführung der sogenannten exakten Naturwissenschaften (Physik und Chemie) mit den Lebenswissenschaften anbietet. Das Einende in diesen Disziplinen ist die zunehmende Notwendigkeit, sich mit vernetzten Systemen auseinanderzusetzen, die aus vielen interagierenden Elementen bestehen und komplizierte dynamische Eigenschaften aufweisen. Nachdem die Analyse der jeweiligen Systemkomponenten (Atome, einfache Moleküle, zelluläre Untereinheiten lebender Systeme) schon sehr weit fortgeschritten ist, ergibt sich nun die Notwendigkeit, die Gesetzmäßigkeiten der vielfältigen und hochkomplexen Wechselwirkungen zwischen den Komponenten zu verstehen, da sich erst aus diesen die Eigenschaften komplexer Systeme herleiten.

II

Lebende Systeme verdanken sich evolutionären Prozessen. Ihre Funktionen sind deshalb zielorientiert. Zudem haben sie die Eigenschaft, sich selbst zu organisieren und dabei Metastrukturen aufzubauen, deren Funktionen nicht aus der Kenntnis der Eigenschaften der Komponenten abgeleitet werden können. Die Information, die im Gesamtsystem verfügbar ist, übersteigt bei weitem die Information, die sich ergäbe, wenn man die in den Komponenten enthaltene Information summierte. Der Grund dafür ist, daß zusätzliche Information in den spezifischen Relationen gespeichert ist, die das Zusammenwirken der Komponenten bestimmen. Oder anders ausgedrückt: Es wird immer deutlicher, daß wir nach der Identifikation der Eigenschaften von Objekten jetzt mehr Gewicht legen müssen auf die Beschreibung der relationalen Bedingungen. Die

Erforschung komplexer Systeme muß sich deshalb auf die Analyse jener informationsgenerierenden Prozesse konzentrieren, die zur Emergenz neuer Qualitäten führen. Von besonderem Interesse ist hierbei, wie sich solche Systeme entwickeln, selbst organisieren und stabilisieren, wie ihre Netzwerkarchitektur beschaffen ist, nach welchen Regeln die Interaktionen zwischen den Elementen ablaufen und welche Eigenschaften die Dynamik des Systems aufweist.

Da lebende Systeme konstitutiv komplex sind, finden sich vernetzte Prozesse dieser Art auf allen Organisationsebenen des Lebens: im Genom, im Zellstoffwechsel, in den Regelkreisen hormoneller Systeme, bei den Kommunikationsprozessen im Immunsystem – und natürlich und vor allem im Nervensystem. Entsprechend beruht auch die Entwicklung von Organismen auf Selbstorganisationsprozessen, die von den Wechselwirkungen zwischen molekularen und zellulären Komponenten getragen werden und zur Bildung komplexer dynamischer Systeme führen. Ganz ähnliche Gesetzmäßigkeiten gelten für die Prozesse, denen sich die Evolution der Arten verdankt. Analogien finden sich auch in der Organisation von Superorganismen wie Ameisenstaaten und Bienenvölkern. Auch diese bestehen aus vielen interagierenden Elementen, geben sich ihre Ordnung selbst, stabilisieren sich, ohne einer zentralen Koordination zu bedürfen, und weisen als Gesamtorganismen Eigenschaften auf, die aus der vollständigen Kenntnis der Systemkomponenten nicht hergeleitet werden können. Ein weiteres eindrucksvolles Beispiel für das Entstehen neuer Qualitäten in komplexen Systemen ist das Gehirn. Hier führen Wechselwirkungen zwischen materiellen Komponenten, den Nervenzellen, zur Emergenz psychischer und mentaler Phänomene.

Folgerichtig haben sich in jüngster Zeit unter dem Sammelbegriff »Theoretische Biologie« zahlreiche Subdisziplinen entwickelt, die sich mit der Analyse und Modellierung der Architektur und Dynamik interaktiv gekoppelter Netzwerke der beschriebenen Art befassen. Die Erwartung ist, daß dieser Forschungsansatz zur Entdeckung allgemeiner Gesetzmäßigkeiten führen wird, die auf den verschiedensten Organisationsebenen belebter, zielorientierter Systeme gültig sind.

Eine ganz ähnliche Entwicklung vollzieht sich in der Physik und der Chemie. Auch hier tritt die Erforschung komplexer, interaktiv vernetzter Prozesse immer mehr in den Vordergrund. Beispiele für die Physik komplexer Systeme sind die Forschungsbereiche, die sich mit der Analyse der nicht-linearen Dynamik von gekoppelten Vielteilchensystemen befassen. Diese sind auf den unterschiedlichen Organisationsstufen von Materie anzutreffen und umfassen subatomare Systeme ebenso wie kosmische. Exemplarisch seien hier nur einige Subdisziplinen genannt: die Erforschung von komplexen Hadronsystemen, die statistische Mechanik von n-Teilchen-Systemen und Phasenübergängen im Nicht-Gleichgewicht, das Studium makroskopischer Quanteneffekte und schließlich die strukturbildenden Prozesse im Universum.

Obgleich die Grenzen zwischen Physik und Chemie schon unscharf geworden sind, eignen sich bestimmte Bereiche der Chemie besonders gut für eine theoretische Bearbeitung im Rahmen der Komplexitätstheorie. Dies gilt für die Erforschung der atomaren Wechselwirkungen in Nanostrukturen, für die Analyse von Konformationsänderungen in Makromolekülen und für den informationstheoretischen Ansatz bei der Analyse der Proteinfaltung.

III

Direkte Verbindungen zu den Biowissenschaften ergeben sich dabei in bezug auf Forschungsrichtungen, die als besonders theoriefähig und theoriebedürftig gelten: die Genomforschung (genomics), die Proteinforschung (proteomics), die Entwicklungsbiologie (Selbstorganisation), die Evolutionsforschung und die Neurobiologie. Von diesen Disziplinen bietet die Neurobiologie zur Zeit wohl die breitesten Berührungsflächen zu anderen Disziplinen. Auch bedarf sie mehr als alle anderen Disziplinen der Lebenswissenschaften der Einbindung theoretischer Forschungsansätze, weil die Komplexität von Gehirnen unvorstellbar ist und ohne Einsatz von komplexitätsreduzierenden, also abstrahierenden Beschreibungssystemen nicht bewältigt werden kann.

Das Gehirn ist zum einen ein Organ wie jedes andere, an dem sich evolutionäre und ontogenetische Entwicklungs- und Strukturbildungsprozesse beispielhaft studieren lassen. Solches haben sich die Entwicklungsneurobiologie und die Erforschung der Gehirnevolution vorgenommen. Zum andern ist das Gehirn ein hoch vernetztes System interaktiver Komponenten, an dem sich paradigmatisch die Eigenschaften komplexer dynamischer Systeme und die Emergenz neuer Qualitäten untersuchen lassen. Das Nervensystem ist ferner ein hervorragendes Modell für die Analyse von Prozessen, die in allen informationsverarbeitenden Systemen eine tragende Rolle spielen: Struktur und Musterbildung, Kodierung, Verdichtung, Speicherung und Erzeugung von Information, Steuerung nicht-linearer dynamischer Prozesse und Koordination komplexer Bewegungsabläufe.

Nervensysteme sind somit zum einen ideale Modelle für das Studium komplexer Systeme. Zum andern erfordert ihre Erforschung mehr denn je die Einbeziehung der mächtigen theoretischen und methodischen Ansätze, die in den exakten Naturwissenschaften und in der Mathematik entwickelt wurden und dank immer leistungsstärkerer Rechner stetig weiter vorangetrieben werden. Dies gilt sowohl für die konzeptuelle Durchdringung der Eigenschaften von vernetzten Multikomponenten-Systemen als auch für die Entwicklung von Methoden zur Analyse ihrer Dynamik.

Die Lebenswissenschaften, und hier vor allem die Neurowissenschaften, bedürfen also dringend der Erweiterung durch theoretische Disziplinen und werden in den kommenden Jahren eine Entwicklung durchlaufen, die der gleicht, welche die Physik vollzog, als sie sich in experimentelle und theoretische Physik differenzierte. Im Gegenzug werden die besonderen Herausforderungen, die lebende Systeme an Analyse- und Beschreibungssysteme stellen, wertvolle Impulse für die Theoriebildung und die Entwicklung neuer Analyse- und Darstellungsalgorithmen geben. Diese können dann wiederum für die Charakterisierung und möglicherweise auch Steuerung anderer komplexer Systeme herangezogen werden. Ferner steht zu erwarten, daß die Erkenntnisse der

Neurobiologie, sobald sie in verallgemeinerbaren Beschreibungen gefaßt werden können, in technische Systeme umsetzbar sind, die zu völlig neuartigen Technologien im Bereich der Informationsverarbeitung und Robotik führen werden.

Und schließlich wird es der Neurobiologie zukommen, eine zentrale Brückenfunktion in den Wiederannäherungsprozessen zwischen Geistes- und Naturwissenschaften wahrzunehmen. Es wird immer deutlicher, daß all die mentalen und psychischen Phänomene, die den Forschungsgegenstand der Geistes- und Kulturwissenschaften ausmachen, emergente Eigenschaften von menschlichen Gehirnen und deren Interaktion sind. Was nunmehr benötigt wird, sind neuartige Beschreibungssysteme und Theorien, die es erlauben, widerspruchsfreie Verbindungen herzustellen zwischen den aus der Perspektive der ersten Person erfaßbaren mentalen und psychischen Phänomenen und den aus der Perspektive der dritten Person beschreibbaren und damit naturwissenschaftlicher Behandlung zugänglichen neuronalen Prozessen.

Als ideale Kristallisationskerne für neue Forschungsstrukturen bieten sich somit Disziplinen der Lebenswissenschaften an, die sich mit komplexen Systemen befassen und besonderes Gewicht auf Theoriebildung und generalisierbare, also formale Beschreibungen legen. Von diesen weist die Neurobiologie derzeit das höchste Potential für interdisziplinäre Anbindungen auf, weil sich das Gehirn auf vielfältige Weise erforschen und auf unterschiedlichen Ebenen beschreiben läßt: auf der zellulären Ebene als gewöhnliches Organ, auf der Netzwerkebene als komplexes, dynamisches, sich selbst organisierendes System, auf der Systemebene als informationsverarbeitendes und -erzeugendes kognitives System und schließlich auf der organismischen Ebene als das materielle Substrat psychischer und mentaler Phänomene.

IV

Um der beklagten Partikularisierung der Einzeldisziplinen begegnen zu können, müssen die auf interdisziplinäres Arbeiten angewiesenen Disziplinen der Lebenswissenschaften zusammen mit ebenfalls bindungsfähigen Disziplinen aus den exakten Naturwissenschaften angesiedelt werden. Da in den exakten Naturwissenschaften die Theorienbildung und Mathematisierung der Beschreibungssysteme sehr viel weiter fortgeschritten ist als in den Lebenswissenschaften, finden sich hier in fast allen klassischen Fächern (Physik, Chemie, Mathematik, Informatik) Unterdisziplinen, die potentiell eine hohe Affinität zu den Lebenswissenschaften aufweisen.

Beispiele hierfür sind: 1. die Theorie komplexer Systeme, die in der Physik und Chemie gleichermaßen angewandt und weiterentwickelt wird, 2. die Erforschung nicht-linearer dynamischer Systeme, die ebenfalls in Physik und Chemie mit großer Intensität verfolgt wird, 3. die mathematische und statistische Behandlung von Vielteilchensystemen, denen in der Physik eine bedeutende Rolle zukommt, 4. die Informationstheorie mit ihren neuen, durch die fortschreitende Computerentwicklung beförderten Richtungen und 5. die Informatik, KI-Forschung und Robotik, die sich um die Lösung von Problemen der Informationsverarbeitung und um die Implementierung dieser Lösungen in technischen Systemen bemühen.

Helge Ritter

Die neuen Denkmuster der künstlichen Intelligenz

I

Das Zustandekommen unserer eigenen Intelligenz zu verstehen, ja, gar künstlich intelligente Systeme aus Menschenhand zu schaffen, dies gehört zu den alten Menschheitsträumen. Heute zeichnen für die Verfolgung dieses Menschheitstraums gleich mehrere Einzelwissenschaften verantwortlich, darunter die Informatik, die Gehirnforschung, die Philosophie, die Kognitionswissenschaften und weitere Disziplinen.

Der in der Informatik beschrittene Weg richtete sich zunächst ganz auf die Nachbildung einzelner, sehr stark an der Fähigkeit analytischen Denkens ausgerichteter Teilfähigkeiten – wie etwa das Lösen logischer Denkaufgaben, die Ausführung mathematischer Deduktionen durch den Computer oder die Beherrschung von Strategiespielen wie Mühle oder Schach. Gemeinsam ist diesen Teilfähigkeiten die Gültigkeit klar angebbarer Regeln – wie etwa erlaubte Spielzüge und das Schlagen von gegnerischen Figuren im Schach, Aussagenlogik oder Algebraregeln der Mathematik. Dadurch bieten sie gute Voraussetzungen, die Problemstellung in eine computergerechte Form zu bringen und mit den Mitteln der Informatik zu bearbeiten. Zu den sichtbaren Ergebnissen dieser Forschungsrichtung gehören nicht nur die mittlerweile medial werbewirksam in Szene gesetzten Schaukämpfe zwischen Schachweltmeistern und Computerprogrammen, sondern auch praktisch nützliche Expertensysteme für Diagnoseaufgaben oder Mathematikprogramme, die mittlerweile ein auch Wissenschaftlern nützliches Maß an

»Geschick« in der Umformung mathematischer Formelausdrücke an den Tag legen.

Diese Erfolge sind durchaus spektakulär, haben aber entgegen vielen geweckten Erwartungen bisher keine wirklich brauchbaren Denkmuster für ein tieferes Verständnis von Intelligenz liefern können. Dies wird sehr rasch deutlich bei dem Versuch, die meist nur schmalen Spezialgebiete der einzelnen Programme etwas zu verbreitern – etwa Methoden, die sich im Schach als erfolgreich erwiesen, auf das Brettspiel Go zu übertragen. Dabei zeigt sich, daß die entwickelten Methoden gegenüber einem Anwachsen der Problemkomplexität außerordentlich verwundbar sind; die erforderliche Rechenleistung wächst explosionsartig mit der Aufgabengröße an und übersteigt schon bald jedes beherrschbare Maß, auch wenn der Mensch die Aufgabe noch gut lösen kann. Dies liegt an der grundsätzlich sehr einfachen Struktur der eingesetzten Verfahren: Diese formulieren ihre Aufgabe im wesentlichen meist in Form eines großen Verzweigungsbaums an Handlungsmöglichkeiten (wie etwa Spielzüge und Gegenzüge beim Schach) und nutzen dann die Fähigkeit des Computers zum außerordentlich schnellen Durchsuchen eines derartigen Baums nach einem guten Fortsetzungsweg. Während sich beim Schach die Anzahl der Zweige eines solchen Baums pro Tiefenstufe etwa versechsfacht (so viele »vernünftige« Gegenzüge sind in jeder Spielstellung im Mittel zu erwarten), liegt der entsprechende Faktor für Go bei etwa 30 und sprengt damit die Anwendbarkeit des Verfahrens auch für heutige Computer mit ihrer immens gestiegenen Rechenleistung.

Eine zweite Schwierigkeit ergibt sich daraus, daß viele Bereiche des Lebens und Denkens weit weniger prägnant formalisierbar sind als beispielsweise Schach oder Mathematik. Dies beginnt bereits bei der menschlichen Sprache. Hier können wir Texte zwar immerhin noch in großer grammatikalischer Korrektheit niederschreiben, die kontextabhängige Bedeutung der einzelnen Worte hat sich jedoch bis heute in kein ähnlich starres Korsett bringen lassen wie die Grammatik der Sprache selbst. Damit rückt eine Eigenschaft von Intelligenz machtvoll ins Blickfeld, die bei den ersten Versuchen ihrer künstlichen Nachbildung weitgehend übersehen wurde: ihre ungemeine Fähigkeit zur Flexibilität und zum erfolgreichen, ja oft kreativen Umgang mit Vagheit.

Wie wichtig diese Eigenschaft ist, tritt besonders deutlich hervor, wenn wir Roboter konstruieren wollen, die ihre Umwelt wahrnehmen und sich darin autonom bewegen können. Die ersten Ansätze in dieser Richtung versuchten, auch hier die beim Schach so erfolgreiche Lösungsmethodik einzusetzen. Die Idee war dabei, vor der tatsächlichen Ausführung einer Handlung ihre möglichen unterschiedlichen Handlungsschritte und die darauf von seiten der Umgebung zu erwartenden Reaktionen – gewissermaßen wie in einem überdimensionalen Schachspiel – in einem »inneren Modell« der Situation durchzuspielen und die dabei gefundene beste Möglichkeit zur wirklichen Ausführung zu bringen. Diese Vorgehensweise, die auf den ersten Blick als sehr plausibel erscheint, stieß jedoch gleich in mehreren Punkten auf überraschend schwerwiegende Hindernisse.

Betrachten wir etwa den ganz alltäglichen Vorgang, wenn man einen Brief in einen Umschlag steckt: Unsere Hand ergreift den Briefbogen, wie selbstverständlich greift die andere Hand ein, um das Falten zu ermöglichen, und wenige Augenblicke später schieben unsere Finger das Blatt »irgendwie« in den Briefumschlag hinein, den wir geöffnet und in der richtigen Lage plötzlich zwischen den Fingern der Hand antreffen, die gerade noch beim Falten half. Im Prinzip sind alle physikalischen Gesetze bekannt, um ein präzises Simulationsmodell dieses Vorgangs zu erstellen. Der Aufwand dafür wäre aber immens: Unsere Art, physikalische Vorgänge für eine Simulation zu beschreiben, macht es erforderlich, genaue geometrische Modelle aller beteiligten Objekte (das Papierblatt, den Umschlag, am schlimmsten aber: unsere beiden Hände) numerisch zu spezifizieren; damit nicht genug, müßten als nächstes die Elastizitätseigenschaften unserer Fingerkuppen und der Papierflächen (was geschieht beim Falten?) angegeben werden. Dann gilt es, die Massenverteilung in Papier, Umschlag und Händen zu kennen. Wenn dies getan ist, fehlen noch Parameter – wie etwa die Trajektorien und Angriffspunkte unserer Fingerspitzen oder gar die Art und Weise, wie wir Papier und Umschlag krümmen müssen –, damit der Brief in sein Kuvert findet. Endlich scheint alles berücksichtigt, die Simulation kann beginnen! Doch uns erwartet eine böse Überraschung: Der simulierte Brief rutscht aus unseren simulierten Fingern, denn wir hatten vergessen, die Reibungsgesetze in die Simulation einzubauen!

Die dargestellten Schwierigkeiten eskalieren noch weiter, wenn wir die Eigenschaften der beteiligten Objekte nicht mehr mit spezialisierten Meßapparaturen direkt erfassen dürfen, sondern statt dessen allein die *Signale* von Sinnesorganen während des Ablaufs des Vorgangs verfügbar sind. Der Versuch etwa, Roboter mit Sehvermögen auszustatten, offenbart zahlreiche grundsätzliche Grenzen für die Rekonstruierbarkeit vieler Objekteigenschaften allein aus der Bildinformation, und zwar selbst in Fällen, in denen uns diese »ins Auge zu springen« scheinen. So wissen wir heute, daß bereits die Abgrenzung einzelner Objekte vor ihrem Hintergrund eine äußerst schwierige Aufgabe darstellt und daß scheinbar »offensichtliche« Eigenschaften – wie etwa farbliche Homogenität von Regionen oder deutlich hervortretende Objektumrisse in Alltagsszenen – keine auch nur entfernt klaren Gegenstücke in den Intensitätswerten der von Kameras gelieferten Bildpunktmatrix besitzen.

Die Schuld daran liegt dabei keineswegs bei den Kameras. Vielmehr wissen wir heute, daß die in unserem Denken auftretenden, vermeintlich klaren Ankerpunkte in der Welt – wie Objekte (Apfel, Fenster, Tür), Lagebeziehungen (vor, hinter, an), ja selbst Bewegungen (denken wir etwa an das Schließen einer Tür oder gar das Ergreifen eines Taschentuchs) – nur zustande kommen, indem unser Gehirn die zahlreichen Lücken in den fragmentarischen Signalen unserer Sinnesorgane ständig für uns unmerklich kittet und füllt. Dabei ruft es Informationen aus passenden früheren Sinneserfahrungen aus dem Gedächtnis ab und kombiniert diese mit den einlaufenden Signalen zu einer kohärent wirkenden Gesamtwahrnehmung. Diese Prozesse finden völlig unbewußt statt. Der Versuch, Intelligenz nach dem Vorbild introspektiv wahrgenommener Abläufe nachzubilden, bleibt daher in denjenigen Grenzen stecken, die uns das Gehirn für den bewußten Blick auf seine eigenen Prozesse gezogen hat. Nur innerhalb dieser für uns bewußt zugänglichen Arena haben wir es mit vermeintlich klaren Objekten, Konzepten, Beziehungen, eben den bewußt faßbaren Gegenständen unseres Denkens, zu tun.

Eine der wichtigen Einsichten aus dem Zusammenspiel von Gehirnforschung, Informatik und Kognitionswissenschaft ist daher die Entdeckung des gewaltigen Fundaments darunterliegender prärationaler Prozesse, die erst die Brücke von den Sensorsignalen zu den bewußten Eindrücken, die in unserem Denken regieren, herstellen. Gleichzeitig wird damit das Idealbild einer präzise als inneres Modell gespiegelten Welt, in der alle Handlungen nach sauber abgrenzbaren Regeln vorausgeplant und anschließend in Wirklichkeit umgesetzt werden konnten, als in vielen Zügen unrealistisch enttarnt und wird eine Suche nach alternativen Möglichkeiten, intelligentes und zielgerichtetes Verhalten zu verstehen und nachzubilden, ausgelöst.

II

Überraschende Impulse für die Lösung eines Teils der damit aufgeworfenen Fragen verdanken wir dabei der Biologie, besonders der Erforschung von Lebewesen, denen man von vornherein keine besondere Nähe zu Fragen der Intelligenz zugetraut hätte. Die Rede ist von Insekten, die bei näherer Betrachtung über in vieler Hinsicht erstaunliche Fähigkeiten verfügen. Aus der Sicht der Robotik ist ein Insekt ein unglaublich miniaturisierter autonomer Roboter, der viele der in der Robotik angestrebten Fähigkeiten in hohem Maße besitzt: Fortbewegung in unebenem Gelände (einschließlich Klettern und Flugfähigkeit), Mustererkennung und Navigation in natürlicher Umgebung, Transport von Lasten, Kooperation mit anderen »Robotern« (etwa bei Konstruktionsaufgaben oder bei der Abwehr von Bedrohungen), bis hin zu Fähigkeiten der Bildung von »Staaten« bei sozialen Insekten.

Damit bieten Insekten ein beeindruckendes Beispiel für eine Form von Intelligenz, die der amerikanische Roboterforscher Rodney Brooks mit der (nicht verlustfrei ins Deutsche übertragbaren) hübschen

Formulierung »Intelligence without reason« umschrieben hat. Brooks gehörte dabei zu den ersten Forschern, die an praktischen Beispielen demonstrierten, wie die Übernahme von bei Insekten beobachteten Verhaltenssteuerungsmechanismen in die Robotik zu eindrucksvollen Lösungen von Schwierigkeiten führen konnte, die vorher hartnäckig im Weg standen.

Ein wesentliches Merkmal der »neuen Intelligenz« liegt dabei in einem weitgehenden Verzicht auf eine explizite Spiegelung der Außenwelt in einem inneren Modell, in dem dann fiktive Lösungsstrategien »erwogen«, bewertet werden und die beste Variante ausgewählt wird. Statt dessen wird der Roboter mit einer Hierarchie an Reaktionsmustern ausgestattet, die in reflex-ähnlicher Weise Sensoren auf kurzem Wege mit der Handlungsmotorik verbinden. Die Aktivierung hierarchisch tiefer liegender Reaktionsmuster realisiert dabei elementare Verhaltensweisen, hierarchisch höhere tragen dann zunehmend differenziertere Verhaltenselemente bei, indem sie die tieferen Verhaltensweisen als Grundelemente verwenden und kontextabhängig unterdrücken oder modifizieren.

So kann das Verhalten eines einfachen mobilen Roboters z.B. aus drei Hierarchieebenen zustande kommen: Die unterste Ebene stellt als elementarstes Verhaltensmuster lediglich ein ungerichtetes, zufälliges Umherfahren des Roboters zur Verfügung. Der mittleren Ebene kann die Aufgabe zufallen, auf ein Hindernis zuführende Bewegungsaktivität der untersten Ebene zu hemmen; auf diese Weise erzeugt sie die Fähigkeit zur Vermeidung von Kollisionen mit Hindernissen. Die oberste Ebene kann dem Ganzen dann eine auf ein Ziel ausgerichtete, globale Bewegungstendenz überlagern. Ein so gesteuerter Roboter zeigt bereits erste, rudimentäre Züge intelligenten Verhaltens: ohne eine Ziel und ohne Hindernisse führt die unterste Ebene zu einer Exploration der Umgebung. Die mittlere Ebene wird beim Auftauchen von Hindernissen aktiv und vermeidet Kollisionen; wird zusätzlich ein Ziel sichtbar, so wird dies in Abwesenheit von Hindernissen angesteuert, und jedes Auftreten eines Hindernisses läßt die Aktivität kurzzeitig von der höchsten auf die mittlere Ebene zurückfallen.

Natürlich muß ein realer Roboter mit einem Geflecht an ineinandergreifenden Reflexen ausgestattet werden, das weit komplexer ist als in dem skizzierten Beispiel (solche Roboter sind inzwischen sogar handelsüblich: so sind die mittlerweile berühmt gewordenen Roboterhunde eines großen japanischen Konsumelektronikherstellers mit einem Netzwerk aus Reflexen ausgestattet, dessen Struktur nach dem Vorbild von Verhaltensreflexen von Hunden entwickelt wurde). Jedoch kann das Beispiel die grundsätzliche Idee illustrieren. Statt Verhalten als Ergebnis regelbasierter Planung in einem expliziten Umgebungsmodell zu generieren, erzeugt der neue Ansatz Verhalten als Ergebnis kontinuierlich ablaufender Regelungsprozesse, die dynamische Eigenschaften – wie Anziehung durch ein Ziel oder Abstoßung seitens eines Hindernisses – bewirken. An die Stelle von Vorausplanung tritt damit eine dynamische Wechselwirkung mit der Umgebung, aus der sich das intelligente Verhalten ganz natürlich, sozusagen »von selbst«, ergibt.

Diese Art, Roboter zu steuern, hat durchaus Ähnlichkeiten mit der Art und Weise, wie ein Wassertropfen eine gefurchte Blattoberfläche hinabrinnt: Auch hier »wählen« die Wechselwirkungskräfte zwischen dem Tropfen und der Blattoberfläche eine bestimmte Bahn, und die Physik lehrt uns, daß der so gefundene Weg keineswegs zufällig ist, sondern eine nichttriviale, durch die Bewegungsphysik bestimmte Optimierungsaufgabe löst, nämlich ein gewisses natürliches »Wirkungsmaß« für den Bewegungsaufwand minimiert. Mit ganz ähnlichen Prinzipien »berechnet« die Natur die regelmäßige Anordung von Atomen eines Kristalls, die energetisch am günstigsten ist, den Weg eines Lichtstrahls, der in kürzester Zeit sein Ziel erreicht, oder die Gestalt eines elastischen Tragwerks, die zu einem Minimimalwert innerer Spannungen gehört. Diese »natürliche Art« des Rechnens bedient sich dabei keiner mathematischen Formelausdrücke oder logischer Schlußketten. Diese sind lediglich Hilfsmittel unseres Geistes, um die beobachteten Phänomene für uns in ein Format zu bringen, das vom Räderwerk unseres bewußten Denkens bearbeitet werden kann.

Aus diesem Grunde taugen sie möglicherweise wenig als Erklärfiguren für das Zustandekommen von Denken und Intelligenz selbst. Wie wir gesehen haben, kommt es hier vielmehr darauf an, die prärationalen Vorgänge zu durchleuchten, die unterhalb der Verdichtung unserer Sinneseindrücke in benennbare Gedanken und Konzepte ablaufen und die diese Verdichtung überhaupt erst herbeiführen.

Letzten Endes muß es uns dabei gelingen, die Verbindung zu den Akteuren dieses Geschehens, den einzelnen Neuronen unseres Gehirns, herzustellen. Schon bevor man in der Robotik auf die Möglichkeiten dynamischer Prozesse zur Ersetzung explizit formulierter Rechenoperationen aufmerksam wurde, führte die Erforschung von Prozessen neuronaler Informationsverarbeitung ebenfalls zu einem Bild, in dem dynamische Prozesse eine zentrale Rolle spielen. Einen wichtigen Anstoß dazu lieferte der amerikanische Physiker John Hopfield. Er stellte aufgrund theoretischer Überlegungen fest, daß sich das Verhalten von Neuronen durch Gleichungen beschreiben läßt, die in ihrer Bauart jenen Gleichungen, die zuvor in der Physik für die Ausrichtung magnetisierter Atome in bestimmten Festkörpern aufgestellt wurden, ganz ähnlich sind. Hinter dieser überraschenden Analogie verbarg sich ein sehr anschauliches Bild: Das Verhalten einer Nervenzelle läßt sich durch ihre elektrische Aktivität beschreiben – sie kann Impulse aussenden oder schweigen, wobei sie ihr Verhalten an der Aktivität vieler anderer Nervenzellen ausrichtet, mit denen sie elektrisch verbunden ist. In einem mathematischen Modell läßt sich diese Aktivitätsausrichtung in enger Analogie zur Ausrichtung eines magnetisierten Atoms beschreiben, das ähnlich einer Kompaßnadel eine energetisch günstige Orientierung im Feld der anderen Atome sucht (und dabei über sein eigenes Feld auf deren Ausrichtung zurückwirkt, ähnlich wie die Aktivität der herausgegriffenen Nervenzelle auch wieder auf die anderen Zellen des Netzes zurückwirkt).

III

Der Entdeckung dieser Analogie verdanken wir eine wichtige neue Sicht auf Informationsverarbeitung in neuronalen Netzen. Informationsverarbeitung wird dabei als dynamischer Prozeß erkennbar, der die Aktivitätsmuster der Neuronen steuert und dabei kraft der skizzierten physikalischen Analogie als talwärts gerichtete Bewegung in einer (rein konzeptionellen und sehr hochdimensionalen) »Energielandschaft« gedeutet werden kann. Jeder Aufenthaltsort in dieser Energielandschaft korrespondiert dabei mit einem anderen neuronalen Aktivitätsmuster. Mögliche Ergebnismuster müssen daher immer Punkten an Talsohlen entsprechen; diese sind die einzigen Orte, wo der Prozeß länger stabil verweilen kann. Dadurch kann ein solches System als assoziatives Gedächtnis wirken: die Talsohlen-Muster repräsentieren dabei die im Gedächtnis niedergelegten Muster. Startet man ein solches System mit Neuronenaktivitäten, die nur teilweise mit einem der Gedächtnisinhalte übereinstimmen (z.B. einem größeren, unvollständigen Musterfragment), so entspricht einem solchen Anfangszustand ein höher gelegener Punkt des Energiegebirges, der sich rasch talwärts bewegt. Diese Bewegung in die nächstgelegene Talsohle erscheint auf der Ebene der korrespondierenden Muster wie die assoziative Vervollständigung des Startmusters zum ähnlichsten Gedächtnisinhalt. Weitergehende Überlegungen zeigen, wie sich dieses Grundprinzip auch auf komplexere Operationen ausdehnen läßt, ja wie in so arbeitenden künstlichen neuronalen Netzen zumindest im Prinzip jedes herkömmliche Computerprogramm nachzubilden ist.

Dieser Fortschritt ist sehr wichtig, denn er liefert uns ein klares Bild, wie komplexe Informationsverarbeitungsleistungen aus kollektiven und über viele neuronenartige Grundelemente verteilten Aktivitäten hervorgehen können, ohne dabei bereits diejenigen Konzepte bemühen zu müssen, deren Zustandekommen aus elementareren Prozessen gerade erst geklärt werden soll. Wir beginnen damit, neue Denkmuster für das Zustandekommen von intelligentem Verhalten zu gewinnen, Muster, die auch in anderen Gebieten Bedeutung bekommen können. Neben die bislang dominierenden Denkmuster, wonach intelligentes Verhalten auf begrifflichem Denken, auf mitteilbaren Kenntnissen, auf der Befolgung nachvollziehbarer Regeln basiert, tritt eine neue Sichtweise, die diese Grundelemente nicht mehr benötigt.

Was sind die Hauptmerkmale der bisherigen, überkommenen Denkmuster? Hier ist Wissen verkündbar in Form von Feststellungen, Regeln und Gesetze sind ihrem Wesen nach Argumente, und Denken vollzieht sich im Wechselzugriff auf Feststellungen und Regeln, aus denen neue Feststellungen hergeleitet werden. Dieses Modell von Denken begegnet uns in seiner klarsten Form in der Mathematik, die aus axiomatischen Feststellungen durch Anwendung logischer Regeln neue Feststellungen gewinnt. Dasselbe Modell gab im vorigen Jahrhundert Computern ihre noch heute gültige Struktur: Maschinen, die in Form langer Anweisungsketten niedergelegte Algorithmen verarbeiten, wobei Programmiersprachen dafür sorgen, daß die Anweisungsketten die begriffliche Welt des Programmierers in menschenlesbarer Form abbilden. Aber nicht nur das Verhalten von Computern, auch wichtige Teile menschlichen Verhaltens werden auf diese Weise organisiert: Regeln und Gesetze stellen den Rahmen für menschliches Handeln in Gesellschaften und Organisationen dar. In den Naturwissenschaften erfolgte die Ausdehnung dieses Prinzips auf die gesamte Natur: Naturgesetze kodifizieren den Gang der Geschehnisse, und es ist bemerkenswert, daß sich dieses nach dem Vorbild bewußten menschlichen Denkens geformte Modell auch in dieser weiten Sphäre so bewähren konnte.

Die Allgegenwart dieses Modells hängt aufs engste mit seinem »Figurenmaterial« zusammen: Es gründet sich bevorzugt auf die gut mitteilbaren Elemente des uns zugänglichen Gehirngeschehens. Daraus ergaben sich gute Voraussetzungen für seine Verbreitung, die mit der Erfindung der Schrift einen gewaltigen zusätzlichen Schub erhielt. Die Erfindung des Computers kann als ein jüngster weiterer Schub in dieser Richtung gesehen werden, der nunmehr nicht nur das Festhalten von Anweisungen und Regeln ermöglicht, sondern es auch erlaubt, deren Abarbeitung vom Menschen zu lösen.

Die Versuche, künstliche Intelligenz zu realisieren und die Verarbeitung von Information in neuronalen Netzwerken näher zu verstehen, haben uns die Grenzen dieses Ansatzes sichtbar werden lassen, der uns zunächst so plausibel und universell erscheint. Auch wenn die auf diesem

Weg bisher gewonnenen Einsichten noch fragmentarisch sind, so zeigen sie uns doch neue und vielversprechende Wege, wie sich intelligentes Verhalten ohne Rückgriff auf explizite Regeln, Anweisungen und Begriffe hervorbringen läßt. Bemerkenswert ist dabei, daß auf diese Weise Fragen einer Lösung nähergebracht werden konnten, die sich einer Lösung mit herkömmlichen Ansätzen hartnäckig entzogen hatten.

IV

Gleichzeitig wird damit ein interessanter und bisher wenig beachteter Umstand in unser Blickfeld gerückt: Die meisten der bisher »von Menschenhand« entwickelten Lösungsansätze unterliegen in ihrer Struktur in hohem Maße der Anforderung einer guten Mitteilbarkeit. Dies gilt sowohl für technische Verfahren, die in der Regel in Form menschenlesbarer Beschreibungen dokumentiert sein müssen (und von denen Computerprogramme lediglich ein enger Spezialfall sind), als auch für viele Formen der Organisation menschlichen Zusammenwirkens in nichttechnischen Bereichen, die ohne Verträge oder schriftlich niedergelegte Ordnungen nicht denkbar wären. In den allermeisten Fällen ist die Anforderung guter Mitteilbarkeit keineswegs Selbstzweck, sondern eher eine aus der Art unseres Denkens und Kooperierens herrührende Notwendigkeit.

Es kann nun sehr wohl sein, daß sich manche Fähigkeiten erst realisieren lassen, wenn wir die Anforderung einer vollständigen Mitteilbarkeit der genauen Struktur ihres Zustandekommens zurücknehmen oder sogar weitgehend fallenlassen. Die vielleicht deutlichsten Beispiele solcher Fähigkeiten finden wir heute im Bereich der Mustererkennung mit Computern: So lassen sich beispielsweise Gesichter per Computer identifizieren. Das dabei erforderliche Erkennungswissen kann dem Computer aber nicht von vornherein »einprogrammiert« werden, weil die Erkennung des Gesichts weder durch einen »einfachen« Vergleich mit einem gespeicherten Bild noch in Form einer (sinnvoll begrenzten) Zahl auszuwertender Regeln geleistet werden kann. Daher bedienen sich heutige Erkennungsverfahren lernfähiger Programme, die anhand vieler Bilder von zu erkennenden Gesichtern trainiert werden (und dabei oftmals künstliche neuronale Netze verwenden). Nach Abschluß eines solchen Trainings ist der Computer dann in der Lage, die gestellte Erkennungsaufgabe zu lösen. Damit dies möglich wurde, mußte das Training die anfänglich vorprogrammierte, adaptive Struktur adäquat verändern. Versucht man im nachhinein zu analysieren, wie diese Veränderungen am Ende die korrekte Erkennung herbeiführen, so ist dies bei den meisten Mustererkennungaufgaben nur noch in groben Zügen nachvollziehbar, nicht jedoch in den feinen Details, von denen eine hohe Erkennungsrate entscheidend abhängt.

Zum Glück sind wir dank des Wunderwerks der Sprache fähig, die Inhalte unseres Denkens sehr weitgehend zu artikulieren und auf diese Weise »transportabel« zu machen. Nahezu zwangsläufig konnten sich jedoch die Möglichkeiten von Sprache nur in Hinblick auf die Mitteilbarkeit dessen entwickeln, was wir auch introspektiv erfassen können. Sobald wir versuchen, über diesen Bereich hinauszugreifen, müssen wir damit rechnen, daß die uns selbstverständlich anmutende Eigenschaft expliziter Mitteilbarkeit mehr oder weniger verlorengehen kann. Das skizzierte Beispiel zur Erkennung von Mustern deutet in diese Richtung. Andere Beispiele betreffen etwa unsere Fähigkeiten zur Koordination von Bewegungen; wir hatten bereits gesehen, welche vielfältigen, sprachlich kaum ausdrückbaren Faktoren für so alltägliche Dinge wie die Bewegung unserer Finger zu berücksichtigen sind. Ähnliches gilt für die meisten anderen unserer Bewegungsfähigkeiten, darunter das Sprechen selbst: Es würde uns schwerfallen, jemandem mitzuteilen, wie wir unsere Sprechmuskeln betätigen, um einen Satz zu artikulieren. Noch viel weniger könnten wir darüber berichten, was die »Gedankenbewegungen« antreibt, die davor stattfinden, und wie dann die Auswahl und Zusammensetzung von Worten zu verständlichen Sätzen vonstatten geht.

Diese Schwierigkeiten bei der Erkundung der Wurzeln von Denken und Intelligenz jenseits des Sichtbarkeitshorizonts unserer Introspektion sollten uns eigentlich nicht verwundern: Schließlich treten wir dabei zwangsläufig in eine Welt von Gegebenheiten ein, auf denen das

»kristallisierende« Zustandekommen von Begriffen und Regeln ja erst beruht. Es ist daher unwahrscheinlich, daß wir irgendwann in der Lage sind, künstlich intelligente Systeme zu programmieren, denn »programmieren« heißt letzten Endes, mitteilbare Regeln niederzulegen, nach denen das System sich verhält. Sehr viel plausibler erscheint ein Zugang, nach dem wir adaptive Grundstrukturen anlegen, die sich dann durch Selbstorganisation und Lernen so weit mit neuer Information füllen (und sich dabei verändern), daß als Folge Intelligenz zustande kommt. Die neueren Entwicklungen und Ergebnisse der KI- und der Hirnforschung zeigen in genau diese Richtung und geben Anlaß zu der Erwartung, daß ein solches Vorgehen auch Aussicht auf Erfolg haben wird.

V

Die Bedeutung eines solchen Schritts kann kaum überschätzt werden: Wir stehen heute überall vor komplexen, vernetzten Systemen, deren Verhalten allenfalls noch in fragmentarischen Ausschnitten durchschaubar ist. Denken wir etwa an Wirtschaftssysteme, Entwicklungen in der Gesellschaft, Beziehungen zwischen Organisationen und Staaten, die miteinander verkoppelten Ökokreisläufe, die Vielfalt sozialer Beziehungen zwischen Menschen, Informationsflüsse im Internet und vieles mehr. Die zahlreichen fehlgeschlagenen Versuche, das Verhalten derartiger Systeme zu durchschauen und durch zentrale Vorgaben zu steuern, zeigen viele Parallelen zu den Schwierigkeiten der KI-Forschung der Vergangenheit bei ihrem Versuch, intelligentes Verhalten durch möglichst präzise Modelle, logisches Schlußfolgern und Planung hervorzubringen. Dies ist wenig erstaunlich: jedes der genannten Systeme birgt – nicht zuletzt durch seine enge Verflechtung mit den Entscheidungen vieler menschlicher Akteure – eine Maß an Komplexität, das mit derjenigen des Gehirns vergleichbar ist, ja diese vermutlich deutlich übersteigt. Und wie im Falle des Gehirns ergibt sich die Dynamik der genannten Systeme aus unzähligen, vielfältig verflochtenen Wechselwirkungen zahlloser Agenten, von denen jeder einzelne nur geringen Einfluß hat.

Die neuen Denkmuster der KI- und der Hirnforschung könnten uns daher helfen, auch das Verhalten komplexer vernetzter Systeme außerhalb des Gehirns besser zu verstehen. Die in der KI- und der Hirnforschung gewonnenen Erfahrungen können uns dabei zum einen vor zu naiven Erwartungen und Erklärfiguren bei der Erforschung anderer vernetzter Systeme bewahren. Sie bieten zum andern konkrete Beispiele, wie auch im Fall einer faktischen Nichtkonstruierbarkeit umfassender Modelle und eines Fehlens überschaubarer Gesetzessysteme dennoch intelligentes, auf ein Ziel hin erfolgreich strukturiertes Verhalten organisiert werden kann. Die dabei gewonnenen Einsichten und Ansätze verweisen darauf, wie wichtig die Bereitschaft ist, ein Stück unmittelbarer Kontrolle aus der Hand zu geben. Verbunden damit ist die Hinwendung zu einer neuen, höheren Ebene der Strukturierung von Systemen: An die Stelle einer Strukturierung von expliziten Informationseinheiten und Zusammenhängen tritt eine Strukturierung von Bedingungen ihrer Adaptivität und Selbstorganisation. Diese neue, höhere Gestaltungsebene zu durchschauen und in ähnlich eindrucksvoller Weise zu nutzen, wie es uns die Evolution der Natur am Beispiel des Gehirns erfolgreich demonstriert hat, ist die große interdisziplinäre Herausforderung, vor der wir in der Zukunft stehen.

*»Bezüge sind alles,
Bezüge sind das Leben.«*

Johann Wolfgang von Goethe

»… daß man auf allen Ebenen (derjenigen der Zelle, des Organismus, der Art, der Begriffe, der logischen Prinzipien usw.) dasselbe Problem der Beziehungen zwischen dem Teil und dem Ganzen wiederfindet«.

Jean Piaget

»Diesen Weg verließen die Kubisten und begaben sich an eine Analyse der Beziehungen … So nahm das Universum wieder Form und Leben an.«

Pablo Picasso

Helm Stierlin

Selbstorganisation und bezogene Individuation als verbindende psychotherapeutische Konzepte

I

Der Begriff »Psychotherapie« deckt heute ein weites Tätigkeitsfeld unterschiedlicher Schulen und Richtungen ab. Einige davon – wie die Psychoanalyse und die Verhaltenstherapie – werden in Deutschland gleichsam offiziell anerkannt und der Vergütung durch die etablierten Kassen für würdig befunden. Viele andere existieren, was Anerkennung und Vergütung anbelangt, in einer Grauzone, entfalten dort aber ein oft erstaunliches Leben. Und fast täglich scheinen neue Schulen hinzuzukommen, während andere sich wandeln oder absterben.

Dies zeigt sich uns nicht zuletzt als Ausdruck und Folge eines sich weiter beschleunigenden Wandels in den gesellschaftlichen Verhältnissen, in den menschlichen Beziehungen, in den Grundannahmen und Bedürfnissen, die menschliches Verhalten leiten, und in den Wissenschaften, die diese Beziehungen und dieses Verhalten beschreiben und erforschen: wobei man gerade im Bereich der psychologischen und sozialen Wissenschaften von der rasanten Entwicklung und Ausdifferenzierung einer Wissensgesellschaft oder, vielleicht richtiger, von einer von Wissen überfluteten Gesellschaft sprechen kann. Dabei handelt es sich um ein Wissen, das sich einer Bändigung und verbindlichen Kanonisierung immer mehr zu widersetzen scheint. Denn es verdankt sich jeweils unterschiedlichen Leitannahmen, Leitunterscheidungen und Beobachtungskontexten –

oder nun auch: unterschiedlichen Einstellungen unserer »erkennenden Linse«.

Sicher: Schon die gemeinsam verwendete Sprache legt Gemeinsamkeiten der verschiedenen psychotherapeutischen Schulen bei ihrer Beschreibung, Erklärung und Bewertung psychischer und psychosomatischer Störungen und deren Therapien nahe. Aber diese Gemeinsamkeiten können nicht die Unterschiede verdecken, die, gerade was die jeweils indizierte Psychotherapie, den dafür zu veranschlagenden Zeitbedarf und die Bewertung des Therapieerfolgs anbelangt, einen Unterschied machen, der *einen Unterschied macht.*

Dafür nur ein Beispiel aus eigener Praxiserfahrung: Es betrifft die Erklärung und Bewertung der Ursachen psychotischer Störungen und den Zeitbedarf, der sich daraus für eine Psychotherapie ergibt. Ende der 50er Jahre des letzten Jahrhunderts arbeitete ich in den USA an einer Klinik, genannt Chestnut Lodge, die sich auf eine von psychoanalytischen Grundannahmen geleitete Einzeltherapie psychotischer Patienten spezialisiert hatte. Vereinfacht gesagt, lief die herrschende Grundannahme darauf hinaus, daß psychotische Störungen Ausdruck und Folge schon früh und tief angelegter (präödipaler) Konflikte und Traumatisierungen seien, die es in einem langen Behandlungsprozeß – vor allem in der Aktivierung von Übertragung und Gegenübertragung – aufzuarbeiten gelte. Das brachte es mit sich, daß für eine fällige Einzeltherapie in der Regel eine Behandlungszeit von mehreren Jahren angesetzt wurde, in deren Verlauf ein Patient mindestens viermal wöchentlich zu einstündigen Sitzungen erschien.

Etwa 20 Jahre später hatte ich als Leiter einer medizinischen Universitätsabteilung mit ähnlich schwer gestörten psychotischen Patienten zu tun, aber dies nun unter anderen Leitvorstellungen, unter anderen Bedingungen und in einem anderen Kontext. Wohl am wichtigsten: Unser damaliges Heidelberger Team sah diese Patienten im Beisein und in der Interaktion mit ihren nahen Familienangehörigen. Das heißt, wir sahen, wenn irgend möglich, die Klienten in einem Setting, das auch ihr existentiell bedeutsames Zugehörigkeitssystem – was eben ganz überwiegend ihre Familie war – einbezog. In vielen Fällen kam es auch hier zu einer Therapie, die sich über mehrere Jahre erstreckte. Daher ließ sich auch hier von einer Langzeittherapie sprechen. Aber diese Langzeittherapie verteilte sich nun auf durchschnittlich sieben Sitzungen, die in unterschiedlich langen Intervallen stattfanden. Das konnten Intervalle von sechs Wochen, von drei Monaten, einem halben oder gar einem ganzen Jahr sein, so daß unser Heidelberger Team dann auch von einer »langzeitigen Kurztherapie« sprach und noch spricht.

Daß es zu dieser langzeitigen Kurztherapie kam, verdankte sich nicht zuletzt den Systemwissenschaften, die sich in westlichen Ländern, insbesondere aber in den USA, nach dem Zweiten Weltkrieg zum Teil stürmisch entwickelten und die uns gerade psychotische Störungen in einem neuen Licht sehen ließen. Zu diesen Wissenschaften zählen die allgemeine Systemtheorie, die Informationstheorie, die (mathematische) Spieltheorie, die Chaostheorie und vor allem die Kybernetik. Dabei ist es nicht zuletzt Gregory Bateson zu verdanken, daß diese Wissenschaften nicht nur für die Biologie, sondern auch für den psychosozialen und psychiatrischen Bereich bedeutsam wurden; und gerade Bateson hob auch die Bedeutung der Kybernetik hervor. Er bezeichnete die Entdekkung und Entwicklung der Kybernetik einmal als das neben dem Frieden von Versailles weltgeschichtlich bedeutsamste Ereignis des vergangenen Jahrhunderts.

II

Die Kybernetik – das heißt, die Lehre von den Steuerungsprozessen – sensibilisiert uns vor allem für zwei Formen von Verursachungsdynamik: für das, was auf Englisch als »deviation amplifying feedback«, und für das, was als »deviation reducing feedback« bezeichnet wird, also für abweichungsverstärkendes und abweichungsreduzierendes Feedback. Im ersten Fall kommt es, wie bei der Kernspaltung, zu sich beschleunigenden Kreisprozessen, so daß wir auch von »feed forward« sprechen. Im anderen Fall wirken die Kreisprozesse eher stabilisierend. Ein Beispiel hierfür ist die Einregulierung der menschlichen Körpertemperatur, die trotz unterschiedlicher Außenbedingungen wie extreme Hitze oder extreme Kälte in einem mittleren Bereich konstant bleibt. Hier ist auch von *Homöostase* die Rede.

In lebenden Systemen erschließen sich in einer kybernetischen Sicht Regelkreise und Steuerungsprozesse von schwer vorstellbarer Komplexität. Erinnern wir uns in diesem Zusammenhang nur daran, daß sich in jeder der vielen Milliarden Zellen des menschlichen Körpers ca. 2000 chemische Reaktionen gleichzeitig regulieren und gegenregulieren, die wiederum von Systemen, die wir das neuronale, das hormonale und das Immunsystem nennen, mitgesteuert werden – und dies nun weitgehend ohne unser bewußtes Zutun. Viele Aspekte dieser komplexen Prozesse lassen sich als Ausdruck und Folge einer Autopoiesis, zu deutsch: Selbsterschaffung, verstehen, wie sie etwa der chilenische Biologe Humberto Maturana beschrieben und erforscht hat.

Geht es um das Verständnis der menschlichen Psychologie und der menschlichen Beziehungen, scheint indessen ein weiterer Leitbegriff noch nützlicher – dies trotz und wegen der Tatsache, daß er zwei unterschiedliche Tatbestände oder Geschehensabläufe in den Blick bringt –, der Begriff »Selbstorganisation«. Dieser Begriff legt zum einen nahe, daß sich die angedeuteten komplexen Körperprozesse *von selbst*, d.h. ohne unser bewußtes Zutun, regulieren und gegenregulieren. In diesem Sinne verstanden, entspricht der Begriff weitgehend dem der Autopoiesis.

Aber der Begriff »Selbstorganisation« verweist nun auch auf ein Selbst (oder ein Ich) als den Teil der Persönlichkeit, der für die Schaffung der Bedingungen mitverantwortlich ist, unter denen Selbstorganisation im erstgenannten Sinne zustande kommen kann. In diesem Teil, so läßt sich verkürzt sagen, bringt sich eine Autonomie zur Wirkung, die auch eine Entscheidung für unterschiedliche Handlungsoptionen ermöglicht. Aber eine solche Entscheidung kann nur dann unserer leib-seelischen Gesundheit zugute kommen, wenn sich dieses Selbst seiner vielen Abhängigkeiten bewußt bleibt, unter denen sich Selbstorganisation im erstgenannten Sinn verwirklicht: so unserer Abhängigkeit von gesunder

Nahrung, von frischer Luft und von genügend Schlaf. So aber auch unserer Abhängigkeit von einem menschlichen Zugehörigkeitssystem, das uns stützt und uns zu einem *sinn*-vollen Handeln motivieren kann.

Dieses Zugehörigkeitssystem bettet uns auch in eine Sprachlandschaft ein, innerhalb deren wir uns sowohl unserer Bedürfnisse bewußter zu werden als auch mit einer menschlichen Gemeinschaft zu kommunizieren vermögen. Und innerhalb dieser Sprachlandschaft vermittelt sich uns nun ein Bedeutungsreichtum, der Ausdruck und Folge einer langen kulturellen Evolution ist – wobei uns der Zugang zu diesem Reichtum wohl mehr als alles andere von unseren tierischen Vorfahren unterscheidet. Das bedeutet: Der Mensch vermag sich im Vergleich zu diesen Vorfahren eine unvergleichlich differenziertere und reichere Wirklichkeit zu konstruieren. Nicht zuletzt sensibilisierten uns die bereits erwähnten Systemwissenschaften dafür, wie wir diese Wirklichkeit jeweils im Austausch mit – und in der Abhängigkeit von – anderen Menschen konstruieren.

III

Gerade mit Blick auf Psychologie und Psychotherapie scheint es nun angebracht, zwischen zwei Formen der Wirklichkeitskonstruktion zu unterscheiden: zwischen dem, was ich als »harte«, und dem, was ich als »weiche Wirklichkeit« bzw. als »Beziehungswirklichkeit« beschrieben habe. Die *harte Wirklichkeit* repräsentiert sich uns etwa in der Straßenbahn, die uns überfährt, wenn wir ihr nicht aus dem Weg gehen. Kernphysiker und Sinnesphysiologen mögen sich zwar Gedanken darüber machen oder gar darüber streiten, wie aus dem »Tanz der Atomteilchen« für Menschen das Konstrukt einer Straßenbahn entstehen kann, aber »für den Hausgebrauch« kann man davon ausgehen, daß Menschen das Gebilde »Straßenbahn« weitgehend übereinstimmend beschreiben, erklären und bewerten und dementsprechend handeln.

Dies gilt indessen nicht mehr, wenn es um die Beschreibung, Erklärung und Bewertung der Gefühle, der Vorstellungen oder auch der Motive geht, die menschliches Handeln leiten. Das wurde mir etwa deutlich, als ich vor Jahren vom Fenster meines Instituts aus Zeuge eines Verkehrsunfalls war: An einem regnerischen, stürmischen Tag waren auf der vor mir liegenden Straßenkreuzung gleich drei Autos zusammengestoßen. Keiner der drei Fahrer wurde verletzt, und die Blechschäden an den Autos waren etwa gleich groß. Ein schnell herbeigerufener Polizist vermochte auch keinem der Fahrer die Schuld zuzuweisen, und zwar vor allem deshalb, weil ein von einem Baum herabstürzender Ast allen Beteiligten die Sicht versperrt hatte. Um so eindrucksvoller waren die unterschiedlichen Reaktionen der drei Fahrer. Der eine konnte sich nicht genugtun, einen anderen mit Vorwürfen zu überhäufen. Dieser zeigte sich zutiefst verunsichert und schuldbewußt und schien die Vorwürfe seines Anklägers wie ein Schwamm aufzusaugen. Der dritte zeigte ein befreites Lächeln. Offenbar war er froh darüber, daß das Ganze noch einmal glimpflich abgelaufen war und die Versicherung den Schaden schon zahlen würde.

Nicht zuletzt systemischen Psychotherapeuten, die das jeweils existentiell relevante Zugehörigkeitssystem bei ihren Überlegungen und Interventionen zu berücksichtigen suchen, zeigt sich die Problematik solcher Mehrbeschreibbarkeit, Mehrerklärbarkeit und Mehrbewertbarkeit der *weichen Beziehungsrealität*. Ich denke etwa an eine Konstellation, die systemisch arbeitenden Therapeuten vertraut sein dürfte: Ein junger Mann von, sagen wir, 18 Jahren zieht sich von seinen Freunden zurück, vernachlässigt seine Schulaufgaben und weigert sich schließlich, überhaupt zur Schule zu gehen. Er spricht von Gedanken, die ihn bedrücken, und von Kopfschmerzen. Darauf reagieren die Eltern unterschiedlich: Der Mutter zeigt sich ein sensibler Bub, der übermäßig belastet ist. Sie denkt dabei an ihren Bruder, der bereits wegen einer Depression psychiatrisch behandelt wurde und den sie als ähnlich sensibel wahrnimmt. Sich auf die Belastung ihres Sohnes einstimmend, plädiert sie für ein häusliches Regime der regressiven Verwöhnung. Sie ist damit einverstanden, daß er die Vormittage im Bett verbringt, und versorgt ihn dort liebevoll mit Croissants und Orangensaft. Der Vater sieht das ganz anders. Er erklärt sich das Verhalten seines Sohnes als Ausdruck und Folge seiner Faulheit und seiner Angst vor der Abiturprüfung. Der brauche, so läßt er sich vernehmen, keine regressive Verwöhnung, sondern einen Appell an seine Selbstverantwortung und einen Tritt in den Hintern. Da sich kein Elternteil mit seiner Sicht durchzusetzen vermag, wird schließlich ein Psychiater zugezogen. Er bringt nunmehr seine durch seine Erfahrung und sein psychiatrisches Wissen gestützte Deutungsmacht ins Spiel: was im gegebenen Fall zur Diagnose einer Depression und zur Einweisung des jungen Mannes in eine Psychiatrische Klinik führt.

Man kann nun sagen: Je mehr sich in heutigen offenen Gesellschaften die Beziehungsverhältnisse differenzieren und unübersichtlicher werden, desto komplexer und schwieriger gestaltet sich auch die Frage, wem wann welche Deutungsmacht zukommt. Und das zeigt sich nicht zuletzt auch an den offen oder verdeckt und häufig subtil ausgetragenen »Deutungsmachtkämpfen«, die, wie es scheint, auf dem Felde der Psychotherapie sowohl zwischen Vertretern einzelner Schulen als auch schulenunabhängig zwischen einzelnen Psychotherapeuten und Klienten zunehmend an Bedeutung gewinnen.

Aber je unübersichtlicher sich das Feld der Psychotherapie zeigt, desto mehr sehen sich Psychotherapeuten auch herausgefordert, sowohl mit solcher Unübersichtlichkeit zurechtzukommen als auch nach Wegen zu suchen, solche Unübersichtlichkeit und Komplexität zu reduzieren, ohne uns doch den Blick für Komplexität überhaupt zu versperren. Und dies läßt uns dann fragen: Gibt es ein richtungweisendes Konzept, das uns hier unseren Weg finden läßt?

IV

Als ein solches richtungweisendes Konzept bietet sich mir das Konzept der »bezogenen Individuation« an, das ich andernorts (Stierlin 2003) genauer ausgeführt habe. Darin kommt die grundlegende Erkenntnis zum Ausdruck, daß menschliche Entwicklung und menschliches »psycho-somatisches« Gedeihen – und nicht zuletzt auch körperliches Gedeihen – stets im Zusammenhang mit der Entwicklung der existentiell bedeutsamen menschlichen Beziehungen zu sehen sind.

Der Begriff »bezogene Individuation« lädt indessen, um mit Hegel zu sprechen, immer wieder zu seiner Verflüssigung ein. Denn er lädt uns ein, die Einstellung unserer »erkennenden Linse« immer wieder zu verändern, um uns gleichsam immer wieder in Perspektivismus und Konstruktivismus zu üben – ohne dabei doch den grundlegenden Zusammenhang zwischen Individuation und Bezogenheit aus den Augen zu verlieren. So bringt uns dieser Begriff einen Prozeß nahe, der auf die eine oder andere Weise nicht nur in einer therapeutischen Beziehung, sondern in allen existentiell bedeutsamen Systemen, insbesondere aber in Familiensystemen mit voneinander abhängigen und aufeinander bezogenen Generationen, wirksam ist oder sein sollte.

Um das zu verdeutlichen, kann man bei der frühen Eltern-Kind- und insbesondere bei der frühen Mutter-Kind-Beziehung ansetzen. Mit Blick auf die Entwicklung des Kindes läßt sich hier zwischen einer *Individuation mit der Mutter* und einer *Individuation gegen die Mutter* unterscheiden. Diese beiden Spielarten der Individuation müssen sich immer wieder so ausbalancieren oder nun auch so miteinander versöhnen, daß daraus jeweils neue und fällige Formen einer bezogenen Individuation erwachsen können.

Dies sei am Beispiel der kindlichen Sprachentwicklung veranschaulicht: Das Baby erlernt seine »Muttersprache« nahezu mühelos in einer Zeit, die durch seine *Individuation mit der Mutter*, d.h. seine totale Abhängigkeit von und seine symbiotische Verbundenheit wie auch seine Identifizierung mit der Mutter, geprägt ist. Aber gerade diese im Kontext der Individuation *mit* der Mutter erworbene Muttersprache verschafft dem heranwachsenden Kleinkind nun auch zunehmend die Möglichkeit, seine eigenen Wünsche, seine eigenen Bedürfnisse und seine eigenen Erwartungen zu definieren und zum Ausdruck zu bringen – Wünsche, Bedürfnisse und Erwartungen, die früher oder später den Wünschen, Bedürfnissen und Erwartungen der Mutter zuwiderlaufen können oder auch müssen. Das bedeutet: Dieselbe Sprache, die sich weitgehend der Individuation *mit* der Mutter verdankt, wird nun des Kindes hauptsächliches Instrument zum Erlangen größerer Autonomie in der Beziehung zu dieser Mutter, oder sie wird, nun anders gesagt, zum hauptsächlichen Instrument in seiner Individuation *gegen* die Mutter.

Gelingt (von seiten des Kindes wie auch von seiten der Mutter) die Versöhnung von *Individuation mit* und *Individuation gegen*, so kann man von einer neuen Phase oder Stufe der bezogenen Individuation in der Beziehung zwischen Mutter und Kind sprechen. In mancher Hinsicht zeigt sich diese Beziehung nun weniger nah und weniger intim als vorher. Aber das bedeutet keineswegs das Ende der Beziehung, es bedeutet nur das Ende einer bestimmten Qualität der Beziehung. In der Tat kann diese Beziehung nun dank der Möglichkeiten, die ein differenzierter sprachlicher Austausch eröffnet, für die Beteiligten in wesentlicher Hinsicht reicher und erfüllender werden – und dies nun auch trotz und wegen der Tatsache, daß sich die Erlebnis- und Beziehungsbereiche von Mutter und Kind durch Hinzutreten anderer existentiell bedeutsamer Kommunikationspartner wie Vater, Ehemann und Geschwister auszuweiten vermögen. Denn eine solche Ausweitung des Erlebnis- und Beziehungsfeldes tut nunmehr dem Fortschritt einer bezogenen Individuation keinen Abbruch; vielmehr befördert es diese in der Regel.

Neue Stufen oder Phasen der bezogenen Individuation werden typischerweise durch Wechselfälle und Herausforderungen angestoßen, die sich mehr oder weniger voraussehbar aus dem Lebenszyklus des Kindes und seiner Familie ergeben. Wichtige Meilensteine können hier Schulanfang, Eintritt in das Berufsleben oder (bei den Eltern) Ausscheiden aus dem Berufsleben sein. Schicksalsschläge wie plötzliche Arbeitslosigkeit, schwere Krankheit, Trennung oder Tod eines Elternteils oder nahen Angehörigen können hinzukommen. Und gewissermaßen unterhalb solcher für jedermann sichtbaren Ereignisse können sich unsichtbare Konflikte der Loyalitäten und Delegationen, wie ich diese andernorts ausführlicher beschrieben haben (Stierlin 1975), so zur Wirkung bringen, daß fällige Entwicklungen der bezogenen Individuation blockiert bleiben oder »aus der Bahn geworfen« werden.

V

Als ein Beispiel für die Weise, wie der Prozeß der bezogenen Individuation in der Adoleszenz oder im jungen Erwachsenenalter blockiert oder aus der Bahn geworfen werden kann, bietet sich die als *Anorexia nervosa* oder *Magersucht* bekannte Eßstörung junger Frauen und Mädchen an. Über mögliche Ansätze zu deren Verständnis und Beleuchtung haben Gunthard Weber und ich an anderer Stelle (Weber & Stierlin 2001) genauer berichtet. Hier möchte ich nur einen Aspekt der bei einer Magersucht wirksamen Dynamik andeuten, der sich uns mit Hilfe des Konzepts der bezogenen Individuation verdeutlicht: Bei nicht wenigen dieser Mädchen und Frauen steht, so lehrte uns die therapeutische Erfahrung, über lange Zeit das Bemühen um eine Individuation *mit* den Eltern im Vordergrund. Sie sind in hohem Maße bestrebt, den Erwartungen dieser Eltern gerecht zu werden und in diesem Sinne etwa die gut angepaßte Schülerin zu sein, die, wie sie meinen, die Eltern sich wünschen. Früher oder später tritt aber ein Ereignis ein, das in den Mädchen die Entscheidung zum Fasten und zur Gewichtsabnahme auslöst. Möglicherweise wurden sie von Klassenkameradinnen gehänselt, sie hätten doch einen ganz schön dicken Po oder seien überhaupt nicht schlank genug. Das passiert heutzutage vielen jungen Mädchen. Aber nur für wenige wird dies zum Anlaß, sich für ein konsequentes Fasten zu entscheiden. Diese Entscheidung läßt sich nun auch als eine Entscheidung zu mehr Individuation *gegen* die Eltern – oder genauer: gegen deren Grundüberzeugung und deren Grundwerte – verstehen; denn in vielen der uns bekannten »Magersuchtfamilien« war das gut und liebevoll zubereitete Essen das Liebespfand und der Liebesbeweis schlechthin. Indem die Mädchen das von den Eltern angebotene Essen ablehnten, stellten sie auch einen zentralen elterlichen Grundwert in Frage und »individualisierten« sich somit radikal gegen die Eltern – und dies nun auch und gerade dadurch, daß sie ihre Autonomie durch die gegenüber dem Eßverlangen bewiesene und durchgehaltene Selbstkontrolle zur Wirkung zu bringen suchten. Aber durch diese Selbstkontrolle »immunisierten« sie sich auch gegen zentrale

Bedürfnisse ihres Körpers und setzten sozusagen den natürlichen Zirkel von Hunger und Sattwerden und damit eine fällige Selbstorganisation außer Kraft. Paradoxerweise verstärkte eine solche radikale Individuation gegen die Eltern die Bindung zwischen Tochter und Eltern noch mehr. Denn diese Eltern machten sich angesichts des Eßverhaltens ihrer Tochter noch mehr Sorgen und Selbstvorwürfe. Denn welcher Vorwurf gegenüber den Eltern kann schlimmer sein als der, für das Nichtgedeihen ihres Kindes verantwortlich zu sein!

Anstatt daß es in der Beziehung zwischen Eltern und Tochter zu einer neuen fälligen Phase im Prozeß der bezogenen Individuation kommt, bleiben die Eltern mit ihren neuen Gedanken und Gefühlen weiter und noch verstärkt mit dem Kind beschäftigt – oder: sie bleiben in einer verstrickenden Bindung gefangen. Aber das trifft nun auch für die Tochter zu. Denn durch die Weise, wie sie sich den elterlichen Forderungen widersetzt, dabei aber auch am elterlichen Leiden Anteil nimmt, bleibt auch sie den Eltern mehr denn je innerlich verbunden. Statt zu einem Fortschritt der bezogenen Individuation kommt es zu deren Blokkade. Dadurch sehen sich dann Therapeuten herausgefordert, dazu beizutragen, daß *Individuation mit* und *Individuation gegen* auf einer neuen Stufe der bezogenen Individuation miteinander versöhnt werden.

Literatur

Stierlin, H.: *Eltern und Kinder – Das Drama von Trennung und Versöhnung im Jugendalter*, Frankfurt: Suhrkamp 1975.

Stierlin, H.: *Psychoanalyse – Familientherapie – Systemische Therapie. Entwicklungslinien, Schnittstellen, Unterschiede*, Stuttgart: Klett-Cotta 2001.

Weber, G. & Stierlin, H. (2001): *In Liebe entzweit – Die Heidelberger Familientherapie der Magersucht*, Heidelberg: Carl-Auer-Systeme 2001 (zuvor: Reinbek b. Hamburg: Rowohlt 1989).

Stierlin, H.: *Die Demokratisierung der Psychotherapie – Anstöße und Herausforderungen*, Stuttgart: Klett-Cotta 2003.

Roswita Königswieser

Unhörbares hören
Anleitung zur Selbstorganisation

Meine Erfahrungen

Bei meiner Arbeit als systemische Organisationsberaterin erlebe ich immer wieder hautnah, daß theoretisches Argumentieren – z.B. gegen den Widerstand gegenüber Veränderungen – nicht überzeugt. Nur persönliches Erleben und die Reflexion des Erlebten haben nachhaltigen Einfluß auf das Denken und die Wahrnehmung. Daher ist mir bewußt, daß auch die Lektüre dieses Beitrags nur dann Denkanstöße bietet, wenn bereits eine entsprechende innere Bereitschaft vorhanden ist. Ich stelle mir also nun Leser vor, die schon auf der Suche nach neuen Denkmustern sind und deshalb auch gern einmal einen Blick hinter die Kulissen unserer Tätigkeit werfen möchten. Ich gehe davon aus, daß Interesse dafür vorhanden ist, sich unser Arbeitsfeld und unserer Arbeitsweise anzusehen – die vielleicht anders als das Gewohnte und folglich fremd sind –, um sich ein Bild von den hier relevanten Veränderungs- und Lernprozessen zu machen und diesbezüglich möglicherweise neue Vorstellungen zu entwickeln.

Ich will gleich zu Anfang auf einen bestimmten Zweifel zu sprechen kommen, dem ich am Beginn unserer Arbeitsprozesse nahezu immer begegne. Für gewöhnlich zeigen die Menschen, mit denen wir arbeiten, anfangs Widerstände gegenüber systemischem Denken. Deshalb sprechen wir meist gar nicht erst groß über den Systemansatz; wir ziehen den Begriff »ganzheitlich« vor und arbeiten einfach in dieser Haltung. Wir versuchen dabei, so »anschlußfähig« wie möglich zu sein. In den meisten Wirtschafts- und Non-Profit-Organisationen finden wir eben nicht das systemische Paradigma, sondern das mechanistische vor – die *verinnerlichte* Vorstellung, Unternehmen seien wie Maschinen, man müsse nur den richtigen Knopf drücken, dann funktioniere wieder alles. Planungsprozesse verlaufen deshalb linear, und Manager sind auf der Suche nach »objektiv richtigen« Lösungen. Man denkt in Ursache-Wirkungs-Ketten. Gibt es Probleme, so sind einzelne Menschen daran schuld und müssen ausgetauscht werden, »damit wieder Ordnung herrscht«. Man baut auf Spezialisten. Der ökonomische Druck der Shareholder-Logik verstärkt die Tendenz zu kurzfristigen Entscheidungen und erschwert eine auf lange Sicht vorausplanende Orientierung.

Nochmals: Es bringt nichts, das »andere« – das systemische – Paradigma herauszustellen. Es nützt nichts zu argumentieren, daß es keine Objektivität gebe, daß gute Lösungen kontextabhängig seien, daß komplexen Situationen nur Rechnung getragen werden könne, indem man Querbezüge und Vernetzungen in die Überlegungen mit einbeziehe; daß Widersprüche und Paradoxien das Leben selbst seien, daß es nicht um psychologische Interpretationen bezüglich einzelner Akteure gehe, sondern um die Ursachen hinter den Symptomen; daß kreative Lösungen am ehesten in interdisziplinären Teams gefunden würden, die sich allein über Kontextsteuerung selbst organisieren, und daß die »relevanten Umwelten« mit einbezogen werden sollten.

Wie und wodurch aber können Manager, die auf rasche Resultate und auf Zahlen ausgerichtet sind, die immer dann Wertschätzung erfahren, wenn sie »die Dinge im Griff haben«, und als »Macher« bezeichnet werden, verstehen lernen, daß komplexe Systeme nicht linear steuerbar sind, daß Führung mehr mit Coaching als mit dem Erteilen einer »Order« zu tun hat? Ihre »Spielart« der Machbarkeitsillusion aufgeben zu müssen empfinden sie zunächst als narzißtische Kränkung. Besonders für linear logisch und »klar« denkende, verantwortungsbewußte Menschen ist es schwer zu akzeptieren, daß Selbstorganisation, Chaos, Widerspruch und Loslassen zu positiven Veränderungen der Arbeitsqualität führen, daß nachhaltige Entwicklungen nur über mittel- und langfristige Lernprozesse erreicht werden können und daß »Reflexion« und »Denken in

Beziehungen« hierbei besonders wichtige Schlüsselbegriffe sind – wobei der letzteBegriff auf die Fähigkeit abzielt, Zusammenhänge herzustellen und Tatsachen und Geschehnisse nicht isoliert zu betrachten.

All diese Postulate verunsichern vorerst. Es handelt sich eben um einen langsamen Lernprozeß, um Begreifen, um Umdenken – und das stellt sich nur über berührendes Erleben, über persönliche Erfahrung ein. Nur dies kann unsere Herzen öffnen und uns befähigen, unsere Vorstellungen von der Welt und von uns selbst zu revidieren, scheinbar verlorengegangenes Wissen wieder ins Bewußtsein zu heben, nicht nur Greif- und Sichtbares, sondern auch Latentes wahrzunehmen und scheinbar Unhörbares zu hören.

Unhörbares hören

Ein Manager, der in einem Veränderungsprozeß eine wichtige Rolle übernommen hatte, gab mir eine Zen-Geschichte zu lesen und merkte dazu an, daß es ihm im Verlauf des Prozesses so ergangen sei wie dem Prinzen in der Geschichte. Diese möchte ich Ihnen nun nicht vorenthalten.

Es war im dritten Jahrhundert v. Chr., als König Tsao seinen Sohn Prinz Tai zum Tempel schickte, auf daß der Prinz beim großen Meister Pan Ku in die Lehre gehe. Da Prinz Tai seinem Vater auf dem Thron nachfolgen sollte, war es Pan Ku aufgegeben, den Jungen alles zu lehren, was nötig wäre, um später ein guter Herrscher zu sein. Sobald der Prinz beim Tempel eingetroffen war, schickte ihn der Meister allein in den Ming-Li-Wald. Nach einem Jahr sollte der Prinz zurückkommen und den Klang des Waldes beschreiben. Nach Tais Rückkehr forderte Pan Ku ihn auf, alles Gehörte zu schildern.

»Meister«, sprach der Prinz, »ich konnte hören, wie der Kuckuck ruft, die Blätter rauschen, die Kolibris surren, die Grillen zirpen, das Gras weht, die Bienen summen und der Wind flüstert und tobt.« Als der Prinz geendet hatte, wurde er vom Meister erneut in den Wald geschickt, um noch mehr zu erlauschen. Den Prinzen verwirrte das Gebot des Meisters.

Hatte er denn nicht schon jeden Laut wahrgenommen, den es im Wald zu hören gab?

Tag für Tag und Nacht für Nacht saß der junge Prinz allein im Wald und lauschte. Aber er hörte keine anderen Klänge als die, die er schon vernommen hatte.

Eines Morgens jedoch saß der Prinz still unter den Bäumen – und plötzlich drangen ganz schwache Laute zu ihm, wie er sie noch nie zuvor gehört hatte. Und je genauer er hinhörte, desto klarer wurden sie. Die Empfindung, erleuchtet zu sein, ergriff den Jungen. »Das müssen die Klänge sein, von denen der Meister wünschte, daß ich sie wahrnähme«, überlegte er. Als der Prinz wieder beim Tempel angekommen war, fragte ihn der Meister, was er noch gehört habe. »Meister«, antwortete der Prinz ehrfürchtig, »als ich ganz genau lauschte, konnte ich vorher nie Gehörtes hören – den Klang sich öffnender Blumenblüten, den Klang der Sonne, die die Erde wärmt, und den Klang des Grases, das den Morgentau trinkt.« Der Meister nickte anerkennend. »Das Unhörbare hören zu können«, bemerkte Pan Ku, »ist als Fähigkeit bei einem guten Herrscher unabdingbar.«

Der Blick hinter die Kulissen

Wie kann nun in der Praxis das Hinführen zum systemischen Paradigma gestaltet werden? Wie kann ein diesbezüglicher Umdenkungsprozeß eingeleitet werden? Als Beispiel schildere ich – vereinfacht und gerafft – einen mehrjährigen Veränderungsprozeß in einem internationalen Konzern. Hier die Eckdaten in Stichworten: Kerngeschäft Anlagenbau, weltweit 20 000 Mitarbeiter, 40 Prozent davon deutschsprachig. Das Unternehmen verfügte über ausgezeichnetes technisches Know-how, hatte gute Marktzugänge, die Auftragseingänge stimmten, aber die Erträge ließen zu wünschen übrig. Eine jahrelange, politisch gestützte Monopolstellung verschleierte die inkonsequente Führung und die wenig am Geschäftsprozeß orientierte Struktur. Es gab keine Vision. Die Stimmung war resignativ, die Erträge waren alarmierend schlecht.

Neben den »hard facts« gab es tiefsitzende Probleme hinsichtlich der Einstellung und der Haltung im Unternehmen. Es herrschte extreme Konkurrenz zwischen den Unternehmensbereichen. Man hatte nicht das Gefühl, »one company« zu sein. Hierarchisches Denken stand im Vordergrund, die Eigenständigkeit war unterentwickelt, bei Entscheidungen war man schwerfällig. Von uns Beratern erwartete man zunächst, wir würden – wie man es von großen Beraterfirmen bisher gewohnt war – ein teures Verbesserungskonzept abliefern, den »zentralen Druckpunkt« rasch betätigen. Eine Minderheit einflußreicher Akteure hatte uns ins Spiel gebracht und unsere Rahmenbedingungen akzeptiert. Wir schlugen als erstes zwei Schritte vor: Wir wollten eine Systemdiagnose erstellen und eine Kerngruppe ins Leben rufen, die der Motor des Veränderungsprozesses werden sollte.

Vom systemischen Ansatz war gegenüber den Ingenieuren anfangs nicht die Rede. Unsere Empfehlung, in die Kerngruppe »Mächtige«, »Betroffene« und »Träger von Prozeß-Know-how« zu entsenden, löste Erstaunen aus. Die Hauptströmungen des Konzerns sollten sich in dieser Gruppe widerspiegeln. Deshalb mußten auch »Ausländer« hinein – kritische Geister und junge Querdenker – und nicht nur die, deren Meinung bislang am meisten gezählt hatte (Vorstand, Unternehmensbereichsleiter, Projektleiter). Die Diskussionen in den eineinhalbtägigen Workshops mit der Kerngruppe, die einmal im Monat stattfanden, waren entsprechend konfliktreich und emotional.

Mein Kollege und ich erstellten ein Design für den Ablauf der Sitzungen und moderierten: Es gab im Raum nur einen Sesselkreis und keine Tische, was gleich den ersten Widerspruch hervorrief (»Was soll diese esoterische Sitzordnung?«). Wir begannen also damit, die anstehenden Themen in Untergruppen zu bearbeiten, und zwar nicht nur kognitiv, in Form von Konzepten, sondern auch »analog«: Wir ließen z.B. Bilder zu folgenden Fragen zeichnen: »Wie ist der Zustand des Unternehmens jetzt?« »Wie sieht das Wunschbild aus?« Die Ergebnisse versinnbildlichten die Lage überaus deutlich: Die aktuelle Situation wurde als Flottenverband in »Funkkontakt« dargestellt – freudlos, orientierungslos, grau. Die

»Vision« zeigte alle gemeinsam in einem Schnellboot – bunt, attraktiv, energetisch.

Allein schon die Zusammensetzung der Gruppe brachte die Vielzahl möglicher Perspektiven – das »Mehrbrillenprinzip« – und die relevanten Umwelten gleichsam ganz von selbst in den Raum und erweiterte den Wahrnehmungshorizont der Gruppenmitglieder. Natürlich waren einzelne immer wieder von den langsam offener geäußerten Meinungen schockiert, berührt, aufgerüttelt: Ein Techniker erzählte, auf welche Weise Fehler in Projekten vertuscht wurden, was frühzeitiges Gegensteuern unmöglich machte. Die einhellige Reaktion darauf lautete: »Wenn an der Basis wirklich so gehandelt wird, müssen wir etwas tun.«

Über verschiedene Zugänge kristallisierte sich immer deutlicher das Thema »Führung« als Kernproblem heraus. Wir inszenierten hierzu u.a. kurze Sketches zu Themen wie »Führung heute« und »Führung morgen«. Die Szenen waren einerseits ein Lacherfolg, lösten aber andererseits auch große Betroffenheit aus: »Wir sind gute Ingenieure, managen technisch unsere Großprojekte großartig, aber wir haben zuwenig Gefühl für Menschen, für Leadership, für Beziehungen, für Motivation. Wir vermeiden Konflikte, scheuen uns, aus Fehlern zu lernen. Wenn sich das ändern ließe, wären unsere Ergebnisse um vieles besser. Unser Planungsprozeß ist zu linear, wir reden zuwenig über Fehlentwicklungen, über Projektabweichungen. Da liegt viel Geld verschüttet – da müssen wir den Hebel ansetzen.« Mit Hilfe scheinbar spielerischer Methoden wurden wichtige Themen ans Tageslicht geholt. Nach massiven Konflikten in der Gruppe, bei denen es erst einmal um Schuldige und Opfer ging, war die Gruppe schließlich für wechselseitiges Feedback sowie für unsere Rückmeldungen offen und bereit, unsere Interventionen anzunehmen.

Konfliktanalysen unterstützten die Entwicklung einer differenzierteren Sichtweise: Es gab nicht mehr nur Schwarz und Weiß, sondern auch Grautöne. Man erkannte: An Konflikten haben alle, die involviert sind, einen Anteil. Man sah nicht mehr nur Individuen und einzelne Probleme, sondern auch Kontexte, Beziehungen, strukturelle Ursachen. Die Dialoge und Diskussionen waren anfangs stark durch gruppendynamisch bedingte

Macht- und Positionskämpfe gekennzeichnet. Abwertungen waren an der Tagesordnung; man hörte einander nicht zu, hielt viel zu lange, Ungeduld provozierende Monologe. Oft konnten wir nur paradox intervenieren und mit Hilfe analoger, erlebnisorientierter Methoden Wirkung erzielen. Doch allmählich zeigte die Reflexionsarbeit in der Kerngruppe Wirkung: Alle Kommunikationsprozesse wandelten sich grundlegend, und es wurde viel Energie für die Arbeit an Veränderungen frei. Mehrere Initiativen wurden beschlossen:

• Die Gruppe der »Jungen Wilden« wurde gegründet. Diese sollten »quer denken« und ohne Maulkorb reden dürfen. Ihre Aufgabe war es, ein Konzept zu folgender Frage zu entwerfen: »Was würdet ihr an Stelle des Vorstands tun, um das Unternehmen zum Erfolg zu führen?«

Die Vorschläge der Gruppe wurden heftigst diskutiert. Einige davon wurden als vielversprechend aufgegriffen und befruchteten die Steuerungsimpulse der Kerngruppe.

• Als Standard wurden ganzheitliche Projektreviews unter dem Motto »Lernen statt Schuld zuschreiben« eingeführt. Bei neuen Projekten wurde – wie wir dies üblicherweise tun – eine Projektumfeldanalyse vorangestellt, bei der alle relevanten Umwelten und das Beziehungsgefüge graphisch dargestellt werden. Dabei wird die Aufmerksamkeit auf Chancen und Stolpersteine gelenkt. Das wiederum verhilft zu einem sorgfältigeren, bewußteren Vorgehen in Projekten. (Wer muß mit einbezogen werden? Wie müssen wir vorgehen?) Mit Hilfe dieses einfachen Instruments wird klar, wie wichtig Hypothesen sind, und man begreift, daß es eben verschiedene relevante Perspektiven gibt.

Ein Projektleiter sagte: »Mein Denken hat sich verändert. Unser technisches Projektmanagement mit Kästchen und Regeln allein genügt nicht. Ich habe immer ›in Zäunen gedacht‹, *trouble-shooting* gemacht, bevor ich ein Problem wirklich verstanden habe.«

• Es wurde ein maßgeschneidertes Leadership-Programm, bei dem »Learning on the job« im Vordergrund stand, implementiert: Das Prinzip »cross boarder, cross function, cross culture« erfuhr dank des anspruchsvollen Konzepts seine Realisierung.

• Die einmal im Jahr stattfindende Managerkonferenz – mit mehr als 500 internationalen Führungskräften – wurde durch eine von uns gecoachte Vorbereitungsgruppe komplett umgestaltet: interaktiv, workshoporientiert, dialogisch, erlebnisorientiert.

Die »Nervthemen« des Unternehmens wurden dabei aufgrund einer neuen Sichtweise und Einsicht besprochen: Es wurden Kunden und Shareholder ins Programm integriert, die »relevanten Umwelten« wurden spürbar. Die personelle Struktur und der Ablauf der Zusammenkünfte ergaben ein Gesamtbild der emotionalen Situation des Konzerns. Der Aufbau des Veranstalters ermöglichte ein emotionales »big picture« der Konzernsituation. Jede einzelne Führungskraft sah sich als Teil des Systems und erkannte, wie ihr Beitrag zur dessen Verbesserung aussehen könnte.

• Der Planungsprozeß wurde nach etwa einem Jahr Beratung und Begleitung umstrukturiert. Die sechs Unternehmensbereichsleiter fühlten sich nun nicht mehr nur für den eigenen Bereich, sondern auch für den der Kollegen verantwortlich. Auch hier waren Feedback-Prozesse zur Norm geworden. »Einmischung« in die Bereiche anderer wurde nicht als Konkurrenzansage gedeutet, sondern als kollegiale Unterstützung, als Bereitschaft, gemeinsam Verantwortung zu tragen. Natürlich gab es Konflikte und »Empfindlichkeiten«, aber die Auseinandersetzungen sorgten für eine neue Qualität: differenziertere Planungen und somit genauer zutreffende Vorhersagen, was wiederum die Glaubwürdigkeit im Haus und bei den Banken erhöhte.

Die Jammerei, man habe zu wenig Zeit, um sich in der Kerngruppe so häufig zusammenzusetzen, verstummte. (»Ich habe gelernt, daß *Be*schleunigung durch *Ent*schleunigung geschieht. Ohne diese Auszeiten wären wir nicht so schnell zum Kern unserer Probleme vorgestoßen.«) Wenn es um Lösungsvorschläge ging, ermutigten wir, in Optionen zu denken, regten das Entwerfen von Alternativen und gleichzeitig das Überlegen von Konsequenzen und Querbezügen an. Die »harten Fakten« waren immer mit den »weichen Faktoren« verwoben. (»Wir können unsere Budgets und Pläne nur einhalten, wenn die Leute den Sinn sehen, motiviert sind und es bei Nichteinhaltung Konsequenzen gibt, die unter die Haut gehen.«)

Wir führten die Gruppe immer wieder an Grenzen: an die Grenzen ihres hierarchischen Verantwortungsbereichs, ihrer bisherigen Vorstellungen und Erfahrungen. Wie von selbst entwickelte sich dabei die vormals lineare Art zu denken hin zu »vernetztem« Denken, d.h. die Notwendigkeit, Gesamtzusammenhänge und Prozesse in die Überlegungen miteinzuschließen, wurde internalisiert. Die Fähigkeit, mit Unsicherheit und Komplexität umzugehen, stieg. Die Gruppe als »Hyperexperte für Komplexitätsmanagement« gab Halt. Natürlich waren auch die sinnlichen Erfahrungen der einen oder anderen Outdoor-Übung nützlich, aber die mentalen Quantensprünge wurden über Reflexionsarbeit und über Feedback-Prozesse erzielt. Unermüdlich stellten wir auf der Metaebene angesiedelte Fragen: »Wie erklären Sie sich diese Art der Entscheidungsprozesse? Sind dabei Muster erkennbar? Wenn ja, welche? Woran liegt es, daß keine Konsequenzen gezogen werden? Wo liegen die kollektiven Blockaden? Was ist das Gute im Schlechten? Worin besteht Ihr persönlicher Beitrag?«

Die Bereitschaft, Feedback zu geben und zu empfangen, wuchs – sowohl auf individueller als auch auf organisationaler Ebene. Die Idee, in die Kerngruppe Gäste einzuladen, um im persönlichen Dialog wichtige Themen zu besprechen, wurde zu einem fast selbstverständlichen Standard: Da kamen Werksleiter, die über Fehlerquellen sprachen, Kunden, die ihre Wünsche, aber auch Kritik äußern konnten, Lieferanten, mit denen die Beziehungsgeflechte beleuchtet wurden, die zwischen ihnen und dem Unternehmen bestanden.

Dieses Begegnungsprinzip pflanzte sich fort: in die Großveranstaltungen der Regionen, in die Begegnungen zwischen Einheiten, in die Einrichtung von Kundenparlamenten. Wir bauten den Rahmen und schufen Kontexte, aber die Gruppe organisierte sich und die Prozesse selbst. »Natürlich« war nach etwa einem Jahr allen klar, was mit »Kontextsteuerung« oder »Selbstorganisation« gemeint war – und erst jetzt wurden die entsprechenden Theorien und Modelle von uns als mündlicher oder schriftlicher Input angeboten. Die Evaluationen, die in regelmäßigen Abständen durchgeführt wurden, verstärkten die Bereitschaft, diese Entwicklungsprozesse fortzusetzen. Wir holten bei den verschiedenen Zielgruppen ihre Meinungen bezüglich des Changeprozesses ein, reflektierten das Gesamtbild und entschieden dann über weitere Aktivitäten. Erst später nannten wir das die »systemische Prozeß-Schleife«: Informationssammlung, Hypothesenbildung, Entscheidungsfindung und Interventionsplanung, Intervention. Das Prinzip »Lernen und Selbststeuerung durch Reflexion« wurde in der Praxis gelebt.

In einigen Unternehmensbereichen wurden regelmäßig eintägige Teamentwicklungsmeetings nach folgendem Modell abgehalten: Jeder legt zu Beginn seine »Nervthemen« dar. Als nächsten Schritt unterstützen wir die gemeinsame Hypothesenbildung. – Es geht nicht um additives Zuordnen von Fakten, sondern um ein von allen geteiltes Gesamtbild, um das Herstellen von Beziehungen zwischen Menschen, Bereichen, Inhalten, Faktoren, Umwelten. Es entwickeln sich neue, prozeßhafte Muster des Wahrnehmens, des Verarbeitens von Informationen, des Denkens. Wechselseitiges Feedback und das Aushandeln von Erwartungen werden selbstverständlich. Das Wahrnehmen der eigenen Anteile wird langsam internalisiert. Man erkennt: Es geht nicht um Tools, um Techniken, sondern um Einstellungen und Haltungen.

Da ich mit meiner Schilderung nahezu sofort in das Geschehen in der Kerngruppe eingetaucht bin – weil mich das, was sich hier mit eigentlich ganz unspektakulären Mitteln erreichen läßt, immer wieder fasziniert –, möchte ich nun nochmals an den Anfang zurückgehen. Ich denke, daß ein wichtiger Grundstein für das »andere Denken« die sogenannte Systemdiagnose zu Beginn des Projekts ist, und möchte daher diesen Prozeßschritt noch exemplarisch umreißen.

Um ein Gesamtbild des Unternehmens zu erhalten, mußten wir (die externen Berater) nicht nur die »harten Fakten«, sondern auch die Kultur des Unternehmens – d.h. die Art und Weise, wie im Unternehmen gedacht, entschieden und gehandelt wird, wie das Unternehmen »atmet« – erfassen. (Eine wichtige Voraussetzung hierfür ist – das muß hier gesagt werden –, daß man uns und unseren »Methoden« Vertrauen entgegenbringt.) Wir führten 30 zweistündige Gruppeninterviews – mit jeweils etwa acht Personen – quer durch den Konzern. Die in einem Crashkurs ausgebildeten Kerngruppenmitglieder begleiteten uns dabei, und gemeinsam werteten wir die Gespräche dann nach der sequenzanalytischen Methode aus.

Wir spürten auf, was zwischen den Zeilen gesagt wurde, deuteten die latenten Inhalte, interpretierten die subtilen Signale. Wo stockt jemand? Was wird tabuisiert? Wie interagieren die Gruppenmitglieder während des Interviews? Wie werden wir behandelt? Welche Schlüsse auf die latenten Muster und Kulturelemente des Systems läßt das zu?

Zuerst analysierten wir die manifesten Inhalte. Im Lauf der Interpretationsarbeit entwickelten alle – nach anfänglicher Abwertung der Methode (»Das ist Kaffeesatzdeuterei«) – eine Art neues Sensorium für die feinen Töne und Zwischentöne, für das Verborgene, für die Symboliken in der Kommunikation, und die diesbezügliche Sensibilität wuchs. Die Bilder wurden differenzierter, vielschichtiger, aber manchmal auch beklemmender. Die gemeinsame Auseinandersetzung damit erzeugte und vertiefte Bewußtheit, entlastete, bewegte, generierte Lernprozesse und schuf somit eine neue Wirklichkeit.

Langsam lösten sich die Kerngruppenmitglieder von linearen Zuschreibungen. (»Der Vorstand ist schuld.«) Sie reflektierten, daß »zu einem Unterdrückungsverhältnis immer zwei gehören«, aber auch daß »jeder selbst Verantwortung hat, Vorbild ist«. Sie lernten, Unterschiede nicht abzuwerten, sondern als Reichtum zu nehmen. Sie erkannten, daß einseitige Lösungen nichts bringen und ebensolche Rezepte immer danebengreifen. (»Mehr vom selben ist verlorene Liebesmühe. Wir müssen lernen, mit einer völlig neuen Einstellung – uns schwebt so etwas wie

›gelassenes Höchstengagement‹ vor – an unsere Aufgaben und Probleme heranzugehen.«)

Die kritischen Stimmen gegenüber unserer Rolle wurden schließlich leiser. Hatte es früher geheißen: »Wofür werden die bezahlt, wenn wir arbeiten müssen?«, so meinte man jetzt: »Wir schaffen das selbst – Sie coachen uns nur.« Die neuen Denk- und Vorgehensweisen schlugen langsam Wurzeln, deren Ausläufer schließlich in alle Aufgabenbereiche des Alltags hineinreichten.

Resümee

Als zentrale Auswirkung konnte festgestellt werden, daß die Erträge wieder zufriedenstellend waren. Die Zukunft wurde mit Zuversicht gesehen. (»Es macht wieder Freude und bringt Befriedigung, für dieses Unternehmen zu arbeiten.«) Beendet ist dieser Lernprozeß auch jetzt noch nicht, aber inzwischen wird er als permanenter Entwicklungsprozeß von den Unternehmensmitgliedern selbst fortgeführt, wobei wir lediglich als Supervisoren fungieren.

Jeder so geartete Beratungsprozeß ist ein aufregendes Abenteuer, weil er stets auch das Risiko des Scheiterns in sich birgt. Und es bedarf unsererseits immer wieder eines Kraftakts, eine Rolle einzunehmen, die anders ist als die von uns erwartete: Nicht wir bringen die Lösungen, sondern die Mitarbeiter selbst sind die Experten. Wir liefern nicht die ersehnten Rezepte, sondern wir begleiten sie auf ihrer Suche danach, indem wir mit Hilfe bestimmter Interventionen neue Bewußtseinsprozesse ermöglichen, die wiederum andere Konstruktionen von Welt – die sicher nicht einfacher sind als die bisherigen – generieren. Neben zufriedenstellenden und erfreulichen Aspekten fördert diese Arbeit immer auch die Schattenseiten von Systemen und Personen zutage. Das bringt Ängste, leidvolle Gefühle sowie Konflikte und Ambivalenzen mit sich, und all das muß be- und verarbeitet werden.

Dennoch resultiert für mich daraus letztlich ein gutes Gefühl, wenn sich Menschen und Systeme entwickeln, wenn sich ihr Denken, ihre Perspektiven und ihr Bewußtsein erweitern, wenn sie lernen, Unsichtbares zu sehen und Unhörbares zu hören, wenn sie intensiver leben.

Literatur

Königswieser, R., Cichy, U. & Jochum, G. (Hrsg.): *SIMsalabim – Veränderung ist keine Zauberei – Systemisches IntegrationsManagement*, Stuttgart: Klett-Cotta 2001.

Königswieser, R. & Exner, A.: *Systemische Intervention*, Stuttgart: Klett-Cotta 2003 (7. Aufl.).

Königswieser, R. & Lutz, C. (Hrsg.): *Das systemisch-evolutionäre Management – Der neue Horizont für Unternehmer*, Wien: Orac Verlag 1992 (2. Aufl.).

»Denn Mißverständnis heißt die Rhythmik, mit welcher die allein wahre Wirklichkeit ins Gespräch sich drängt.«

Walter Benjamin

»Ich weiß nicht, was ich gesagt habe, bevor ich nicht die Antwort des anderen darauf gehört habe.«

Norbert Wiener

»Ihr Gefühl hatte nicht gelernt, sich ihres Verstandes zu bedienen.«

Robert Musil

Franz Reither

Komplexität als Herausforderung und Chance – Befunde aus Forschung, Praxis und Simulation

I

Komplexität als Eigenschaft heutiger und zukünftiger Welten umfaßt nicht nur strukturelle Merkmale, sondern sie muß zugleich als dynamische Entwicklung sich stets wandelnder Vernetzungen mit Unstetigkeiten und inneren Brüchen verstanden werden. Das enge und vielschichtige Geflecht von Beziehungen ist in ständigem Wandel begriffen, so daß sich dadurch insgesamt eine Vielfalt an Verhaltens- und Entwicklungsmöglichkeiten ergibt; zwar besteht die Gefahr, den damit verbundenen Ansprüchen an das menschliche Denken und Handeln nicht gerecht werden zu können, doch bietet diese Vielfalt vor allem die Chance, die Lebensfähigkeit des gesamten Systems zu nutzen und zu stärken. Einer in diesem Sinne verstandenen »neuen Intelligenz« gilt es mit diesem Beitrag ein wenig Kontur zu verleihen.

Die Merkmale von Komplexität finden sich inzwischen in allen wichtigen Lebensbereichen und stellen die Akteure in diesem Szenario vor bisher kaum gekannte Herausforderungen. So treten neben die hinlänglich bekannten und vielfach diskutierten ökologischen und technischen Dimensionen in der Makro- und Mikrotechnik, der Biotechnologie und den »Life Sciences« immer drängender auch Fragen der ökonomischen, sozialen und informationstechnischen Zusammenhänge. Hier gilt es, jenseits bereichsspezifischer Merkmale und Anforderungen auch die Gemeinsamkeiten zu erkennen, um daraus übergeordnete Muster und Anforderungsprofile abzuleiten.

Diese Aufgabe bedarf einer Methodik, die ihrerseits über einen Differenzierungsgrad und eine Komplexität verfügt, die dem Gegenstand ebenbürtig und zumindest analog ist. Erst vor einem solchen Hintergrund läßt sich der Versuch einer konkreten Antwort auf die neuen Herausforderungen wagen. Die Notwendigkeit und Dringlichkeit einer solchen Antwort wird spätestens dann deutlich, wenn man die psychischen Voraussetzungen betrachtet, unter denen sie zu formulieren ist. Angst vor Unsicherheit und Komplexität und die damit einhergehenden Gefühle von Ohnmacht und Unkontrollierbarkeit finden sich als häufig wiederkehrende Bedingungen für Verhaltensformen, die sich in zunehmendem Maße den neuen Herausforderungen gegenüber als unangemessen und überfordert erweisen. Die in diesem Zusammenhang anzutreffenden Verhaltensmuster sind durch eine Reihe geradezu typischer Fehler mit ihren dann katastrophalen Folgen gekennzeichnet – ihnen gilt unser Interesse: zum besseren Verständnis dessen, was geschieht, und zur Vorbeugung gegenüber den Dingen, die möglichst nicht geschehen sollten.

Die uns umgebende Welt wird unabweisbar ständig komplexer; dies zu akzeptieren heißt zugleich, sich notwendigerweise darauf einzulassen. Spätestens dann jedoch wird man bemerken, daß Komplexität nicht einfach ein Attribut im üblichen Sinne ist, das diese Welt wie andere Eigenschaften besitzt. Komplexität entspricht vielmehr einem Zustand, der sich in ständigen Veränderungen auf das Ganze bezieht und es nach eigenen Kriterien prägt.

Demzufolge stehen wir als Akteure in dieser Welt der Komplexität nicht als Manager oder »Steuerleute« gegenüber, die versuchen, ihre Vorstellungen von dem, was sein sollte, gleichsam *von außen* eingreifend und regelnd durchzusetzen. Statt dessen befinden wir uns *inmitten* des Gesamtsystems und sind zugleich *ein Teil* von ihm. Für das Verständnis der eigenen Rolle bei der Auseinandersetzung mit den Problemen, die zum einen aus unseren Absichten, Zielen und Plänen, zum anderen aus den vorgefundenen Bedingungen resultieren, ergeben sich damit weitreichende Konsequenzen – vor allem für die Zukunft. Deren Entwicklungen mögen im Detail nur schwer voraussehbar sein, daß sie aber insgesamt komplexere Dimensionen als die momentan existierenden haben werden, darf mit Sicherheit angenommen werden.

Die interaktive Auseinandersetzung mit Komplexität, der unmittelbare Umgang mit ihr, stellt an den Akteur eine Reihe von Anforderungen, die zwar je nach inhaltlicher Ausprägung der Problemlage unterschiedliche Themen betreffen, nichtsdestoweniger jedoch zugleich auch einzelfallübergreifenden Charakter und typische Eigenschaften besitzen. Diese Anforderungen bestimmen dann auch die Dimensionen des interaktiven Umgangs mit Komplexität. Dabei ist zu betonen, daß hier kein Anspruch auf erschöpfende Vollständigkeit erhoben wird. Es handelt sich aber um Dimensionen, die in langjähriger Forschung und praktischer Umsetzung erfolgreich erprobt und eingesetzt worden sind und die für sich reklamieren, in jedem Fall wesentliche Aspekte des Komplexitätsmanagements abzubilden.

II

Eine Situation, ein System, das das Attribut »komplex« verdient, zeichnet sich dadurch aus, daß es *mehrdimensional*, *vernetzt*, *eigendynamisch*, *unscharf*, *wahrscheinlichkeitsabhängig* und bis zu einem gewissen Grad *instabil* ist. Es ist sicher kein Zufall, daß diese Aufzählung wie eine Kurzbeschreibung unserer aktuellen Lage klingt.

Mehrdimensionalität: Eines der hervorstechendsten Merkmale der uns umgebenden Welt ist ihre Vielschichtigkeit, die große Zahl von inhaltlichen Gesichtspunkten und formalen Kriterien, unter denen sie beschrieben, analysiert und erklärt werden kann. Diese *Mehrdimensionalität*, die vor allem aus der generell zu umfangreichen Menge vorhandener Informationen und Kriterien ihrer Ein- und Zuordnung resultiert, erfordert es, diese Vielfalt zu reduzieren und handhabbar zu machen. Damit ergibt sich die Notwendigkeit, Schwerpunkte zu setzen und zu abstrahieren, also zwischen wichtigen und weniger wichtigen Aspekten der Sachlage zu unterscheiden. Häufig müssen allerdings die dafür nötigen Kriterien erst entwickelt werden. Außerdem – und das ist in der Praxis ein besonders ungern vollzogener Prozeß – müssen die einmal gewählten Kriterien, nach denen Wichtiges von Unwichtigem zu trennen ist, immer wieder in Frage gestellt werden. Statt sich auf nachweislich ehemals Bewährtes dauerhaft verlassen zu können – und der in jüngerer Zeit immer lauter werdende Ruf nach den »alten Tugenden« ist ein beredtes Zeichen für die Hoffnungen, die man in einen solchen Rückgriff auf die Vergangenheit setzt –, muß man immer häufiger vertrautes und sicheres Terrain verlassen. Dabei kann es durchaus geschehen, daß ehemals erfolgreiche und für das Vorgehen zentrale Konzepte sich als nur noch bedingt tauglich erweisen oder sogar als gänzlich unbrauchbar herausstellen. Der dann notwendige Schwerpunkt- und Dimensionenwechsel verlangt, sich erneut mit Grundsatzfragen zu beschäftigen, und das mitten in einer unüberschaubaren Situation.

Weiterhin erfordert die Informationsflut, Teilprozesse zu übergeordneten Einheiten nach mehreren Dimensionen *zugleich* zusammenzufassen, indem beispielsweise – statt einzelner Abrechnungen, Lieferungen und Vertragsverhandlungen – die Geld-, Waren- und Informationsflüsse in einem Unternehmen als Ganzes betrachtet werden. Diese Form der Gestalt- und Musterbildung erleichtert zudem die Möglichkeit, Vergleichbares und Übertragungsmöglichkeiten zwischen »äußerlich« unterschiedlichen, jedoch strukturähnlichen, analogen Situationen zu erkennen und mehrdimensional zu nutzen. Dem steht ein empirisch mit erdrückender Häufigkeit festzustellender Hang entgegen, die Welt möglichst eindimensional zu betrachten und zu interpretieren; die weltpolitische Lage legt zur Zeit eindrucksvoll Zeugnis davon ab.

Ebenso ist es zur Reduktion des Überangebots an Informationen nötig, sich zumindest zeitweise darüber Rechenschaft abzulegen, welche Situationselemente Ursachencharakter haben und welche eher als Auswirkungen einzustufen sind. Eine besondere Schwierigkeit ergibt sich hierbei daraus, daß unter Komplexitätsbedingungen eine Variable des Systems oder ein bestimmter Sachverhalt, die zu einem Zeitpunkt eindeutig als Wirkungsgrößen fungieren, zu einem anderen Zeitpunkt durchaus als verursachende Elemente wirken können. Damit unterliegt eine der Situation angemessene Differenzierung zwischen Ursachen und Wirkungen ständigen Veränderungen, denen man Rechnung tragen sollte, um folgenschwere Fehlinterpretationen zu vermeiden.

Vernetzung: Die wichtigste Konsequenz für den Umgang mit dieser Eigenschaft, die sich aus dem *Netzcharakter* komplexer Systeme ergibt, ist das Auftreten von Nebenwirkungen, die sich jenseits der beabsichtigten Effekte zusätzlich einstellen. Um damit umgehen zu können, ist es nötig, sich ein möglichst vollständiges Bild von den wirksamen Zusammenhängen und Verbindungen innerhalb des Netzes machen. Dies kann z.B. mit Hilfe von Block- und Wirkungsdiagrammen geschehen, mit denen sich die Ausbreitung von Maßnahmeneffekten im System graphisch verdeutlichen läßt.

Dabei können solche Nebenwirkungen sowohl unmittelbar wie auch als zeitverzögerte Spätfolgen auftreten. Daraus resultiert für den Akteur die Anforderung, bei allen wichtigen Entscheidungen ein breites Umfeld im Auge zu behalten und aktuelle Ereignisse nicht nur auf rezente Maßnahmen zurückzuführen, sondern auch die zeitlich weiter zurückliegenden Ursachen zu erkennen und zu berücksichtigen.

Zugleich ist an eine qualifizierende Beurteilung aktueller Zustände und getroffener Entscheidungen auch ein differenzierter Zeithorizont in die Zukunft hinein anzulegen, weil sich bei zeitlich verzögerten Prozessen der volle Umfang der Folgen – gewollter wie unbeabsichtigter, angenehmer wie störender – erst allmählich zeigt. Dies erfordert jedoch ein in der Praxis vielfach kaum toleriertes Maß an Geduld. Schnelle Entscheidungen sind gefordert und werden nicht selten allein aufgrund dieser Schnelligkeit für gut und für anderen Alternativen überlegen gehalten. In Bereichen, in denen man sich auskennt, mag eine solche Einschätzung zutreffen. In den übrigen gilt dagegen, soweit sie das Attribut »komplex« verdienen, das klare Plädoyer für mehr Geduld. Dies praktisch umzusetzen fällt um so schwerer, als uns die moderne Informationstechnik in die Lage versetzt, in immer kürzeren Zeitabständen über immer größere Mengen an aktuellen Daten zu verfügen. So ist es inzwischen kein Einzelfall mehr, daß ein Unternehmen seine Verkaufsstrategie sowie die Beurteilung der verantwortlichen Vertriebsmitarbeiter an den täglich ablesbaren Umsatzschwankungen orientiert. Ob ein solches Vorgehen die Bezeichnung »Strategie« überhaupt noch verdient, darf immerhin bezweifelt werden.

Eigendynamik: Analog dazu erfordern *eigendynamische* Systeme aufgrund ihrer ständigen Bewegung vom Akteur, daß er insbesondere den Trend des Geschehens und nicht nur den für eine Situation oder Teile von ihr charakteristischen Zustand analysieren muß. Er muß auf dem Hintergrund dieser Analyse die Entwicklungen extrapolieren oder, wenn die Daten ein strenges Verfahren nicht zulassen, zumindest in einer unschärferen Form »hochrechnen«, um mit seinen Entscheidungen nicht hinter dem Geschehensablauf zurückzubleiben. Bildlich gesprochen lautet die Forderung: Wer einen Film beurteilen will, darf sich nicht auf Standfotos beschränken, er muß die laufenden Bilder betrachten. Leider zeigt sich in der Praxis, daß das genaue Gegenteil durchgängig der Fall ist: Die vorhandene Dynamik wird zum großen Teil vernachlässigt, und dort, wo man ihr Rechnung trägt, wird sie regelmäßig linear interpretiert. Diese Neigung steht jedoch in krassem Gegensatz zur weitgehend vorhandenen Nicht-Linearität der Welt.

Hier ist hinzuzufügen, daß ein Akteur keineswegs immer handeln muß, um als Handelnder zu gelten. Auch das Nicht-Eingreifen in eine Situation ist in diesem Zusammenhang als gezielte Aktion zu bewerten, was zudem einiges an Geduld und Nervenstärke verlangen kann. Nichtstun kann seine Ursachen in Hilflosigkeit und Unfähigkeit haben, es muß aber nicht so sein. Jedenfalls gehört der Satz »Wer nichts tut, macht auch keine Fehler« in den Bereich unreflektierter Unsinnigkeiten.

Unschärfe: Um den Informations-, aber auch Kriterienmangel auszugleichen, der sich aus der *Unschärfe* und der damit einhergehenden

Intransparenz komplexer Situationen ergibt, muß man einerseits bewußt und systematisch immer wieder Bedingungen von außen »setzen«, sich andererseits aktiv und kreativ auf die Suche nach Symptomen und Stellvertreterinformationen machen. Zu letzterem ist ein mehr oder weniger gezieltes Experimentieren mit den Situationskomponenten erforderlich, um anhand der Reaktionen dann auf zugrundeliegende Zusammenhänge schließen zu können.

Dabei versagen in der Regel die üblichen Methoden der isolierten Bedingungsvariation. Dieses Vorgehen, als wissenschaftliche Methode *unter Laborbedingungen* durchaus sinnvoll und mächtig, verlangt, alle Bedingungen außer der zu untersuchenden Komponente, die systematisch variiert wird, konstant zu halten, um dann aus den Reaktionen des Gesamtsystems Rückschlüsse auf die Wirkung und Bedeutung der so behandelten Einzelgröße zu ziehen. *In komplexen Situationen* ist dagegen die hierfür nötige Konstanz der Randbedingungen nicht nur nicht gewährleistet, die Handlungsabsichten, die normalerweise auf eine Veränderung der Situation zielen, laufen dieser Konstanthaltung sogar zuwider. Nichtsdestoweniger ist gerade diese fatale Tendenz, daß mit sehr wenigen Alternativen die wirksamen Zusammenhänge in der umgebenden Welt analysiert werden, regelmäßig zu beobachten.

Statt dessen ist ein Vorgehen gefordert, das sich mit dem Begriff »kombinierte Bedingungsvariation« beschreiben läßt. Mehrere Handlungselemente müssen miteinander kombiniert und dann als Ganzes zugleich eingesetzt werden. Dieses Verfahren, das im Ansatz bereits den ersten Schritt einer strategischen Vorgehensweise darstellt, ist nicht weniger systematisch als das isolierte, nur daß bei der Zuordnung der erzielten Effekte zu den möglichen Ursachen Unschärfen auftreten. Beim gleichzeitigen Eingreifen an verschiedenen Stellen eines Netzwerks ist es prinzipiell nur in Ausnahmefällen möglich, die erzielten Veränderungen exakt ihren Ursachen zuzuordnen. Zu glauben, daß in komplexen Situationen das isolierte Variieren genauere und weniger unsichere Zuweisungen erlaube, ist allerdings ein unter Umständen verhängnisvoller Irrtum. Und schließlich stellt sich noch das Problem der sinnvollen Zusammenstellung geeigneter Kombinationen von Handlungselementen, womit erneut Fragen der Gestaltbildung angesprochen sind.

Die Situation ist bis zu einem gewissen Grad der eines Schiffsführers in teilweise unbekannten Gewässern vergleichbar. Er wird zur Orientierung nach Oberflächenmerkmalen Ausschau halten, etwa nach Bojen suchen, deren Bedeutung er kennt oder zumindest erschließen kann. Diese Fahrwassermarkierungen sind in dem genannten Sinne »Stellvertreter« für sonst nur schwer erkennbare Hintergründe. Eine solche Boje bezeichnet etwa die Stelle, an der eine Untiefe gefährlich werden kann, sie ist nicht selbst die Untiefe. In völlig unbekannten Regionen wird er vielleicht zunächst mühsam per Echolot Informationen über die Wassertiefe einholen, um anschließend eigene Markierungen auszusetzen, die beim erneuten Befahren des Gebiets die sichere Überquerung erleichtern.

Unschärfe bedeutet schließlich auch einen Mangel an Kriterien, z.B. für die anzustrebenden Zielzustände. So sind in letzter Zeit politische Auseinandersetzungen dadurch gekennzeichnet, daß man um sehr globale und schemenhafte Zielformulierungen streitet. Die Folge davon ist, daß man nur selten ausmachen kann, ob eine Aktion zur Zielannäherung oder zur Entfernung vom Ziel führt; denn es fehlt an Merkmalen, mit denen sich diese Fragen entscheiden ließen. Hier ist nun, sozusagen als »dialektischer« Prozeß, das schrittweise bewußte Setzen von Bedingungen gefordert, die ihrerseits für die nachfolgenden Aktivitäten gewisse Zwänge produzieren und damit neue, klarere Bedingungen schaffen, die erfüllt werden müssen und zugleich den anzustrebenden Endzustand charakterisieren. Vor dem Hintergrund der immer komplexer werdenden Aufgaben ist es dabei unbedingt notwendig, möglichst lange eine große Zahl verbleibender Alternativen zu erhalten – das Gegenteil davon ist zu beobachten: vorschnelle, apodiktische und gering dimensionierte Entscheidungen, die die Handlungsspielräume schnell verengen.

Wahrscheinlichkeitsabhängigkeit: Probabilistische, also *wahrscheinlichkeitsabhängige* Zusammenhänge erfordern zu ihrer gezielten Beeinflussung nicht nur die ungefähre Kenntnis der Wahrscheinlichkeitsübergänge zwischen den Zuständen der betroffenen Variablen, sondern sie erzeugen auch ein generelles Klima der Unsicherheit, dem angemessen zu begegnen ein zusätzliches Problem darstellt. Zu der Anforderung, bei teilweise unklaren Rahmenbedingungen Annahmen über die Wahrscheinlichkeit des Eintreffens oder Nichteintreffens kompliziert miteinander verknüpfter Ereignisse zu formulieren, kommt noch die Tatsache hinzu, daß wir, selbst wenn wir über genaueste Kenntnis der Wahrscheinlichkeitsrechnung verfügten, davon doch nur selten Gebrauch machen würden. Statt dessen neigen menschliche Entscheider dazu, ihre Wahrscheinlichkeitsannahmen durch subjektive Einschätzungen zu ergänzen, die wenig mit der Sache selbst, jedoch viel mit ihren Wünschen und Vorurteilen zu tun haben.

So wird beispielsweise das Eintreffen von Erwartungen, die mit für den Akteur angenehmen Effekten verbunden sind, als wahrscheinlicher eingeschätzt, während unangenehme Ereignisse als weniger wahrscheinlich angesehen werden. Diese Neigung machen sich u.a. Glücksspielbetreiber zunutze: Die Gewinne eher für mich, die Verluste für die anderen. Daß die Verteilung in der Regel für jedes Spiel und alle Spieler gleichermaßen festliegt, wird häufig und gern und sogar wider besseres Wissen einfach übersehen. Mechanismen wie diese machen es einerseits normierten Entscheidungsmodellen so schwer, wirkliche Entscheidungsprozesse befriedigend abzubilden oder gar vorherzusagen, sie fordern obendrein vom Entscheider, sich seiner persönlichen irrationalen Neigungen, Wahrscheinlichkeiten zu »ergänzen«, bewußt zu werden.

Instabilität: Bleibt schließlich noch der Umgang mit *Instabilitäten*: den Unstetigkeitsstellen und Sprüngen im Verhaltensmuster komplexer Systeme, jenen »letzten Tropfen, die das Faß zum Überlaufen bringen«. Der Akteur muß sich unter solchen Bedingungen über diese kritischen Zonen im System ein Bild verschaffen und zugleich unter der Gefahr dramatischer Entwicklungen agieren. Gefordert ist hier ein geschärftes Sensorium für die Tragfähigkeit des Untergrundes, auf dem man sich bewegt. Das »Knistern« eines normalen und nicht weiter bedeutsamen

Spannungsausgleichs ist von jenem anderen zu unterscheiden, das ein Aufbrechen von Abgründen ankündigt.

Unabhängig von den Belastungen, die allein das Bewußtsein von möglichen Gefährdungen dieser Art mit sich bringt, sollte der Akteur im vorhinein über eingeübte Techniken zum Krisenmanagement verfügen; denn gerade unter dramatischen Bedingungen ist die Chance, neue und zugleich wirksame Lösungsansätze zu finden, drastisch reduziert. In der Regel legt man sich viel zu schnell auf sehr wenige – und zudem drastische und primitive – Handlungsalternativen fest und bleibt bei diesen dann, mag die Situation auch noch so dringend nach Korrekturen verlangen, rigide bis zum bitteren Ende: und dies, obwohl das möglichst lange Offenhalten von Möglichkeiten der Handlungsfreiheit bekanntlich das Mittel der Wahl sein sollte.

III

Damit wäre der Katalog wesentlicher Anforderungen – um nicht zu sagen Herausforderungen – für den interaktiven Umgang mit komplexen Situationen skizziert: ebenso die damit verbundenen Schwierigkeiten und immer wieder auftretenden Fehler und Überforderungen. Für das Management komplexer Systeme ergibt sich nun die Frage des Zugangs. Die unabdingbare Notwendigkeit, über das Wissen um diese Zusammenhänge hinaus unmittelbare Erfahrungen damit zu machen, setzt methodische Ansätze voraus, die Komplexität nicht nur abbilden, sondern die selbst hochkomplex sind.

Soll Komplexität als Chance realisiert werden, so ist es nicht nur nötig, den Umgang mit ihr zu analysieren, es muß auch gelingen, ihn gezielt zu verändern, und zwar sowohl *generell* in Form allgemeinen Trainings als auch *speziell* und *aktuell* auf dem Wege der unmittelbaren Unterstützung bei komplexen Problemen. Um diesen Weg zu ebnen und neben begriffliche auch Handlungskompetenz zu stellen, muß man aktiv den Umgang mit komplexen und kritischen Systemen pflegen. Man muß sich selbst in einer solchen Situation erlebt und erfahren haben, um aus den vorhandenen Einsichten auch praktisches Kapital schlagen zu können.

Da reale Probleme von der hier zur Diskussion stehen Größenordnung in der Regel sehr brisant, hochfrequent »getaktet« und letztlich einmalig sind, sich zugleich aber nicht selten über längere Zeiträume erstrecken, in denen zahlreiche Nebeneinflüsse zumeist singulär wirksam sind, bleibt unter solchen Bedingungen wenig Raum für eine Systematisierung der gewonnenen Erfahrungen. Jede wirklich komplexe Situation wird somit eher als spezifischer Einzelfall erlebt, wohingegen synoptische Betrachtungen größerer Erfahrungszeiträume regelmäßig unter unzulässigen Vereinfachungen leiden; die Flut von Trivialitäten, die in jüngster Zeit vermehrt in zahllosen Biographien ausgebreitet werden, legt beredt Zeugnis davon ab.

Um hier – zusätzlich zu den praktischen Problemen der Realität – Abbildungsräume für die individuellen Vorgehensweisen, Strategien und Handlungskonzepte der Akteure anzubieten und um zugleich die Konsequenzen, die sich aus Taten und Entscheidungen ergeben, sozusagen im Zeitraffer abbilden und sich vor Augen führen zu können, verwenden wir selbstkonstruierte, realitäts-gerechte *Simulationswelten*, die dann in Form *hochkomplexer Computermodelle* als interaktiv zu gestaltender Handlungsraum zur Verfügung stehen. Diese Modelle sind grundsätzlich *an der jeweils relevanten Realität der Probanden validiert* und bilden alle genannten Komplexitätseigenschaften differenziert ab. Damit erlaubt diese Simulationstechnik den Teilnehmern, ihre Flexibilität und die jeweils eigenen Strategien und Lösungskonzepte im Umgang mit vernetzten, komplexen Problembereichen konzentriert und realitätsnah zu erproben. Dabei zeigen sich zudem die Stärken, Schwächen und Risiken eigener Planungs-, Entscheidungs- und Handlungsprozesse in unmittelbarer Deutlichkeit und werden die Reaktionen und Eigenschaften komplexer Systeme individuell erfahrbar.

Insgesamt wird man nicht umhin können, das Feld der noch zu bewältigenden Aufgaben im Hinblick auf den angemessenen Umgang mit Komplexität deutlich umfangreicher einzuschätzen als das, was durch die vorliegenden Ergebnisse bereits in Angriff genommen wurde. Eingedenk der Tatsache, daß die hier geschilderten Verfahren jedoch nur einen möglichen Zugang von mehreren Zugangsweisen darstellen, die sich ebenfalls mit neuen Strategien an das Problem heranwagen, und unter Berücksichtigung der immerhin ermutigenden Befunde an dieser Stelle darf man mit einigem Recht Komplexität eher als Chance denn als Bedrohung empfinden.

IV

Wir wollen diesen Beitrag mit einem Blick auf einen Bereich schließen, der inhaltlich eng mit unserem Thema verbunden ist und in jüngerer Zeit Anlaß zu mannigfachen Spekulationen, Hoffnungen und Befürchtungen gegeben hat. Erinnert man sich, daß Stabilität bzw. Instabilität eine der Eigenschaften ist, die Komplexität kennzeichnen, so können die theoretischen Überlegungen und formalen Ansätze hierzu vielleicht hilfreich für ein tieferes Verständnis komplexer Systeme und den Umgang mit ihnen sein, sei es nun modellhaft oder real.

So konzentriert sich das Konzept der *Katastrophentheorie* vor allem auf die Analyse von Singularitäten, also von »Bruchstellen« bei funktionalen Zusammenhängen und relationalen Wirkungsgefügen. Dennoch beschränkt sich die explizite Übertragung der dort vorhandenen Modellvorstellungen auf die mathematischen und physikalischen Disziplinen. Vereinzelt finden sich auch Ansätze in der Biophysik und Biologie. Versuche, diese neuen Modellvorstellungen auch für sozial- und wirtschaftswissenschaftliche Fragestellungen nutzbar zu machen, leiden häufig an zu starken Vereinfachungen und mangelnder Differenziertheit, so daß sie jenseits ihres deskriptiven Nutzens nicht von weiterführender Bedeutung sein können. So findet man in den entsprechenden Vorschlägen so gut wie keine Formalisierungsansätze, und die angeführten Beispiele gehen über Fälle mit nur wenigen Kenngrößen nicht hinaus.

Dennoch scheint uns der Grundgedanke der Katastrophentheorie, jene Bereiche eines Systems anzugeben, in denen eine geringfügige

Änderung einer oder mehrerer Größen zu heftigen Reaktionen des Gesamtkomplexes führt, in diesem Zusammenhang nutzbringend. Wie oben bereits erwähnt, besteht beim Einsatz von Simulationsmodellen das generelle Problem, wie deren Eigenschaften exakt zu beschreiben sind. Eine der für alle unsere Untersuchungen und Anwendungen wichtigen Komponenten ist dabei der Grad der Stabilität eines Systems.

Bei Systemen mit instabilen Gleichgewichtsbedingungen ist dagegen mit Diskontinuitäten im Verhalten zu rechnen, auch wenn sich die Randbedingungen und Zustände nur geringfügig »ändern«. Solche »Brüche« im Systemverhalten werden in der Katastrophentheorie als Katastrophen bezeichnet. Wir hätten es wieder mit dem berüchtigten Tropfen zu tun, der das Faß zum Überlaufen bringt.

Eng verwandt mit diesen Überlegungen sind die Grundgedanken der *Chaosforschung*. Sie beschäftigt sich mit Systemen, die aufgrund ihrer Instabilität prinzipiell nicht genau berechenbar und daher in ihrem Verhalten auch nicht exakt vorhersagbar sind. Bevor man sich jedoch zu Verallgemeinerungen über den chaotischen Zustand der Welt verleiten läßt, sollte man bedenken, daß es sich hierbei um Eigenschaften von Funktionen handelt, die nur insoweit übertragbar sind, als sie die Realität beschreiben. Das vielzitierte Beispiel vom Schmetterling im brasilianischen Urwald, dessen Flügelschlag bereits ausreicht, um Wochen später in Nordamerika einen Schneesturm auszulösen, ist nur insoweit realitätsgerecht, wie die dabei verwendete Funktion die Entstehung meteorologischer Zustände korrekt abbildet – nicht weniger, aber auch ganz sicher nicht mehr. Nichtsdestoweniger sind hier zwei wesentliche Aspekte aus dem Bereich des formalen Chaos für komplexe Systeme interessant und können zu ihrem Verständnis beitragen. Es sind dies die grundsätzlichen Annahmen der *Rekursivität* und der *Selbstähnlichkeit*.

Rekursive Systeme entwickeln ihre jeweils neuen Zustände nach bestimmten Regeln aus den vorhergehenden. Anders als bei der klassischen analytischen Sehweise, die für ganze Intervalle gültige Funktionszusammenhänge angibt, entwickelt sich hier das Systemverhalten schrittweise in Abhängigkeit von der Vergangenheit und Gegenwart.

Einem unvoreingenommenen Betrachter mag dieses Vorgehen selbstverständlich erscheinen, entspricht es doch der unmittelbaren Erfahrung. Für die formale Beschreibung ist dieser Ansatz dagegen eher ungewöhnlich; er hat aber unbestreitbare Vorteile für die Abbildung komplexer und dynamischer Sachverhalte, da man auf diesem Weg Phänomene aufdeckt, die bislang verborgen waren.

Und auch die zweite Komponente des Chaos, die *Selbstähnlichkeit*, ist so geartet, daß die Dinge so hoffnungslos durcheinander und chaotisch denn doch nicht sind. Bildet man nämlich die Verhaltensräume chaotischer Systeme graphisch ab, so zeigt sich frappierenderweise, daß sich die Strukturen der insgesamt sehr komplizierten Formen im großen wie im kleinen sehr »ähnlich« sind. Solche Entsprechungen sind gemeint, wenn die Chaosforschung von »Selbstähnlichkeit« spricht. Und sie ist es auch, die es, vereinfacht gesagt, erlaubt, Strukturkenntnisse und -erfahrungen aus einem Teilbereich eines chaotischen Gesamtsystems auf andere zu übertragen, nicht identisch, aber doch – ganz im Sinne der Trainingsbemühungen – gut wiedererkennbar »ähnlich«.

So läßt sich schlußendlich nach dem aktuellen Stand unserer theoretischen Kenntnisse und praktischen Erfahrungen aus den Herausforderungen, die die Komplexität der uns umgebenden Realität mit sich bringt, das für die damit verbundenen Chancen ermutigende Fazit ziehen: *Wer Komplexität bewältigen will, muß selbst komplex sein. Wer mit Unsicherheit umgehen will, muß sie zulassen können.*

Fredmund Malik

Komplexität, Management und Patterns of Control

»Komplexität« gehört seit einigen Jahren zu den am häufigsten verwendeten Wörtern. Es wird von komplexen Systemen, komplexen Zusammenhängen, komplexen Problemen usw. gesprochen. In kaum einer Präsentation oder Diskussion von Führungskräften fehlt ein Bezug auf Komplexität – etwa von Märkten, von Produkten und von Prozessen. Woher kommt dieser Begriff? In welchem Zusammenhang ist er entstanden? Und wofür ist er wichtig?

Die meisten Menschen haben ein eher *intuitives Verständnis* von Komplexität. Sie scheint irgend etwas mit »schwierig«, »unverständlich«, »undurchschaubar«, »unerklärlich«, »kompliziert« und dergleichen mehr zu tun zu haben.

Auf weiten Strecken – insbesondere im Alltag – mag dieses intuitive Verständnis ausreichend sein. Im Zusammenhang mit *Management* ist es aber nützlich und für höhere Führungsaufgaben notwendig, etwas vertieftere Kenntnisse von Komplexität zu haben. Das gilt für alle Arten von Organisationen: für jene der Wirtschaft wie für die Institutionen des politischen Bereichs, der Verwaltung, des Gesundheits- und Bildungswesens und ganz generell für die vielgestaltigen Organisationen des Nonprofit-Sektors.

In gewisser Weise kann Management nachgerade definiert werden als die Kunst, mit komplexen Systemen erfolgreich umzugehen, sie z.B. in eine erwünschte Richtung zu steuern und ihr Verhalten so zu beeinflussen, daß bestimmte Ziele erreicht werden. Man kann auch sagen, Management bedeute, ein System unter Kontrolle zu bringen und es unter Kontrolle zu halten.

Hinweise zur Sprache

Die soeben verwendete Formulierung stößt gelegentlich auf Kritik, manchmal auf ziemlich harsche Kritik. Das ist bei jenen der Fall, die mit dem Wort »Kontrolle« ausschließlich die Vorstellung von Macht, Zwang, Gewalt und Herrschaft verbinden, vielleicht auch Inspektion, Beschnüffelung, Aufsicht und dergleichen. Zugegebenermaßen ist dies ein Bedeutungsbereich dieses Wortes, und in bestimmten Zusammenhängen wird es genau in diesem Sinne verwendet.

Wenn jemand aber z.B. sagt, er *beherrsche* eine Sprache, dann hat das nichts mit Herrschaft und Macht im vorherigen Sinne zu tun und schon gar nichts mit Gewalt oder Zwang. Es hat zu tun mit »sich zurechtfinden«, »etwas können«, »die Sprache verstehen« und »sich mit ihrer Hilfe verständigen« können. Das Wort »Kontrolle« hat eben auch noch andere Bedeutungen, was gelegentlich übersehen wird – insbesondere von Kritikern, die die Kybernetik in eine bestimmte ideologische Ecke stellen wollen. »Kontrolle« – vor allem das englische »to control« – kann auch heißen: »regeln«, »regulieren«, »steuern«, »lenken«, »beeinflussen«, »herbeiführen« und »beherrschen« im Sinne des Beispiels mit der Sprache.

In diesem zweiten Sinne ist Kontrolle der Hauptforschungsgegenstand der Wissenschaft, die man »Kybernetik« nennt, so wie z.B. Kraft einer der Hauptforschungsgegenstände der Physik ist. Das kommt sehr schön im Untertitel jenes Buches zum Ausdruck, mit dem der Mathematiker Norbert Wiener 1948 den Grundstein zur Kybernetik als moderne Wissenschaft legte: »Cybernetics or Control and Communication in the Animal and the Machine«.

Was ist Kybernetik?

Das Wort »Kybernetik« kommt vom griechischen *kybernetes*, was so viel wie »Steuermann« heißt. Es findet sich in Begriffen wie »Governor«, »Gouverneur« und »Governance«. Somit kann unter »Kybernetik« die Steuermannskunst oder einfach die Kunst der Steuerung – und, etwas ausgeweitet, die Kunst der Steuerung, Regelung und Lenkung – verstanden werden. Daß hinter dieser Kunst auch eine Wissenschaft steht, muß man im Alltag nicht weiter beachten. Interessant und wichtig wird das erst, wenn man es mit Problemen zu tun hat, für deren Lösung das Alltagsverständnis allein nicht mehr ausreicht.

Wie Norbert Wiener zur Kybernetik kam, warum er sein Buch »Kybernetik« nannte und wer sonst noch auf diesem Gebiet wichtig war, ist eine eigene Geschichte. Hier sei lediglich erwähnt, daß die Kybernetik vielleicht die *wichtigste* Wissenschaft des 20. Jahrhunderts ist, obwohl sie kein großes öffentliches Aufsehen erregte. Über die Atomphysik beispielsweise wurde öffentlich viel intensiver diskutiert als über die Kybernetik. Ihre vollen Auswirkungen werden das 21. Jahrhundert prägen und unser Leben von Grund auf verändern. Ohne Kybernetik gäbe es weder Computer noch Roboter; es gäbe keine Elektronik und keine Informatik. Es gäbe kaum die rasanten Fortschritte in den biologischen Disziplinen und vermutlich auch nicht die Gentechnik. Viele Gefahren, aber auch enorme Chancen – wer die ersten vermeiden und die zweiten nutzen will, wird um die Kybernetik nicht herumkommen.

Es waren die *Kybernetik* und die eng mit ihr zusammenhängenden Gebiete der *Systemwissenschaften* und der *Informationstheorie*, die es ermöglicht haben, die dritte Grundgröße der Natur, *Information*, zu verstehen, zu erklären und sie schließlich systematisch zu nutzen. Bis dahin »kannte« man in der Wissenschaft offiziell nur *zwei* elementare Größen: *Materie* und *Energie*. Das sind die »Gegenstände«, mit denen sich die Königsdisziplinen der Naturwissenschaften – Physik und Chemie – im Zuge der Aufklärung befaßten, und auf diese versuchte man die Erscheinungsformen der Welt zu reduzieren. Ohne Zweifel hat uns dieser Forschungsansatz einen enormen Zuwachs an Erkenntnissen und in der Folge an technischen Möglichkeiten gebracht.

Die wirklich guten Wissenschaftler waren mit dieser Grundphilosophie der Naturwissenschaften aber nie ganz zufrieden. Irgend etwas fehlte – und zwar etwas Entscheidendes. Wenn man weiß, daß ein Gegenstand aus etwa 15 kg Kohle, 4 kg Stickstoff, 1 kg Kalk, 0,5 kg Phosphor und Schwefel, etwa 200 g Salz, 150 g Kali und Chlor und etwa 15 anderen Materialien sowie aus 4–5 Eimern Wasser besteht – was weiß man dann? Im Grunde gar nichts. Geprägt durch die naturwissenschaftliche Denkweise und erzogen auf der Grundlage ihrer Logik werden nur die wenigsten auf die Idee kommen zu antworten: Es kommt darauf an, wie man diese Materialien »organisiert«. – Genau darauf kommt es aber an.

Die genannten Rohmaterialen sind das, was wir erhalten, wenn wir einen Menschen in seine Bestandteile zerlegen. Es bleibt nichts Bemerkenswertes übrig, wenn wir einem Lebewesen das nehmen, was es zum Lebewesen macht – nicht die *Materialien*, sondern ihre *Organisation*, das *Muster*, die *Ordnung*, die sie aufweisen, oder die *Information*, die darin steckt. Leben ist nicht Materie und Energie, sondern es ist *informierte* Materie und Energie. Nicht von ungefähr steht ja in der *Genesis* nicht: Am Anfang war der Kohlenstoff, sondern: Am Anfang war das Wort – also die Information.

Das ist es, was die Kybernetik interessant und was sie wichtig macht. Eine ihrer bedeutendsten Einsichten ist es, daß Materie und Energie für den Charakter und die Fähigkeiten eines Systems relativ bedeutungslos sind. Woraus ein System besteht, ist nicht besonders wichtig (vgl. dazu Beer 1964). Was wesentlich ist, ist die Information, welche die Grundelemente *ordnet* und *organisiert*. Dadurch erst *werden* die Bauelemente überhaupt zu einem System.

Daß das Wort »Kybernetik« als Folge ihrer eigenen Ergebnisse und Fortschritte inzwischen – aber wohl nur vorübergehend – zum Modebegriff geworden ist, ist kein Anlaß zur Freude. Modewörter wie »Cyberspace«, »Cybernet«, »Cyberdisco«, »Cyberland« bis hin zu »Cyberporno«, die mit der High-Tech-, Informatik- und Internet-Euphorie aufgekommen sind, haben nichts mit Kybernetik zu tun, sondern sind reine Marketing-Gags.

Die interessantesten Entwicklungen spielen sich heute übrigens nicht auf den technischen Gebieten oder in der Informatik ab. Davon wird nur am meisten gesprochen. Die stärksten Impulse gehen in die – und kommen aus den – *Biowissenschaften* und dort wiederum in erster Linie aus den *Neurowissenschaften*, der Erforschung von Gehirn und Zentralnervensystem. Das ist weiter kaum verwunderlich, ist es doch das Zentralnervensystem, das einen Organismus steuert, kontrolliert und lenkt. Das menschliche Zentralnervensystem ist möglicherweise das am höchsten entwickelte und komplexeste kybernetische System. Viele auf diesen Gebieten tätige Wissenschaftler haben die Nützlichkeit der Kybernetik sofort erkannt, allen voran die Biologen und Hirnforscher Alfredo Rosenblueth und Julian Bigelow, die in den späten 40er Jahren eng mit Norbert Wiener zusammenarbeiteten. Neurophysiologie ohne kybernetische Einsichten und Konzepte ist heute gar nicht mehr vorstellbar.

Ich sagte, daß die Kybernetik von hier ihr wichtigsten Impulse erhält, sie ist aber keineswegs mit der Neurophysiologie identisch. Sie ist vielmehr eine völlig eigenständige Wissenschaft. Die Basis der Kybernetik ist die Entdeckung, daß es *natürliche Gesetzmäßigkeiten* gibt, welche die Kontrolle *aller* Systeme bestimmen und beherrschen, gleichgültig, ob es sich um natürliche oder künstliche Systeme handelt, und egal, ob es biologische, physikalische, technische, soziale oder ökonomische Systeme sind. Das ist es, was die Kybernetik zu einer *transdisziplinären* – grenzüberschreitenden – Wissenschaft macht: was wesentlich mehr und etwas anderes ist als *interdisziplinär*. Und das war es, was Norbert Wiener zu dem vielsagenden Untertitel für sein Buch veranlaßte: »... in the Animal and the Machine«, womit er die Überwindung des Grabens zwischen der natürlichen und der künstlichen Welt forderte, der seit der Antike das Verständnis komplexer Systeme blockierte.

Einfache und komplexe Systeme

Nach diesem kleinen Exkurs zu den wissenschaftlichen und geschichtlichen Grundlagen zurück zum Hauptthema, der Komplexität. In der Kybernetik ist der Unterschied zwischen *einfachen* und *komplexen* Systemen wichtig. Einfache Systeme stellen keine großen Probleme, was ihre Steuerung, Regulierung und Lenkung – kurz: ihre Kontrolle – betrifft. Ernsthafte Probleme treten auf – dann aber unerbittlich –, wenn ein System komplex ist.

Was man wirklich unter Kontrolle bringen muß, ist in Wahrheit nicht – wie man abgekürzt sagt – »das System«: Genaugenommen ist es die Komplexität des Systems. Die Kernfragen der Kybernetik sind somit folgende: Wie bringt man die Komplexität eines Systems unter Kontrolle? Wie steuert und reguliert man ein System, wenn es komplex ist? Wie muß die Struktur oder Architektur eines Systems beschaffen sein, damit man seine Komplexität überhaupt unter Kontrolle bringen kann?

Das ist aber nur die eine Hälfte dessen, was die Kybernetik interessant und Komplexität wichtig macht. Die andere Hälfte hängt mit der Erkenntnis zusammen, daß *einfache* Systeme gewisse, sehr erwünschte Fähigkeiten gar nicht haben *können*. Wie der Biologe und Genetiker Carsten Bresch in seinem sehr lesenswerten und gut verständlichen Buch »Zwischenstufe Leben – Evolution ohne Ziel?« treffend sagte: »Höhere Fähigkeiten erwachsen nur aus mehr Komplexität.«

Dieser Umstand wird häufig übersehen. In zahlreichen einschlägigen Büchern findet man Passagen, die sinngemäß lauten, daß man die Komplexität eines Systems *reduzieren* müsse, um es unter Kontrolle zu bringen. Das ist nur die halbe Wahrheit. Es wird selten erwähnt, daß man damit Gefahr läuft, das System selbst und seine wichtigsten Eigenschaften und Fähigkeiten zu *zerstören*. Damit z.B. ein Organismus in einem höheren und anspruchsvollen Sinne lernen kann, muß er ein Mindestmaß an Komplexität aufweisen. Unterhalb einer gewissen Grenze ist Lernen nicht möglich. Dasselbe gilt für Wahrnehmung, für Kommunikation und etwa auch für die Fähigkeiten des Denkens und des Bewußtseins.

Man kann dies unmittelbar an den Entwicklungsstufen der Evolution und somit den verschiedenen Lebensarten sehen. Organismen niedriger Entwicklungsstufe sind zu gewissen Verhaltensweisen und Leistungen nicht fähig, zu denen die Organismen höherer Stufen gerade wegen ihrer größeren Komplexität befähigt sind. Es ist ebenfalls leicht im genannten Beispiel der Rohmaterialen, aus denen ein Mensch besteht, zu erkennen: Aus denselben Rohmaterialen bestehen auch viele andere Organismen. Nicht durch die materiellen Komponenten unterscheiden sie sich, sondern durch ihre Organisation und Komplexität.

Dasselbe gilt sinngemäß für technische Geräte und Unternehmen. Genau aus diesem Grunde ist es erforderlich, dass Führungskräfte ein zumindest rudimentäres Verständnis für Komplexität gewinnen – und je höher man im Laufe seiner Karriere kommt oder kommen will, desto wichtiger wird dies und desto eingehender muß dieses Verständnis sein. Die kompetente Erfüllung insbesondere der Aufgaben im Top-Management hängt unmittelbar von der Fähigkeit ab, mit Komplexität virtuos umzugehen.

Komplexität kann gemessen werden

Ich schlage vor, Komplexität als eine reale, objektive Eigenschaft der Welt, und zwar sowohl der natürlichen als auch der künstlichen Systeme, anzusehen. Ich betone das deshalb, weil es auch andere Auffassungen gibt, die Komplexität etwa als Frage subjektiver Empfindungen verstehen. Obwohl dieser Aspekt auch eine Rolle spielt, empfehle ich doch, für den Anfang mit den »objektiven Seiten« zu beginnen.

Komplexität kann man messen, und zwar mit Hilfe des Komplexitätsmaßes, das man *Varietät* nennt. So wie Länge oder Distanz mit Längenmaßen, z.B. dem Meter, gemessen wird, wird eben Komplexität mit Hilfe der Varietät gemessen. Was ist Varietät? Es gibt mehrere Möglichkeiten, Varietät zu definieren. Für den Anfang ist die folgende Definition von Ross Ashby (vgl. Ashby 1956, S. 121 ff.) die brauchbarste: *Varietät ist die Anzahl möglicher, unterscheidbarer Zustände, die ein System haben kann.* Es ist am besten, anhand einiger Beispiele zu zeigen, worum es hier geht:

- Erstes Beispiel: Wie viele unterscheidbare Zustände kann eine gewöhnliche Glühlampe haben? Zwei, nämlich »an« und »aus«. Es sind noch andere Antworten möglich, aber das soll hier nicht interessieren. Für den Zweck des Beispiels reicht diese Antwort aus.
- Zweites Beispiel: Wie viele unterscheidbare Zustände können fünf Glühlampen gemeinsam haben, wenn man unterstellt, daß jede einzelne Lampe »an« oder »aus« sein kann? Es gibt $2^5 = 32$ unterscheidbare

Zustände. Wie kommt man dazu? Herleitung und Begründung der Lösung fallen in jenes Gebiet der Mathematik, das man als *Kombinatorik* bezeichnet. Wichtig ist hier: die Zahl der Elemente des Systems, nämlich der Glühlampen, hat um einen Faktor 5 zugenommen. Die Zahl der Zustände hingegen, die das System nun haben kann, ist um den Faktor 16 (!) gewachsen.

- Drittes Beispiel: Wie viele Zustände können 25 Glühlampen gemeinsam haben? Es sind 2^{25} = rund 33 Millionen. Mit jeder zusätzlichen Lampe verdoppelt sich die Zahl der Zustände; mit jeder wegfallenden Lampe halbiert sie sich. Diese für komplexe Systeme ganz typische Tatsache war im Volksmund immer schon bekannt: kleine Ursache, große Wirkung – und sie ist eines der Hauptanliegen der modernen Ökosystem-Forschung.

Wahrscheinlich sieht man schon, worauf die Sache hinausläuft: Ein System ist einfach, wenn es nur *wenige* verschiedene Zustände haben kann. Es ist komplex, wenn es *viele* verschiedene Zustände haben kann. Wieviel ist aber *viel*? Selbst ganz einfach erscheinende Systeme und solche, die von ihrer Grundstruktur her auch wirklich einfach sind, können eine immens hohe Zahl von Zuständen haben. Schon ganz geringfügige Veränderungen der Systemstruktur verändern die Komplexität so ernorm, daß die Varietät gewissermaßen explodiert und plötzlich eine buchstäblich astronomisch hohe Zahl von Zuständen produziert werden kann oder daß die Varietät zusammenbricht und nur noch ganz wenige Zustände auftreten.

Je komplexer ein System ist, desto größer ist sein *Verhaltensspektrum* und desto *variantenreicher* kann es grundsätzlich auf Umweltveränderungen am Markt, bei den Kunden, Lieferanten, gegenüber den Konkurrenten, im politischen Bereich usw. reagieren. Gleichzeitig wird es aber um so *schwieriger* und *anspruchsvoller*, es unter Kontrolle zu halten und dafür zu sorgen, daß aus der großen Zahl prinzipiell möglicher Aktionen (resp. Zustände) eine richtige oder gar die optimale zum Einsatz kommt.

Das Schachspiel kann das gut veranschaulichen: Am Anfang und am Schluß eines Spiels ist die Zahl der Züge deutlich begrenzt. Solange das Spiel aber in vollem Gange ist, gibt es für jeden der beiden Spieler eine sehr große Zahl von Möglichkeiten, auf die jeweils gegnerischen Züge zu antworten. Das macht das Spiel einerseits interessant – keine zwei Schachpartien verlaufen bekanntlich gleich –, das macht es aber auch schwierig und anspruchsvoll.

Das Schachspiel ist zwar schwierig, es hat aber immerhin den großen Vorteil, daß man die Züge des Gegners sehen kann. Das Spiel ist in seiner Gesamtheit für beide Spieler völlig transparent, jeder kann alles beobachten, was auf dem Brett vor sich geht. Die Figuren sind bekannt, und ihre Verhaltensmöglichkeiten – also ihre je spezifische Varietät – sind durch eindeutige und unabänderliche Regeln festgelegt. Obwohl deswegen zwar die Varietät jeder einzelnen Figur recht gering ist – die Bauern haben die kleinste, die Dame hat die größte –, hat das Schachspiel als Ganzes und als System eine gigantische Varietät. Die Anzahl der möglichen Züge im Schachspiel beträgt 10^{155}. Für mathematisch nicht Interessierte: Das ist eine Zehn mit 155 Nullen. Zum Vergleich: Die Zahl der Sterne in unserer Milchstraße schätzt man auf 10^{11}.

Jeder Manager ist eigentlich ein Kybernetiker

Wirtschaft und Unternehmen sind allerdings nur bedingt mit Schach vergleichbar. Es wird zwar heute viel von »Playern« geredet und von den »Rules of the Game«, aber die Analogie trägt nicht weit genug. Zwischen Schach und Management gibt es gewichtige Unterschiede. In der Wirtschaft liegen weder die Figuren noch die Regeln fest. Beides kann sich permanent ändern und tut es auch – meist, ohne daß man davon ausreichend Kenntnis hat. In welchem Zustand das »Spiel« sich gerade befindet, welcher Player welchen Zug gemacht hat, welche Bedeutung und Wirkung dieser hat usw., das läßt sich auch mit bester Marktforschung meistens nicht zweifelsfrei feststellen. Fast immer operiert man mit Wahrscheinlichkeiten und Vermutungen. Häufig ist nicht einmal klar, welches »Spiel« gerade gespielt wird. Ähnliches gilt für das Unternehmen selbst, wo es ebenfalls – ausgenommen die allereinfachsten Fälle – ziemlich schwierig ist, seinen Zustand hinlänglich genau und ausreichend schnell zu bestimmen. Daran haben auch die Fortschritte in der Informatik bisher wenig geändert. Man kann selten sicher sein, in welchen nächsten Zustand es sich unter Einwirkung aller Einflußgrößen bewegen wird; die meisten Informationen haben Wahrscheinlichkeitscharakter, vieles ist ungewiß, alles ist in ständiger Veränderung, und die Verhaltensvarietät jeder einzelnen »Figur« ist nicht nur sehr viel größer als beim Schach, sie ist überhaupt nicht genau bestimmbar.

Es ist daher keine Übertreibung zu sagen, daß bereits kleine Unternehmen Systeme mit »astronomischer« Varietät sind: *High Variety Systems*, wie die Fachsprache es nennt. Daher lautet die Kernfrage des Managements: Wie bringt man ein *High Variety System* unter Kontrolle? Nicht umsonst hat der Pionier der Managementkybernetik, der englische Kybernetiker Stafford Beer, in seinem Standardwerk gesagt: »If cybernetics is the science of control, management is the profession of control« (Beer 1966/94, S. 239).

Aus der Sicht der Komplexität von Systemen ist somit jeder Manager, ob er will oder nicht und ob er es weiß oder nicht, ein Kybernetiker – ein »gubernator«, ein Steuermann. Was nicht jeder weiß, ist, daß es eine *Wissenschaft* gibt, die ihm bei der Erfüllung seiner Aufgaben helfen kann – und daß das *nicht*, wie die meisten glauben, in erster Linie die Betriebswirtschaftslehre oder die Wirtschaftswissenschaften sind, sondern die *Kybernetik*.

Es ist die astronomisch große Zahl möglicher Zustände, die komplexe Systeme prinzipiell produzieren können, die ihre Steuerung und Regulierung zu einem Problem macht. Wie löst die *Natur* dieses Problem? Wer oder was steuert, regelt und kontrolliert ihre komplexen Systeme? So banal es einerseits ist, so bemerkenswert ist es in anderer Hinsicht: Natürliche Systeme haben *keine* Regler, sie regeln *sich selbst*; sie haben *keine* Organisatoren, sie organisieren *sich selbst*. Zwei der wichtigsten kybernetischen Prinzipien der Natur sind *Selbstregulierung* und *Selbstorganisation* – *universelle* Architektur- und Funktionsgesetzmäßigkeiten der Natur.

Weil sich die Kybernetik als disziplinübergreifende Wissenschaft mit Systemen *aller Art* befaßt, liegt der Gedanke nahe, diese Grundprinzipien auch bei technischen, wirtschaftlichen und sozialen Systemen zu suchen und – umgekehrt – sie auch auf diesen Gebieten anzuwenden. So sind es z.B. kybernetische Fortschritte auf dem Gebiet der Regelungstechnik, die es ermöglichen, daß der Autofahrer entlastet wird, indem er viele Vorgänge, die er früher selbst zu überwachen und zu steuern hatte, den elektronischen Regulierungssystemen seines Fahrzeuges überlassen kann, z.B. dem ABS. Noch ausgeprägter zeigen sich diese Fortschritte im Flugverkehr, wo es ein offenes, wenn auch von Piloten nicht gerne gehörtes Geheimnis ist, daß Flüge mit modernen Maschinen heute im Grunde selbstregulierend sein könnten und die Risiken nicht mehr in der Technik, sondern beim Menschen liegen.

Bei den Systemen der Natur sind Selbstregulierung und Selbstorganisation Fähigkeiten, die in ihrer Struktur *eingebaut* sind. Es gibt keine natürlichen Systeme, für die dies nicht gilt. In den von Menschen geschaffenen Systemen – seien es technische oder soziale Systeme oder Mischformen – kommen Selbstregulierung und Selbstorganisation meist *nicht von allein* vor; sie müssen vielmehr gezielt »hineinorganisiert« werden. Ihr Design muß bewußt und systematisch an den kybernetischen Funktionsprinzipien orientiert werden. Insoweit das der Fall ist, spricht man von *System-Designs*. Das Grundmuster der Strategie kybernetischen Managements lautet somit: *Organisiere das Unternehmen so, daß es sich soweit wie möglich selbst organisieren und selbst regulieren kann.* (Malik 1984/2002)

Damit lösen sich oft behauptete, aber nur scheinbare Widersprüche und Irrtümer rasch und leicht auf. Selbstverständlich war eine vernünftige Anwendung der Kybernetik im Management nie – wie manche behauptet haben – so zu verstehen, daß das Management gewissermaßen abdankt und das Unternehmen sich selbst überläßt. Dasselbe gilt für die Politik und die Wirtschaft. »Laisser faire« war für kundige Leute weder jemals eine Lösung für die Führung von Unternehmen noch für die Marktwirtschaft noch etwa für die Gesellschaft. Niemand hat das deutlicher gemacht, als der meines Erachtens beste, schärfste und präziseste Denker, den der Liberalismus hervorgebracht hat: Friedrich August von Hayek (1899–1992).

Ein anderer Irrtum kann hier beseitigt werden: Niemand hat je behauptet, daß man *alles* so organisieren *könne*, daß es sich selbst organisiert. Richtig verstandene Kybernetik ist bescheidener. Sie versucht ihre Prinzipien dort anzuwenden, wo es *möglich* ist. Wenn es nicht möglich ist, muß man selbstverständlich zu anderen Steuerungs- und Regelungsformen greifen – oder man hat dann das betreffende System eben nicht unter Kontrolle, es ist »out of control«.

Das Gesetz der erforderlichen Varietät

Der letzte Gedanke führt unmittelbar zum zentralen Naturgesetz, das in der Kybernetik entdeckt wurde, dem Gesetz der erforderlichen Varietät – *the law of requisite variety*. Sein Entdecker ist der britische Neurophysiologe und Kybernetiker W. Ross Ashby, ein weiterer großer Pionier. Nach ihm wird es in der Literatur gelegentlich auch als *Ashby's Law* bezeichnet. Wann er der Sache auf die Spur kam, ist nicht ganz gesichert. Am klarsten und präzisesten hat er das Prinzip in seinem Buch »An Introduction to Cybernetics« formuliert, das 1956 erschienen ist (vgl. ebd., S. 207). Es lautet: *Only Variety can destroy Variety.*

Wie ist das zu verstehen? Das Ausmaß, in dem es möglich ist, ein System unter Kontrolle zu bringen, hängt von dessen eigener Komplexität und von der Komplexität der Regulierung ab, die man zur Verfügung hat. Ich sagte schon, daß die Unterscheidung von »einfach« und »komplex« wichtig ist. Einfache Systeme kann man mit *einfachen* Mitteln unter Kontrolle bringen, komplexe Systeme benötigen *komplexe* Mittel.

Im Grunde ist das – wie fast alle Naturgesetze – unmittelbar einleuchtend. Auch das Gravitationsgesetz liegt sozusagen auf der Hand. Es ist so selbstverständlich, daß man nicht darauf achtet. Es gehört zu unserer Welt, und wir verhalten uns dementsprechend. Das Gravitationsgesetz ist ja nicht erst mit seinem Entdecker in die Welt gekommen. Es hat aber einen Newton gebraucht, um es zu entdecken, seine Relevanz zu erkennen und es schließlich auch für den Menschen systematisch nutzbar zu machen. Ganz Ähnliches gilt für das Gesetz von Ashby.

Um ein System unter Kontrolle zu bringen, benötigt man mindestens soviel Varietät (oder Komplexität), wie das System selbst hat. Wenn man – aus welchen Gründen auch immer – ein Varietätsdefizit hat, ist das System in ebendem Maße *außer* Kontrolle. Man kann, als Beispiel, mit zwei Kommandos nicht drei Reaktionen bei einem Gerät bewirken. Mit einem Wortschatz von 3000 Wörtern kann man nicht Shakespeare ins Deutsche übersetzen, und wer nicht ein ansehnlich großes Verhaltensrepertoire hat, kann kaum ein komplexes Unternehmen führen. Eine Fußballmannschaft muß – es sei denn, sie hat außerordentlich großes Glück – mindestens ebenso gut sein wie die gegnerische, um eine Chance auf einen Sieg zu haben. Dasselbe gilt für Armeen, Schachspieler und konkurrierende Unternehmen. Banal? Vielleicht. Genauso banal wie unter dem Einfluß der Schwerkraft herabfallende Gegenstände. *Intellektuell* vielleicht banal, aber der Schlüssel zum Erfolg, wenn man in einer Konkurrenzwirtschaft *überleben* will.

Der weitverbreitete Slogan »Keep it simple« hat daher seine – allerdings eng begrenzte – Berechtigung. *Wenn* es gelingt, die Dinge einfach zu halten, können die Steuerungs- und Regulierungsmechanismen auch einfach sein. Andererseits haben einfache Systeme – das ist, wie schon erwähnt, die Kehrseite – niemals höhere Fähigkeiten. Wenn das Umfeld komplex ist, wenn Kunden immer anspruchsvoller und Konkurrenten immer besser werden, dann muß auch das Unternehmen in der Lage sein, *ausreichende Komplexität* zu entwickeln, um richtig reagieren zu können.

Es war daher, um ein Beispiel zu geben, aus kybernetischer Sicht klar, daß die in der Wirtschaft in den letzten Jahren zu beobachtende Ausrichtung an nur gerade einer Kenngröße, dem *Shareholder Value*, eine risikoreiche Einschränkung von Varietät bedeutet, so wie überhaupt die Orientierung ausschließlich an den Finanzgrößen übersimplifizierend und reduktionistisch ist. Das sind, wie nun deutlich zu sehen ist, untaugliche Mittel, um komplexe Systeme unter Kontrolle zu halten. Sie schädigen Prosperität und Lebensfähigkeit von Unternehmen und führen zu wachsender Instabilität. In Wahrheit werden damit nicht Wohlstand und Werte geschaffen, sondern es entstehen die Voraussetzungen für Krise und Kollaps.

»Keep it simple« ist somit nur die halbe Wahrheit, aber sie ist dort wirksam, wo sie anwendbar ist. »Learn to cope with complexity« ist die andere Hälfte der Wahrheit. Je besser man mit Komplexität umgehen kann, desto besser kann man sich in einer immer komplexer werdenden Welt behaupten.

Literatur

Ashby, R. W.: *An Introduction to Cybernetics*, London: Chapman & Hall 1956. (Dt.: *Einführung in die Kybernetik*, Frankfurt a. M. 1985, 2. Aufl.)

Beer, S.: The World, the Flesh, and the Metal. 1964 Stepenson Lecture, in: Harnden, R. & Leonard, A. (Hrsg.): *How Many Grapes Went into the Wine. Stafford Beer on the Art and Science of Holistic Aanagement*, Chichester u.a.: Wiley 1994.

–: *Decision and Control – The Meaning of Operational Research and Management Cybernetics*, London: Wiley 1966 u. 1994.

Bresch, C.: *Zwischenstufe Leben – Evolution ohne Ziel?*, München/Zürich: Piper 1977.

Foerster, H. v.: *Principles of Self-Organization – In a Socio-Managerial Context*, in: Ulrich, H. / Probst, G. J. B. (Hrsg.): *Self-Organization and Management of Social Systems. Insights, Promises, Doubts an Questions,* Berlin/Heidelberg 1984.

Hayek, F. A. v.: *Law, Legislation and Liberty*, 3 Bände, London 1973–1979.

Malik, F.: *Strategie des Managements komplexer Systeme. Ein Beitrag zur Management-Kybernetik evolutionärer Systeme*, Bern/Stuttgart/Wien 1984; 8. Auflage 2003.

Wiener, N.: *Kybernetik. Regelung und Nachrichtenübertragung im Lebewesen und in der Maschine*, Düsseldorf/Wien 1963 (Orig.: *Cybernetics or Control and Communication in the Animal and the Machine*, 1948).

»Je älter die Einrichtungen der Dinge, je mehr gibt es Idiotismen.«

Denis Diderot

»... daß wir unseren Kurs an Hand von Seekarten der Fortschrittsidee verfolgen, auf denen die drohenden Untiefen nicht eingezeichnet sind«.

Norbert Wiener

»Wir dürfen keine Theorie aufstellen. Alle Erklärung muß fort und nur Beschreibung an ihre Stelle treten.«

Ludwig Wittgenstein

Fritz B. Simon

Manisch-depressive Märkte

1. Warum psychiatrische Metaphern zur Beschreibung wirtschaftlicher Prozesse sinnvoll sein können

Die These, die hier vertreten wird, lautet, daß psychiatrische Begriffe wie »Depression« oder »Manie« wirtschaftliche Prozesse mehr als nur metaphorisch beschreiben. Die Muster der Dynamik in beiden Phänomenbereichen lassen sich aus systemtheoretischer Perspektive deswegen vergleichen, weil psychische wie wirtschaftliche Prozesse der Logik von Beobachtungs- und Interaktionsprozessen folgen – seien sie nun individueller oder kollektiver Natur, seien sie Element psychischer oder kommunikativer Systeme. In beiden Fällen wird Sinn konstruiert und prozessiert. Die »Manie« oder »Depression« genannten Phänomene lassen sich als Elemente von Kommunikationsmustern beschreiben (klinisch: der Familie, ökonomisch: des Marktes).

2. Symptomatik

Beginnen wir bei den Leitsymptomen, die zur Diagnose »Depression« bei einem Individuum führen. Sie sind von Person zu Person unterschiedlich stark ausgeprägt und lassen sich grob folgendermaßen skizzieren:

Das jeweilige Individuum erlebt sich selbst als niedergeschlagen und depressiv verstimmt, als initiativ-, freud- und lustlos, müde, ohne Energie und Antrieb. Außerdem zweifelt es an seinem Wert, entwickelt häufig Verarmungsängste, kann sich nicht konzentrieren, nicht entscheiden, ist voll von Schuld-, gelegentlich auch Versündigungsideen und entwickelt häufig Gedanken an den Tod bis hin zu Suizidideen, die dann nicht selten auch zu entsprechenden autoaggressiven Taten führen. Diese Phänomene sind, soweit sie im Phänomenbereich der Psyche verortet werden müssen, nicht von außen zu beobachten. Was aus der Außenperspektive allein zu beobachten ist und innerhalb des Kommunikationssystems wirksam wird, ist ein Verhalten, das in der Regel durch die skizzierten psychischen Prozesse erklärt wird. Es erscheint als gelähmt und passiv. Gemessen an den Erwartungen der Umwelt kann das Verhalten des Patienten grob als »Minus-Symptomatik« charakterisiert werden, d.h. als »selbstverständlich« im jeweiligen sozialen Kontext erwartete Verhaltensweisen werden *nicht* realisiert. Der Patient scheint gehemmt und scheint seine Handlungsimpulse übermäßig zu kontrollieren. Die Verhaltens- und Erlebensweisen von Teilnehmern an Märkten während einer »Depression« sind offensichtlich ähnlich.

Versucht man das skizzierte Verhaltensmuster durch kommunikative Prozesse zu erklären, so hat das den Vorteil, daß die Mechanismen, die dieses Muster generieren, in einem Bereich konstruiert werden, der – im Kontrast zu biologischen oder psychischen Prozessen – von außen beobachtet werden kann: im Bereich der Interaktion und Kommunikation. Ein weiterer Vorteil ist, daß in diesem Bereich auch interveniert werden kann. Es ist nicht die Psyche und schon gar nicht der Organismus, der verändert werden muß, um beispielsweise das als »depressiv« bezeichnete Verhalten zu beeinflussen. Ändern sich die Spielregeln der Kommunikation, ändern sich die Verhaltensweisen der Beteiligten, so die zugrundeliegende Voraannahme.

3. Das manisch-depressive Muster

Wenn wir depressive Symptome über einen längeren Zeitraum beobachten, so zeigt sich, daß wir es mit zwei unterschiedlichen Formen depressiver Muster zu tun haben: dem sogenannten »monopolaren« und dem »bipolaren«. Im ersten Fall wechselt ein depressives Zustandsbild mit einem als unauffällig bewerteten Verhalten, im zweiten sind die Kontraste dramatischer. Aufgrund der Beschänktheit des Raumes und weil es für unsere Fragestellung interessanter und wichtiger ist, wollen wir uns mit der Betrachtung dieses zweiten, des manisch-depressiven Musters begnügen.

Dabei muß der Begriff »Muster« betont werden: Es handelt sich hier nicht um eine besondere Form der Depression, die »manische Depression« – wie es Laien manchmal formulieren –, sondern um zwei getrennte Verhaltens- und Erlebensweisen, die depressive auf der einen, die manische auf der anderen Seite. Sie ereignen sich nicht gleichzeitig, sondern nacheinander. Entweder man zeigt sich manisch oder aber depressiv, und manchmal weder das eine noch das andere. Und erst wenn der Beobachtungszeitraum lang genug ist, wird das Muster in seiner zeitlichen Ordnung deutlich. Über die Zeit wechseln sich mehrere unterschiedliche Zustandsbilder, die beide als pathologisch bewertet werden, miteinander ab: ein manischer und ein depressiver Zustand, *boom and bust*, oszillieren, unterbrochen von Ruhephasen der »Normalität«.

Die Manie ist durch ein Verhalten des Patienten gekennzeichnet, das in extremem Kontrast zum depressiven Verhalten steht und gewissermaßen eine »Plusvariante« des abweichenden Verhaltens darstellt, d.h. es wird jeweils mehr getan als vom sozialen Umfeld erwartet: Antrieb und Initiative sind gesteigert, der Patient strotzt vor Energie, sieht die Zukunft so rosig, daß es allen anderen als vollkommen unrealistisch erscheint. Das Geld »sitzt locker«, und er investiert in fragwürdige Projekte. Alte Damen, die eine Wohnung von 40 m^2 Größe besitzen, kaufen sich beispielsweise 500 m Gardinenstoff für das Küchenfenster, ungelernte Hilfsarbeiter bestellen den Ferrari. Das Selbstgefühl und Selbstvertrauen der betreffenden Personen ist gesteigert und ist nicht zu beeinträchtigen. Das alles führt zu Entscheidungen, die den meisten Mitmenschen als uneinfühlbar erscheinen, weil sie so radikal – manchmal auch asozial – erscheinen, wenn man die Maßstäbe des Durchschnittsmenschen anlegt. Aber, das sollte nicht verschwiegen werden: manisch oder submanisch zu sein ist die beste Voraussetzung, um in unserem Wirtschaftssystem Karriere zu machen. 19-Stunden-Tage sind angesichts des reduzierten Schlafbedürfnisses kein Problem, und großartige Zukunftsentwürfe und Visionen zu produzieren gehört zur Symptomatik. Viele erfolgreiche Menschen gestehen ohne Umschweife ein, daß sie ihre Karriere ihren manischen oder submanischen Phasen verdanken (Beispiel: Ted Turner, der Gründer von CNN, der seit Jahren deswegen in psychiatrischer Behandlung ist). Wenn ein Mensch ein solches Verhalten zeigt und sich in einer Umgebung befindet, die dies als nicht erwünscht oder krankhaft bewertet, dann reagieren die Mitmenschen in der Regel mit Kontrollversuchen auf dieses Verhalten.

Das »manisch-depressive« *Kommunikationsmuster* besteht daher aus mindestens zwei Rollen und Positionen mit gegensätzlichen, einander aber ergänzenden Funktionen und Aufgaben: Auf der einen Seite steht jemand, der ein »Potpourri« von Verhaltensweisen zeigt, die als manisch bewerten werden können. Er scheint ein Weltbild zu realisieren, das ihn jede Hemmung ablegen läßt. Die Expansion kennt keine Grenzen. Auf der anderen Seite stehen meist seine Angehörigen, die eine andere Einschätzung der Welt haben und sich Sorgen um die Zukunft des Manikers und nicht zuletzt um das Familienvermögen machen. Die Arbeitsteilung ist radikal: Eine Person gibt die Kontrolle über sich und ihr Verhalten auf, eine oder mehrere andere versuchen, die Kontrolle über sie zu erlangen (vgl. Simon 1988/1993, S. 415 ff.; Simon 1998).

Um es auf eine Formel zu bringen: Für ein unauffälliges (»normales«, »gesundes«) Leben heute bedarf es der Kontrolle des individuellen Verhaltens; wird unkontrolliertes Verhalten gezeigt, so übernehmen Akteure der Umwelt die Kontrolle. Die Ambivalenz zwischen Kontrolle und Kontrollaufgabe wird auf zwei Rollen aufgeteilt: Der Patient vermeidet den intrapsychischen Konflikt zwischen den »zwei Seelen« in seiner Brust, da eine der »Seelen« externalisiert ist. Der Konflikt ist auf zwei ambivalenz- und konfliktfreie Akteure aufgeteilt: auf den manischen Patienten, der unbegrenzt seinen Impulsen und Trieben folgt, ohne an die sozialen Folgen zu denken, und auf den Kontrolleur, der diese Impulse einzudämmen versucht, weil er an die Folgen denkt – nicht zuletzt die Folgen für den Patienten, der offenbar nicht weiß, was für ihn gut ist.

Diese Regel gilt auch für die andere Seite des bipolaren Musters: die Depression. Denn wie die Blasen am Kapitalmarkt »platzen« auch diese manischen Phasen. Eine weiche Landung gelingt nur manchmal, oft kommt es zum Kippen in die Depression.

Betrachten wir das Kommunikationsmuster, das sich um dieses Verhalten herum bildet oder dieses Verhalten hervorbringt – die »Henne-Ei-Frage« ist im Prinzip nicht zu entscheiden –, so haben wir auch hier wieder eine charakteristische Rollenverteilung: Die eine Partei ist inaktiv, energielos und gehemmt, die andere versucht, sie zu animieren und ihr Lebensgeister und Optimismus zu injizieren – allerdings nur mit begrenztem Erfolg. Die Depression läßt sich nicht durch Schönfärberei beseitigen, ganz im Gegenteil: Sie wird dann oft noch schlimmer. Das Gefühl, nicht verstanden zu werden, wird stärker. So erweisen sich die gut gemeinten Hilfs- und Unterstützungsversuche, die den gesunden Menschenverstand auf ihrer Seite zu haben scheinen, als kontraproduktiv, ja, oft genug als paradoxe Interventionen, die genau zu dem führen, was verhindert werden soll: zur Verschlechterung der Stimmungslage, zur Hoffnungslosigkeit bis hin zum Selbstmord.

Um es noch einmal in Erinnerung zu rufen: Diese so gegensätzlichen Verhaltensweisen werden von denselben Personen gezeigt. Der Maniker wird depressiv und der Depressive wird manisch. Das Muster besteht aus beidem, nacheinander. Das eine ist nicht losgelöst vom anderen zu verstehen und zu erklären, sie bilden eine Einheit. Und nur wenn sie in all ihrer Gegensätzlichkeit als Einheit betrachtet werden, wird ihre Funktionalität deutlich. Sie stellen eine Möglichkeit dar, mit Ambivalenz und Ambiguität, mit einem starken Konflikt umzugehen. Der Zwiespalt, daß die Welt bei genauer Betrachtung nicht ideal bzw. nicht eindeutig ist – weder im positiven noch im negativen Sinne –, eröffnet jedem Beobachter die Möglichkeit, eher die eine oder die andere Seite wahrzunehmen. Normalerweise kommt dabei gefühlsmäßig irgendein mittelmäßiger Mischmasch heraus. Man ist hin- und hergerissen, weder nur und immer euphorisch noch nur und immer depressiv. Denn für beides gibt es in der Regel gute Gründe und Gegengründe. Daher ist der Normalzustand – das, was man auch »psychische Gesundheit« nennen kann – die *Ambivalenz*. Momente der Euphorie mag es immer einmal wieder geben – ausgelöst durch irgendwelche freudigen Ereignisse –, aber sie sind (leider) kein Dauerzustand. Und Momente der Niedergeschlagenheit gehören ebenfalls zum Leben, weil wohl jeder mit Verlusten, Niederlagen und Enttäuschungen konfrontiert ist. Aber auch hier gilt, daß sie in der Regel vorübergehen, bewältigt werden und nicht zum Bestandteil einer dauerhaften Selbstdefinition werden.

Folgt man als Individuum jedoch in seinem Fühlen einer zweiwertigen – d.h. Widerspruchsfreiheit fordernden – Logik, so kann man entweder nur das eine oder das andere sein: entweder *euphorisch* oder *niedergeschlagen*. Wenn man die beiden Seiten nacheinander lebt, so kommt unter dem Strich – als Summe gewissermaßen – auch wieder der uneindeutige Mischmasch der Ambivalenz heraus. In der aktuellen Manie oder der aktuellen Depression ist dafür aber kein Raum, d.h., es kann aktuell ambivalenzfrei entschieden und gehandelt werden.

Im Bereich der Wirtschaft war ein analoges Muster beim New Economy Hype zu sehen, und an den Finanzmärkten ist beispielhaft ein ähnlich geformter Zyklus von *boom and bust* zu beobachten.

4. Zahlungen = Anerkennung (narzißtische Zufuhr)

Wenn man das Wirtschaftssystem mit einem psychischen System vergleicht, so muß man sehr genau darauf achten, wo und inwiefern Isomorphien beschreibbar sind und wo sie ihre Grenzen finden. Denn die Wirtschaft ist ja – funktionstheoretisch betrachtet – ein weit weniger komplexer Systemtyp als die Psyche. Das liegt daran, daß sich im Rahmen der gesellschaftlichen Ausdifferenzierung unterschiedlich spezialisierte soziale Subsysteme entwickelt haben, die sich jeweils hochselektiv an spezifischen Leitunterscheidungen orientieren (Luhmann 1997, S. 743 ff.).

In der Wirtschaft geht es, wenn man Luhmanns strenger Konzeptualisierung (1988, S. 52 ff.) folgt, vor allem um Zahlungen, die man entweder leistet oder erhält. Diese Leitdifferenz bestimmt die möglichen Positionen der beteiligten Kommunikationsteilnehmer, seien es nun Individuen oder Unternehmen. Damit es zu einer solchen Transaktion kommt, mag es hochkomplexer Prozesse und aufwendiger Organisationen bedürfen, doch am Schluß wird bilanziert, ob sich das Verhältnis geleisteter und erhaltener Zahlungen »rechnet«. Wenn das langfristig nicht der Fall ist, dann ist das ökonomische Überleben der jeweiligen wirtschaftlichen »Überlebenseinheit« in Frage gestellt; wer zahlungsunfähig wird und bleibt, hat seine Existenz verwirkt.

Als Analogon auf psychischer Ebene kann das betrachtet werden, was von seiten der Psychoanalyse als »narzißtische Zufuhr« bezeichnet wird. Jeder Mensch bedarf offenbar der kommunikativen Bestätigung und Anerkennung seiner Person und Identität. Er muß wahrnehmen, daß er wahrgenommen wird. Er mißt – ob er will oder nicht – seinen Selbstwert daran, wie er und sein Verhalten, seine Leistungen, sein Dasein »an sich« von anderen bewertet werden. Sein Verhalten ist das Analogon zu den Produkten oder Dienstleistungen eines Unternehmens, nur daß er – außer im professionellen Bereich – in der Regel nicht durch Geld dafür honoriert wird, sondern durch das Verhalten seiner Mitmenschen. Interaktion erfolgt dabei nach den Regeln des Tauschmarktes, und auf diesem Markt ist soziale Aufmerksamkeit und Anerkennung, d.h. narzißtische Zufuhr, das knappe Gut, das gehandelt wird (Simon et al. 1992, S. 42 ff., Franck 1998, S. 75 ff., Mentzos 1995, S. 20 f.).

Den meisten Menschen gelingt es, eine Nische – eine Art geschütztes Marktsegment – zu finden, in der sie honoriert werden bzw. ihr Verhalten honoriert wird: ihre Familie und ihren Arbeitsplatz. In der Familie haben sie mehr oder weniger eine Monopolposition, bei der Arbeit hängt dies von ihren Kompetenzen, Rollen und Funktionen ab. In beiden Systemen – auf beiden Märkten – wird der erlebte individuelle Wert von Personen jeweils davon abhängen, inwieweit sie in den von ihnen übernommenen Funktionen austauschbar sind. Das ist das Schöne an der großen Liebe, daß man sich gegenseitig die Einzigartigkeit, die Nicht-Austauschbarkeit bestätigt. Doch das ist ja leider die große Ausnahme, denn auch im Privatleben kann es zu Situationen kommen, in denen die Rechnung nicht aufgeht, in denen eine Person mehr gibt, als sie erhält. Ihre Arbeit und Leistung – und damit sie selbst – werden nicht in angemessener Weise wahrgenommen und honoriert. Wer zuviel narzißtische Zufuhr bekommt, »hebt ab« und wird manisch, wer zuwenig erhält, wird depressiv – nur daß im psychischen Bereich das Zuviel oder Zuwenig nicht objektivierbar ist, weil intern definiert ist, wieviel Bestätigung von außen ein Individuum zum Erhalt seines Selbstwerts benötigt.

Um die Analogie zwischen Psyche und Wirtschaftssubjekt auf eine Formel zu bringen: Wenn eine ökonomische Überlebenseinheit mehr Zahlungen erhält, als sie zu leisten hat, so ist sie in einer Verfassung, die als analog zu expansiven Gefühlen bei einem Individuum betrachtet werden kann. Das Extrem eines solchen Hochgefühls ist die Euphorie, der Größenwahn eigener Unbesiegbarkeit. Beim Unternehmen entspricht dem eine hohe Profitabilität, es kann expandieren und wachsen, und wenn auch das Gewinn bringt, so steigt der Wert der Firma. Das ist ganz analog zur Steigerung des Selbstwertgefühls beim Individuum, wenn es längerfristig in seinem Umfeld überwiegend Bestätigung erhält.

Erfolg und Wertsteigerung sind aber noch keine Manie, denn das Hochgefühl ist ja im Blick auf die Fundamentaldaten gerechtfertigt. Mit einem der Manie analogen Zustand haben wir es in der Ökonomie erst zu tun, wenn der Realitätsbezug verlorengeht, d.h. wenn mehr Geld ausgegeben wird, als realistischerweise an Gewinnen erwartet werden kann. Das Problem ist allerdings, daß immer erst im nachhinein entschieden werden kann, welche Gewinnerwartungen realistisch waren. Erst nach dem Zusammenbruch, nach der Zahlungsunfähigkeit, kann man feststellen, daß sie es nicht waren.

5. Manisch-depressive Märkte

Doch all dies – die spezielle Firma wie das Individuum – repräsentiert Einzelphänomene, die nicht die Dynamik von Märkten erklären können. Deren Funktionsprinzip beruht ja darauf, daß an jeder Transaktion zwei Parteien beteiligt sind: jemand, der zahlt, und jemand, der die Zahlung erhält. Aufgrund der Vielzahl unterschiedlicher, unabhängig voneinander durchgeführter Transaktionen ist es wahrscheinlich, daß es statistisch zu einer Normalverteilung zwischen Marktteilnehmern kommt, die größere oder kleinere Gewinne oder Verluste erwirtschaften. Viele Firmen sind hinreichend profitabel und werthaltig, daß ihre Existenz nicht gefährdet ist, es gibt aber auch Unternehmen, die am Rande des Abgrunds »dahinschrappen«, andere, die überdurchschnittlich profitabel sind, und eine beträchtliche Anzahl geht Pleite, während andere neu gegründet werden. Dies ist das »normale« Marktgeschehen.

Zum »manisch-depressiven Markt« wird das Ganze, wenn es zur *Koordination*, d.h. zur *Gleichschaltung* des Verhaltens der Marktteilnehmer kommt. Wenn eine große Zahl, ja, wenn fast alle dasselbe tun. Erst dann kommt es zu *boom and bust*, zur Blase und ihrem Platzen. Erklärbar ist die Gleichschaltung der Marktteilnehmer dadurch, daß sie in ihren Entscheidungen *zuwenig* ambivalent sind. Es ist der Wahn der Eindeutigkeit der Welt, die Gleichschaltung der Zukunftserwartungen, seien sie nun unrealistisch *hoffnungsvoll* oder unrealistisch *hoffnungslos*. Wenn alle davon ausgehen, daß ihre Transaktionen dasselbe Ergebnis haben und zu mehr Einnahmen als Ausgaben führen, wenn das Risiko nicht wahrgenommen wird, dann kommt es zu der scheinbar paradoxen Situation, daß die große Mehrheit der Beteiligten mehr Zahlungen leistet, als sie erhält, weil sie denkt, daß sie dadurch mehr Zahlungen erhält, als sie leistet.

Der Boom am Aktienmarkt zeigt deutlicher als andere Märkte, wie Blasen entstehen und wieder platzen. Untersucht man die tatsächlich geleisteten Zahlungen, so haben ja die meisten Käufer von Aktien immer erst einmal mehr bezahlt, als sie bekommen haben. Das ist das Grundprinzip von Investitionen aller Art. Dies ist ja, nach unserer bisher verwendeten Definition, eine Situation, die eigentlich als Depression erlebt werden könnte, sollte, müßte … Interessanterweise wird diese Situation von den Beteiligten aber aktiv gesucht, und es stellt sich die Frage, warum sie das tun. Die Erklärung dafür liefert der Faktor Zeit. Die Beobachtung der jeweiligen Entscheider ist nicht auf die Gegenwart – d.h. die aktuelle Bilanz von Geben und Nehmen, von Zahlungen, die man leistet und erhält – gerichtet, sondern es wird eine Einheit aus Gegenwart und Zukunft konstruiert, bei der, vorweggenommen, fiktiv, hoffnungsvoll –

und eben oft genug unrealistisch und »wahnhaft« – künftige Gewinne gegen die aktuellen Zahlungen gerechnet werden. Die Paradoxie, daß mehr Zahlungen geleistet als erhalten werden, um mehr Zahlungen zu erhalten, als geleistet werden, wird durch die Einführung der Zeit aufgehoben. Das Prinzip gilt auch für jede andere Investitionsentscheidung. Da immer erst die Zukunft ihren Erfolg oder Mißerfolg zeigt, bleibt über lange Zeit unentscheidbar, wie ein Investment zu bewerten ist.

Problematisch wird das Ganze *nur* dann, wenn die überwiegende Zahl der Akteure dieselbe Art von Kalkulation mit derselben optimistischen Zukunftsprognose vornimmt. Wenn eine solche kollektive Fiktion des Erfolgs die Entscheidungen bestimmt, dann wird aus einem unorganisierten System wie dem Markt ein hochintegriertes, organisiertes System. Und »Integration« heißt, daß der Entscheidungsfreiraum der beteiligten Akteure eingeengt ist (Luhmann 1984, S. 532 ff.). Daher ist das Verhalten der einzelnen Teilnehmer nicht mehr als unabhängige Variable zu betrachten und mit Mitteln der Statistik zu beschreiben, sondern die Gesamtheit der Marktteilnehmer agiert gewissermaßen wie ein einziges Subjekt. Daraus resultiert, daß sich die widersprüchlichen Handlungsrichtungen nicht mehr gegenseitig ausbalancieren, sondern im Sinne des Entweder-Oder-Prinzips eindeutig in die eine Richtung entwickeln: Es kommt zum Hype.

Aber die Über-Integration ist auch in der anderen Richtung zu beobachten, bei der Depression nach dem Platzen der Blase: Auch hier kommt es zu einer unangemessenen Gleichschaltung der Weltbilder. Und wiederum zeichnen sie sich dadurch aus, daß sie ambivalenzfrei sind – nur eben jetzt im Sinne der Hoffnungslosigkeit. Nach der Investition kommt auch hier zunächst die Zeit der Unentscheidbarkeit über Gewinn oder Verlust, doch plötzlich ändert sich die Zukunft – oder besser gesagt: die Sicht der Zukunft. Die Hoffnung auf zukünftige Gewinne zerplatzt, die Bewertung der Investition verändert sich – auch unter Einbeziehung der Zukunftsperspektive – hin zu einer Bilanz, daß mehr gezahlt wird als Zahlungen zu erwarten sind. Jeder einzelne hat guten Grund, depressiv zu sein, und zwar deswegen, weil alle anderen auch Grund dazu haben. Zahlungen sind immer asymmetrisch. Der Markt funktioniert, wenn in der

Summe die Zahlenden und Kassierenden sich in etwa das Gleichgewicht halten. Sobald aber die Zahlungsströme synchronisiert (d.h. überintegriert) sind, überwiegt die Menge derer, die mehr zu zahlen haben, als sie erhalten, was zur Folge hat, daß sie *de facto* nicht zahlen können.

6. Interventionen

Der Charme systemtheoretisch begründeter Interventions-Modelle liegt darin, daß die Frage nach der Kausalität der zu beobachtenden Muster überflüssig wird. Die Frage, ob die Spielregeln der Interaktion und Kommunikation durch die psychischen Prozesse der Beteiligten oder ob die psychischen Prozesse durch die Kommunikationsmuster verursacht werden, läßt sich nicht objektiv entscheiden: Beide sind zirkulär miteinander verknüpft, das eine bedingt das andere, das andere das eine. Und die Frage muß auch nicht entschieden werden, um handeln zu können. Wichtig ist allein, diesen selbststabilisierenden Zirkel zu unterbrechen.

Nehmen wir noch einmal Märkte als Beispiel. Ziel jeder musterunterbrechenden Intervention müßte es sein, Ambivalenz in die Entscheidungsgrundlagen der Marktteilnehmer einzuführen, um die Gleichschaltung ihres Verhaltens zu unterbrechen. Um es klar zu sagen: es müßte Unordnung im Markt gestiftet werden, weil die Ordnung, die mangelnde Differenzierung der Sichtweisen und Entscheidungsrichtungen das Problem von *boom and bust* kreiert.

Wer intervenieren könnte, soll hier nicht beantwortet, sondern nur als Frage aufgeworfen werden. Deutlich dürfte sein, daß der Staat als Regulator hier wenig Chancen hat: Die Gleichschaltung der Weltbilder der Marktteilnehmer bzw. ihres Verhaltens läßt sich nun einmal nicht verbieten. Allerdings ist es auch für Marktteilnehmer schwierig, das Muster zu unterbrechen, weil sie nun einmal ihre Wirklichkeit so konstruieren, wie sie sie konstruieren, und sich entsprechend der daraus vermeintlich folgenden ökonomischen Logik verhalten. Eine solche Musterunterbrechung wird nur zustande kommen, wenn eine kritische Masse von Marktteilnehmern nicht dem jeweils aktuellen Mainstream folgt, d.h.

alternative Zukunftsszenarien entwirft und nicht der (meist kurzfristigen) ökonomischen Logik individueller Gewinnerwartungen folgt. Der Unterschied zwischen den zeitlichen Perspektiven von Managemententscheidungen in über mehrere Generationen hin erfolgreichen Familienunternehmen im Vergleich zu börsennotierten, quartalsweise berichtenden Aktiengesellschaften kann hier als Beispiel dienen (Simon 2002, S. 370 f.). Wer als Ziel hat, sein Unternehmen an eine nächste Generation zu übergeben, wird auf aktuelle Boom- oder Bust-Phasen anders reagieren als derjenige, dessen Einkommen an die kurzfristige Entwicklung von Aktienkursen gebunden ist. Wenn Renditeerwartungen einen unterschiedlichen Zeithorizont haben, dann ist die Gleichschaltung des Investitionsverhaltens weniger wahrscheinlich.

Literatur

Franck, G.: *Ökonomie der Aufmerksamkeit*, München: Hanser 1998.

Luhmann, N.: *Soziale Systeme*, Frankfurt a. M.: Suhrkamp 1984.

–: *Die Wirtschaft der Gesellschaft*, Frankfurt a. M.: Suhrkamp 1988.

–: *Die Gesellschaft der Gesellschaft*, Frankfurt a. M.: Suhrkamp 1997.

Mentzos, S.: *Depression und Manie*, Göttingen: Vandenhoeck & Ruprecht 1995.

Simon, F. B.: *Unterschiede, die Unterschiede machen. Klinische Epistemologie: Grundlage einer systemischen Psychiatrie und Psychosomatik*, Frankfurt a. M.: Suhrkamp 1988 (überarb. Taschenbuchausgabe: 3. Aufl. 1999).

–: Beyond bipolar thinking: Patterns of conflict as a focus for diagnosis and intervention, in: *Family Process* 37, 1998, S. 215–232.

– (Hrsg.): *Die Familie des Familienunternehmens. Ein System zwischen Gefühl und Geschäft*, Heidelberg: Carl Auer 2002.

– & Conecta-Autorengruppe (1992): *Radikale Marktwirtschaft. Die Grundlagen des systemischen Managements*, Heidelberg: Carl Auer (4. Aufl. 2001).

Uwe Jean Heuser

Homo oeconomicus humanus

I

In der Wissenschaft dauern Revolutionen ein Leben lang. Zum Beispiel das Leben von Reinhard Selten: Vor einem halben Jahrhundert begann der deutsche Mathematiker die Spieltheorie zu erforschen. Sie kann Situationen erhellen, in denen Menschen sich durch Entscheidungen gegenseitig beeinflussen – ein Brettspiel genauso wie den oligopolistischen Wettbewerb auf einem Markt.

Selten war zwar erfolgreich, aber mit dem Erfolg kamen die Zweifel. Was tat er da eigentlich? Die Spieltheorie ging vom vollständig rationalen Menschen aus. Ein Spiel ist gelöst, wenn jeder Akteur die für ihn optimale Strategie wählt und ein klares Ergebnis entsteht. Aber die Wirklichkeit konnte dadurch noch lange nicht als »gelöst« betrachtet werden. Die Widersprüche zwischen der theoretischen Lösung und dem beobachtbaren Ergebnis in der Alltagswirtschaft mehrten sich.

Der junge Forscher ging ins Labor, um in Experimenten herauszufinden, wie die Menschen in wirtschaftlichen Situationen tatsächlich Optionen wahrnehmen, bewerten, auswählen. Mit einem Wort: wie sie entscheiden. Studenten und andere Probanden spielten die Situationen durch – bloß nicht entsprechend den Annahmen, die Ökonomen seit Jahrhunderten aufgestellt hatten. Weder konnten noch wollten die Teilnehmer den Eigennutz maximieren, wie es seit Jahrhunderten theoretisch vorgesehen war. Teils schätzten sie Situationen falsch ein und machten unbewußt Fehler, die sie vom eigenen Ziel entfernten. Teils nahmen sie Verluste bewußt in Kauf, um andere zu Fairneß und Zusammenarbeit zu erziehen oder schlicht eigenen ethischen Vorstellungen oder Verhaltensroutinen zu entsprechen. Je mehr Experimente stattfanden, desto klarer wurde: die Menschen weichen nicht zufällig – und damit unvorhersagbar – vom Ideal des *homo oeconomicus* ab. Vielmehr tun sie es systematisch, folgen eigenen Mustern des Verhaltens, die sich vorhersagen lassen. In Reinhard Seltens Keller entstanden die ersten Konturen eines Alternativbildes zum *homo oeconomicus*. Nennen wir es den *homo oeconomicus humanus*.

Wenn Menschen dieser menschlichen Art aufeinandertreffen, offenbaren sie nicht nur eine andere Motivation und andere Entscheidungsmuster als angenommen. Ihre Interaktion führt auch zu anderen Prozessen, zu anderen Ergebnissen – und mitunter zu einer anderen Ökonomie.

Die Revolution fand nicht nur in Seltens Keller statt. Skeptische Professoren zwischen Ökonomie und Psychologie begannen die Annahmen der klassischen Lehre von allen Seiten zu attackieren. Der amerikanische Wirtschaftsforscher Herbert A. Simon hatte schon im Jahr 1950 die im Theoriegebäude versteckten Annahmen hinterfragt. Als ob der Mensch tatsächlich alle Handlungsalternativen überblickte und wüßte, welche Folgen mit welcher Wahrscheinlichkeit eintreten, wenn eine Option gewählt wird – selbst wenn hundert Möglichkeiten vorliegen! In Simons Welt der »beschränkten Rationalität« können sich die Menschen mit ihrer beschränkten Auffassungsgabe immer nur um einen kleinen Ausschnitt der Wirklichkeit kümmern, und ihr Verstand kann bloß ein Bedürfnis auf einmal verarbeiten. Sie suchen sich ein paar vielversprechende Alternativen, wägen kurz ab und treffen eine Wahl. Maximiert wird nichts, und vielfach trifft der einzelne über die Zeit gesehen widersprüchliche Entscheidungen.

Die Kritik war visionär. Kognitionspsychologen wie Daniel Kahneman aus Israel entwickelten Puzzleteile für das neue Bild. In Dutzenden von Experimenten und Interpretationen der Empirie zeigten sie: Tatsächlich hält der Mensch mit seinen Geisteskräften Haus und begeht deshalb – gemessen am Idealbild – wiederholt Entscheidungsfehler. Wirtschaftsforscher wie der Amerikaner Richard Thaler machten deutlich, daß die Menschen als Konsumenten, Anleger oder Manager mehr und anderen Mustern folgen als nur der verläßlichen Eigennutzförderung – und daß oft ein für alle suboptimales Ergebnis entsteht.

II

Die meisten Ökonomen verteidigten ihr Lehrgebäude indes vehement. Unmaßgebliche Abweichungen von der Regel würden da erörtert, so lautete die Abwehrargumentation. Und selbst wenn ein abweichendes Verhaltensmuster vielfach vorkäme, könne es doch das Marktergebnis nicht ändern. Unbegrenzte Rationalität sei immer noch die beste Näherung an die Realität.

Die Dialektik wissenschaftlichen Fortschritts wollte es, daß der Höhepunkt der Rationalitätsbewegung in der Ökonomie erst noch kommen sollte. In immer feineren Modellen verlangten die Theoretiker immer neue Kunststücke vom *homo oeconomicus*. Die libertären Ökonomen um Milton Friedman verordneten ihm, daß er Investitionsentscheidungen trifft, die sein ganzes Leben umspannen. Schließlich brachte einer von ihnen, Robert Lucas, im Jahr 1979 die »Theorie der rationalen Erwartungen« ins Spiel. Das Postulat: Menschen entscheiden nicht bloß rational, sondern bilden auch ihre Erwartung über volkswirtschaftliche Größen wie Inflation ohne Fehl. Um dem Modell zu genügen, müßten sie alle verfügbaren Informationen gemäß dem richtigen Modell der Volkswirtschaft verarbeiten und im Durchschnitt den richtigen Zukunftswert treffen. Die Theorie war bestechend und schob keynesianische Ansätze beiseite, doch der heroischen Annahme können im wirklichen Leben nicht einmal studierte Volkswirte entsprechen.

Die Rationalitätsbewegung war nun auf dem Höhepunkt. Es hagelte geradezu Nobelpreise für ihre Protagonisten. Hervorragende Forscher wandten ihre Formelwerke auf politische Fragen (was der politischen Wissenschaft gut bekam) und private Entscheidungen wie die Wahl des Heiratspartners an (was den Junggesellen, die das neue Werkzeug benutzen wollten, nur Verwirrung einbrachte).

Doch im Gegenzug produzierten Selten, Kahneman und Co. viele Indizien für ihre Sicht der Dinge. Ergebnis: Der Mensch leitet seine Entscheidungen nicht von komplizierten Rechnungen ab, sondern von »Daumenregeln«. So schenkt er neuen Informationen besonders hohe Aufmerksamkeit – und bewertet sie regelmäßig höher, als es ihrem realen Gewicht entspricht. Das ist einer der Gründe dafür, daß der Dollarkurs ungleich stärker schwankt als die wirtschaftlichen Aussichten in Europa und Amerika. Viele Neuigkeiten verursachen auch an der Aktienbörse überdimensionale Ausschläge – und das eben nicht bloß, weil Makler an den Kursbewegungen verdienen, sondern weil Menschen so sind.

Erst heute ist die Gegenbewegung zu einer Hauptbewegung geworden. Im Jahr 2002 erhielten Daniel Kahneman und der Experimentalforscher Vernon Smith aus den USA für ihre Arbeit den Nobelpreis für Wirtschaftswissenschaften – Reinhard Selten hatte ihn 1994 noch für die klassische Spieltheorie bekommen, ohne daß die neuen Ansätze auch nur Erwähnung fanden. Jetzt aber forschen viele Doktoranden und Jungprofessoren auf diesem Feld. Es verspricht reiche Ernte. Und wenn man an das Muster wissenschaftlicher Revolutionen denkt, die nur langsam entstehen und dann um so stärker übertreiben, muß bald die Frage gestellt werden: Wird der beschränkt rationale Ansatz, der sich nun »Verhaltensökonomie« nennt, selbst zur Mode? Wird er zur Erklärung von Phänomenen herangezogen, die er nicht erklären kann? Operiert die neue Forschergeneration mit ihrem Wissen und ihrer Perspektive auch wieder nach dem Motto, das der kanadische Medienforscher Marshall McLuhan einst so formulierte: »If you have a hammer, everything looks like a nail« (Wenn Sie einen Hammer in der Hand halten, sieht alles aus wie ein Nagel)?

Eines darf aufgrund der Erfahrung vermutet werden: Wenn nicht heute, so wird die Antwort spätestens in ein paar Jahren »ja« lauten. Hier aber soll es im weiteren um die Frage gehen, wie die Konturen des *homo oeconomicus humanus* verlaufen und was daraus für die wirtschaftliche und gesellschaftliche Interaktion folgt. Tatsächlich ergibt sich aus der Verhaltensökonomie, daß der Mensch durchaus nach einer eigenen Rationalität vorgeht. Sie richtet sich nach seinen Beschränkungen, Vorlieben und Moralvorstellungen – und sie ist wesentlich komplexer als der Maßstab individueller Nutzenmaximierung.

III

Hier die Informationsflut – dort der Mensch mit seiner beschränkten Auffassungsgabe und Aufmerksamkeitsspanne. Was tut er, um nicht irre zu werden an all den Reizen und Optionen? Er folgt »Heuristiken«. Gemeint sind Regeln im Umgang mit Informationen, die sich in der Evolution behauptet haben und daher in unseren Gehirnen angelegt sind.

Ein unter Entscheidungsforschern berühmtes Beispiel ist die »Linda-Frage«: »Linda ist 31 Jahre alt, alleinstehend, unverblümt und sehr gescheit. Sie hat einen Studienabschluß in Philosophie. Als Studentin kümmerte sie sich intensiv um Fragen der Diskriminierung und sozialen Gerechtigkeit; zudem nahm sie an Demonstrationen gegen die Atomkraft teil.« So wurde sie Teilnehmern im Labor vorgestellt. Diese sollten dann acht Aussagen über Linda entsprechend ihrer Wahrscheinlichkeit einordnen; darunter: 1. Linda ist Bankkassiererin. 2. Linda ist Sozialarbeiterin mit psychiatrischem Schwerpunkt. 3. Linda ist Bankkassiererin und ist aktiv in der Frauenbewegung.

Grundsätzlich diktieren die Gesetze der Wahrscheinlichkeit hier nur eines: Die erste Aussage ist wahrscheinlicher als die letzte. Denn bei der letzten kommt zur ersten Aussage eine weitere Möglichkeit hinzu, die Linda zwar »ähnlich sähe«, aber nicht gesichert ist. Tatsächlich ordnet die große Mehrheit der Befragten die dritte Aussage in der Wahrscheinlichkeit höher ein als die erste. Warum? Weil die Befragten sich ein Bild von Frauen wie Linda machen und für wahrscheinlich halten, was diesem Bild ähnelt. Sie folgen der »Entsprechungsheuristik«, setzen also Wahrscheinlichkeit gleich mit Ähnlichkeit – und begehen, gemessen am Rationalitätsideal, Fehler.

Es ist schwer, von einem solchen Denkmuster wegzukommen, weil die Situationen, in denen wir es unbewußt anwenden, immer wieder ein wenig anders daherkommen. Psychologen stellten die »Linda-Frage« einst Meteorologen in Kalifornien vor. Diese erkannten das Problem sofort, waren sie doch Profis im Umgang mit Wahrscheinlichkeiten. Später am Tag teilte sich das Plenum in zwei Arbeitsgruppen auf. Beide Gruppen wurden von den Psychologen um eine Schätzung gebeten. Die erste sollte sagen, wie wahrscheinlich es sei, daß innerhalb der nächsten Jahre eine Flutwelle in Kalifornien 10 000 Menschen töten werde. Die zweite wurde mit dem Fall konfrontiert, daß innerhalb der nächsten Jahre ein Erdbeben vor der Küste Kaliforniens eine Flutwelle auslösen werde, die 10 000 Menschenleben fordere. Die erste Gruppe gab eine ums Vielfache geringere Schätzung ab als die zweite.

Wir alle verstehen, daß zwei Ereignisse zusammengenommen unwahrscheinlicher sind als jedes einzeln. Und doch verhindert ein Denkmuster, daß wir diese Erkenntnis bei Arbeit oder Konsum auch umsetzen. Die Hypothese, daß die Firma im kommenden Jahr in die roten Zahlen geraten werde, erscheint weniger plausibel als die Idee, daß der Ölpreis steigen und die Firma in der Folge Verluste machen werde.

Immer wieder zeigen sich derlei Heuristiken. Wir legen mehr Wert auf Informationen, die uns recht geben, als auf solche, die unsere Auffassung widerlegen – und begehen in der Folge Anlage- oder Managementfehler. Wir halten das für wahrscheinlicher, was wir selbst schon einmal erfahren haben, egal wie repräsentativ unsere Erfahrung wirklich war. Wir lassen unsere Entscheidung von *sunk costs* beeinflussen, von Kosten, die unwiederbringlich angefallen sind und daher weitere Entscheidungen nicht berühren sollten. Hinter einem solchen im strengen Sinne irrationalen Verhalten steht durchaus eine eigene, beeindruckende Rationalität: Ohne diese Routinen könnten wir die vielen Wahlmöglichkeiten gar nicht erst verarbeiten – wir wären überfordert. Aber kein Vorteil ohne Preis: Die mannigfaltigen Heuristiken lassen sich kaum abschalten und legen uns daher Beschränkungen auf. Selbst wenn der Mensch bewußt ein *homo oeconomicus* sein will, gelingt es ihm nicht.

IV

Bei der Einschätzung von Möglichkeiten will sich das Gehirn an herausragenden Punkten festhalten. Einen natürlichen Halt bietet der Status quo. Wenn wir unsicher sind, halten wir oft an dem fest, was wir haben. An dem Aktienportfolio, was durch Erbe oder Anlage ohnedies schon da ist. An dem Telefonanbieter, der uns schon bedient. Und der Vorteil des Gegenwärtigen nimmt noch zu mit der Zahl der gebotenen Alternativen. Umgeben von einem wahren Meer an Möglichkeiten, bleibt der Mensch gern auf der Insel des Status quo.

Wir hängen an dem, was wir einmal erhalten haben – und verlangen oft mehr dafür, es wieder herzugeben, als wir bezahlen würden, um es zu bekommen. Nur ist es nicht so, daß der Besitz selbst eine Sache attraktiver macht. Das wesentliche Motiv scheint vielmehr darin zu liegen, daß wir das schmerzliche Gefühl vermeiden wollen, diese Sache aufzugeben, sie zu verlieren. Die menschliche Abneigung gegen Verlust ist ein vorherrschendes Handlungsmotiv. Als Verlust zählt, wenn uns Dinge oder Ansprüche gegenüber dem momentanen Zustand abhanden kommen. Die Erklärung: Erst einmal vereinfacht der Mensch ein Entscheidungsproblem, indem er es in einen Rahmen kleidet. Dann bewertet er die Alternativen, ausgehend von einem neutralen Referenzpunkt. Übertrifft er diesen Punkt, ist es für ihn ein Gewinn, bleibt er darunter, ein Verlust.

Anders gesagt: Menschliche Wahrnehmung und Bewertung sind im wesentlichen vergleichend. Dazu schreiben Daniel Kahneman und sein langjähriger Partner Amos Tversky:

»Mehr als die Frage, wo wir am Ende stehen, bestimmen Veränderungen in Besitz oder Wohlfahrt die Bewertung. Diese Annahme paßt zu den Prinzipien unserer Sinneswahrnehmung, die darauf ausgerichtet ist, daß wir Änderungen oder Unterschiede abschätzen und nicht absolute Größen. Wenn wir auf Helligkeit, Lautstärke oder Temperatur reagieren, bestimmen frühere und momentane Erfahrungen ein Ausgangsniveau – oder einen Referenzpunkt –, und wir nehmen die Einflüsse relativ zu diesem Referenzpunkt wahr. Ein Objekt mit einer bestimmten Temperatur kann bei Berührung als heiß oder kalt empfunden werden, abhängig von der Temperatur, an die man sich angepaßt hat. Dasselbe Prinzip gilt für Merkmale wie Gesundheit, Prestige und Vermögen. Zum Beispiel kann ein bestimmter Besitz für den einen schauderhafte Armut und für den anderen großen Reichtum bedeuten – abhängig von seiner gegenwärtigen Lage.«

Daraus folgt eine merkwürdige Risikohaltung. Winkt ein Gewinn, sind die meisten Menschen risikofeindlich. 500 Euro sicherer Gewinn sind ihnen lieber als die 50prozentige Chance, 1000 Euro zu gewinnen. Doch wenn Verluste drohen, dreht sich der Sicherheitseffekt um. Die große Mehrheit geht enorme Risiken ein, um einen drohenden Verlust noch gänzlich abzuwehren. Lieber mit 50-, ja mit 40prozentiger Wahrscheinlichkeit Verluste abwenden und mit 60prozentiger Wahrscheinlichkeit 1000 Euro verlieren als sich gleich mit einem Verlust von 500 Euro abfinden.

Unsere Sicherheitsliebe dreht sich um – in Verlusthaß. Deshalb, so die Forschung der Verhaltensökonomen, ist die Risikohaltung komplexer, als Ökonomen traditionell annehmen. Vom Referenzpunkt hängt die Haltung ab. Und dieser Punkt ist oft alles andere als eindeutig. Wird ein Preisnachlaß aufgehoben, ärgert uns das weniger, als wenn der reguläre Preis erhöht wird. Im ersten Fall werden wir auf unseren Referenzpunkt zurückgeholt, im zweiten Fall erleben wir einen Verlust.

Jemand, der kürzlich an der Börse erlittene Verluste verarbeitet hat, bewertet neue Alternativen nun von einer anderen, niedrigeren Ebene aus. Jemand, der noch nicht seinen Frieden mit diesen Verlusten gemacht hat, neigt zu Risiken, die er sonst nie akzeptieren würde. Der Rahmen unserer Entscheidung bestimmt deren Ergebnis, und er läßt sich manipulieren. Ein Beispiel: Wenn ein Pharmakonzern einen Impfstoff vorstellt, der die Ansteckungswahrscheinlichkeit halbiert, kann er das Präparat auf zwei Arten präsentieren – als wirksam in der Hälfte aller Fälle oder als vollständig wirksam gegen eine von zwei Virus-Arten, die zu gleichen

Teilen die Krankheit auslösen. Die meisten Menschen bewerten den Vollschutz gegen ein Virus höher als den unsicheren Schutz gegen die Krankheit. Auch Politiker sollten eine neue Maßnahme mit dem Argument verkaufen, daß sie ein kleineres Risiko beseitige, statt zu sagen, sie verringere ein größeres.

Die Verhaltensökonomie verkompliziert das Bild vom Wirtschaftssubjekt – und führt es näher an die Realität. Seine Wahrnehmung ist adaptiv (es gewöhnt sich schnell an das, was es hat), relativ (neue Ereignisse werden im Vergleich zu Referenzpunkten bewertet) und in einem Punkt negativ (anstehende Verluste sind ihm ein besonderer Greuel). Der *homo oeconomicus* freut sich, wenn er 5 Prozent mehr Gehalt bekommt, obwohl der weniger arbeitsame Büronachbar 10 Prozent mehr erhält. Dem *homo oeconomicus humanus* ist die Freude verdorben, weil der Vergleich wichtiger ist als die Bewertung des Absoluten; er lebt lieber in einer Welt, in der er 100 000 Euro im Jahr erhält und alle anderen 90 000, als in einer Welt, in der er 120 000 Euro und alle anderen 200 000 Euro verdienen. Der *homo oeconomicus* läßt sich in der Wahrnehmung nicht beirren, der *homo oeconomicus humanus* kann durch geschicktes Beeinflussen des Referenzpunktes (das auf Englisch so genannte »Framing«) manipuliert werden – oder selbst die Situation zu seinem Vorteil ummünzen.

Zum *homo oeconimicus humanus* passen die Ergebnisse der sogenannten Glücksforschung. Seit Jahrzehnten werden Bürger der Industriestaaten befragt, wie zufrieden sie mit ihrem derzeitigen Leben sind. Die Ergebnisse zwischen den einzelnen Ländern zu vergleichen ist zwar problematisch, aber innerhalb eines Landes lassen sich die Antworten über die Zeit schon miteinander in Beziehung setzen. Das robuste Ergebnis: Steigende Durchschnittseinkommen erzeugen keine Zufriedenheit. Ob in den USA, in Japan oder Europa – seit den 50er Jahren ist der Anteil der Zufriedenen nahezu gleich geblieben. Kleine Schwankungen lassen keine Richtung erkennen.

Sind denn wohlhabende Menschen wenigstens zu einem bestimmten Zeitpunkt, irgendwann einmal, zufriedener als ärmere? Ja, aber nur in geringem Maße. In den Vereinigten Staaten wächst die durchschnittliche

Zufriedenheit mit dem Geld, doch der statistische Zusammenhang ist selbst im Land der Goldgräber höchst bescheiden; auch unter den reichsten Amerikanern ist ein Drittel unzufriedener als der durchschnittliche Einkommensbezieher. Und in Europa ist der Effekt des Einkommens und des Konsums auf die subjektive Zufriedenheit noch kleiner, in manchen Studien gar nicht vorhanden. Zwar freut es die Menschen, wenn sie wirtschaftlich vorankommen. Aber auf Dauer, so sagen ihre eigenen Antworten, macht mehr Geld nicht wesentlich zufriedener. Sogar Lotteriegewinner kommen nach kurzem Glücksgefühl auf den gewohnten Boden zurück. Ein Grund dafür ist das anpassende Wesen des Menschen. Der Referenzpunkt folgt der Wirtschaftsleistung und dem Einkommen schnell nach, in diesem Fall nach oben.

V

Ob als Konsument oder Arbeitnehmer – auch in wirtschaftlichen Zusammenhängen wehren sich Bürger gegen Unfairneß, lassen sich nicht jeden Preis und jedes Verhalten gefallen. Und der *homo oeconomicus humanus* spiegelt das wider.

Wenn das örtliche Kaufhaus bei Dauerregen den Preis für Regenschirme erhöht, empört das die Kunden nicht nur, viele von ihnen werden künftig auch bereit sein, weiter weg zu einem anderen Laden zu fahren oder andernorts mehr zu bezahlen, um dem Unternehmen seine Unfairneß heimzuzahlen. Rational im klassischen Sinne ist das nicht, rational im menschlichen Sinne schon. Oft verzichten Anbieter auf die schnelle Mark, um sich das Wohlwollen der Konsumenten nicht zu verscherzen. Karstadt macht die Schirme nicht teurer, der FC Bayern München reizt die Ticketpreise für die Champions League nicht aus und nimmt eine riesige Übernachfrage in Kauf, Bauarbeiter erhalten weiter ihren übertariflichen Lohn, obwohl die konkurrierende Firma aufgeben mußte und sich daher das Arbeitsangebot im Dorf verdoppelt hat.

Im »Ultimatumspiel« tritt das zugrundeliegende Verhalten zutage: Teilnehmer werden in zwei Gruppen aufgeteilt. Die Mitglieder der ersten

Gruppe erhalten jeweils 10 Euro, die sie zwischen sich und einem Mitglied der zweiten Gruppe aufteilen sollen. Dieser Mitspieler entscheidet dann, ob er das Angebot annimmt. Lehnt er ab, gehen beide leer aus. Einfache Regeln, die es aber in sich haben: Wer das Geld aufzuteilen hat, muß sich Gedanken über die Einstellung des anderen machen. Eigentlich sollte der zweite Spieler selbst ein Angebot von ein paar Cent akzeptieren. Wenn er ablehnt, erhält er gar nichts. Und für sein ökonomisches Kalkül ist es egal, wieviel der andere sich in die Tasche steckt. Hat der zweite Spieler aber einen ausgeprägten Sinn für faires Verhalten, lehnt er allzu ungleiche Angebote ab.

Tatsächlich werden im Durchschnitt keine Centbeträge, sondern 3–4 Euro geboten. Aus gutem Grund: Die meisten Empfänger lehnen selbst Angebote von einem oder zwei Euro ab. Sie bestrafen lieber das unfair erscheinende Verhalten des anderen, als sich mit einem kleinen Anteil abspeisen zu lassen. Die Empörung siegt über das Gewinnstreben auch dann, wenn Geber und Nehmer anonym bleiben.

Den Nutzen maximiert man so nicht. Rationalerweise boykottiert man auch kein Kaufhaus mit günstigem Angebot, bloß weil es gelegentlich unfaire Preise setzt. Oder das Beispiel des Gefangenendilemmas: Der *homo oeconomicus* versagt in jener Situation, wenn sich zwei Gefangene in getrennten Zellen überlegen müssen, ob sie aussagen. Verweigern beide die Aussage, kann ihnen lediglich eine kleine Straftat nachgewiesen werden; beide müßten ein Jahr ins Gefängnis. Macht nur einer den Mund auf und beschuldigt den andern, so kommt er als Kronzeuge frei, und der Komplize wandert für zehn Jahre hinter Gitter. Beschuldigen sie sich gegenseitig, werde beide für fünf Jahre eingesperrt. Der Ökonomist hat keine Wahl, egal ob der andere aussagt oder nicht, er selbst hat immer einen Vorteil, wenn er den anderen beschuldigt. Der Eigennutz gebietet folglich dieses Vorgehen. Das Vertrackte daran: Handeln beide nach diesem Gebot, werden sie fünf Jahre sitzen; vertrauen sie aber einander und sagen beide nichts, kommen sie schon nach einem Jahr wieder auf freien Fuß.

Solche »gemeinen« Situationen, in denen Kooperation beide besser stellt, aber jeder den Anreiz zur Konfrontation hat, kommen in der Ökonomie vielfach vor. Hier wird der *homo oeconomicus* zum »rational fool«, wie ihn Nobelpreisträger Amartya Sen nennt, zum »rationalen Narren«. Der *homo oeconomicus humanus* hingegen versucht im wirklichen Leben und im Laborexperiment oftmals zu kooperieren. Wer das Vertrauen enttäuscht, wird dann aber bestraft und hat insofern von vornherein den Anreiz, sich auch kooperativ zu verhalten. Am Ende schneiden beide besser ab. Soziales Verhalten liegt hier also im aufgeklärten Eigeninteresse der Beteiligten – und reale Menschen können das schnell verstehen.

Wieder zeigt der *homo oeconomicus humanus* angesichts der schwierigen Realität eine eigene Rationalität, dieses Mal im gesellschaftlichen Miteinander. Und er fährt gut damit.

VI

Die ökonomische Theorie verändert ihr Menschenbild – und somit ihr Paradigma. Das alte Rationalitätsmodell wird da, wo es ersetzt wird, nicht deswegen abgelöst, weil es mitunter der Realität widerspricht – jedes Modell tut das, in dieser Abstraktion liegt seine analytische Stärke. Es wird vielmehr abgelöst, weil es sowohl auf der Ebene individueller Handlung als auch auf der des Aggregats zu systematisch verzerrten Ergebnisse führt und eine große, faszinierende Bandbreite menschlichen Wirtschaftshandelns außer acht läßt.

Die Verhaltensökonomie hebt den Menschen aus der Masse stumpf nutzenmaximierender Modellwesen hervor und macht ihn wieder interessant. Er wird zum beeinflußbaren Wesen. Er ist zwar den Markt- oder Staatskräften nicht ausgeliefert – das sogar weniger als der *homo oecomomicus*. Aber er ist anfällig für zufällige oder taktisch bewußte Rahmensetzung, für Fehler im eigenen Kalkül. Er ist nicht so egoistisch (und das Menschenbild ist daher nicht so egozentrisch) wie angenommen, er versucht vielmehr in der Interaktion auf andere Einfluß zu nehmen; denn er sieht ein, daß in wachsendem Maß sein ökonomisches Wohlbefinden von den Handlungen und Emotionen anderer abhängt.

Dem *homo oeconomicus* muß der Sozialstaat (oder der Arbeitgeber oder der Lieferant) nur mehr in Aussicht stellen, als er von ihm verlangt. Dem *homo oeconomicus humanus* muß er zudem ein System offerieren, das Fairneßregeln nicht verletzt. So betrachtet, lohnt es sich für den Staat auf einmal, mehr in das Aufspüren derer zu investieren, die den Sozial- oder Steuerstaat ausnutzen, Abzocker der Arbeitslosenhilfe ebenso wie halblegale Steuervermeider und echte Steuerhinterzieher aus den oberen Einkommensklassen. Auch der Arbeitgeber muß anders kalkulieren, wenn er überlegt, wieviel er in die Transparenz und Fairneß seines Anreizsystems investiert.

Auf Basis des *homo oeconomicus humanus* entsteht eine Ökonomie des Infragestellens und des Blicks nach innen. Was geht im einzelnen vor?

Und was steckt überhaupt hinter dem Lieblingskonzept der Ökonomen, dem Nutzen? Meinen wir den Nutzen, den jemand für den Fall erwartet, daß er eine bestimmte Option wählt, also etwa ein bestimmtes Produkt kauft? Oder den Nutzen, den er erlebt, wenn er es tatsächlich tut? Oder den Nutzen, den er dann später erinnert und folglich zur Grundlage seiner nächsten Entscheidung auf diesem Gebiet erklärt?

Für den *homo oeconomicus* wäre das egal – die drei Nutzenformen dürfen sich bei ihm nicht unterscheiden. Tatsächlich aber unterscheiden sie sich erheblich. Die Erinnerung an die Erfahrung wird systematisch verzerrt, weil wir auch hier in der Wahrnehmung Anker zur relativen Bewertung suchen und per Heuristik Näherungen vornehmen.

Viele Entscheidungen verlangen, daß wir den Nutzen längerfristig vorhersagen – beim Auto- oder Hauskauf, bei der Entscheidung für ein Klavier, wenn wir eine neue Sportart ausüben oder auch nur in der Kantine das Wahlessen der nächsten Woche ankreuzen sollen. In Experimenten sollten Teilnehmer vorhersagen, wie sich ihre Zufriedenheit bei wiederholtem Konsum ändern werde – beispielsweise beim Genuß von Speiseeis. Ergebnis: Der Zusammenhang zwischen den tatsächlichen und den vorhergesagten Änderungen der Reaktion lag nahe bei Null. Gleiches gilt auch für weniger erfreuliche Nahrungsmittel: Daß sich die meisten Teilnehmer schnell an den Konsum von Magerjoghurt ohne Frucht gewöhnen würden, hatten sie vorab nicht gedacht.

Vorfreude kann ebenso trügen wie die Angst vor unangenehmen Erfahrungen. Sollen Testpersonen im voraus festlegen, was sie bei mehreren Gelegenheiten essen wollen, so machen sie sich das Leben teilweise selbst schwer: Sie setzen auf Variation und beziehen in ihre Wahl Speisen ein, die sie eigentlich nicht so gerne mögen. Wenn es dann das entsprechende Essen gibt, sind sie unzufrieden. Im nachhinein dagegen wird die Vielfalt der Erfahrungen wieder hoch geschätzt.

Und wie steht es überhaupt mit der Erinnerung an längere und veränderliche Erfahrungen? Gesamtbewertungen richten sich vor allem nach dem deutlichsten und dem letzten Eindruck. Das gilt für Freude wie für Schmerz. Da mag eine Alternative längere positive Erlebnisse bereithalten als eine andere – wenn ihr Höhepunkt weniger hervorsteht oder der Eindruck am Ende abfällt, wird sie im nachhinein spontan als schlechter betrachtet. Die besonderen Momente bestimmen, Schnappschüssen gleich, die Gesamtbewertung. Wie lange eine Erfahrung gedauert hat, ist für den *homo oeconomicus humanus* zweitrangig (der *homo oeconomicus* würde die Dauer natürlich genau wahrnehmen und verarbeiten).

Die Ökonomie streut Zweifel in die eigene Debatte: Wie verläßlich ist unsere eigene Wahrnehmung, sind unsere eigenen Nutzenentscheidungen? Zweifel bedeuten zwar Kopfzerbrechen, aber auch Vielfalt im Diskurs. Der Möglichkeitsraum der Gedanken erweitert sich, die Offenheit der Kommunikation nimmt zu.

Vielleicht läßt sich mehr für die Menschen erreichen, als es bisher mittels herkömmlicher Lehrbuchrezepte möglich erschien. In Gefangenendilemmata kann ihnen mehr zugetraut werden als bisher vermutet, in anderen Situationen ist ihre Fähigkeit zur strikt rationalen Bewertung beschränkter bzw. die Wahrnehmung verzerrter als gedacht. Aus alldem ergeben sich neue Handlungsmöglichkeiten für den einzelnen Konsumenten, Erwerbstätigen, Anleger wie für Firmenführungen, Gesetzgeber und Beamte, Anbieter von Produkten und Dienstleistungen.

Es gilt, den nun eröffneten Möglichkeitsraum auch tatsächlich zu durchschreiten – mit Neugier, Bereitschaft zur Innovation, Kreativität.

Seit den 20er Jahren des vergangenen Jahrhunderts wollte die

Wirtschaftswissenschaft so sein wie die Physik. Ihre mathematisch einwandfreien Modelle, fußend auf eineindeutigen Annahmen über die Akteure und ihre Bedingungen, schufen enorme analytische Klarheit – und setzten die Ökonomie weit ab von Soziologie oder gar Politologie. Sie errang einen Vorteil im Wissenschaftswettbewerb. Doch jeder Nutzen, so wissen Ökonomen, hat seine Kosten, die in diesem Fall im Relevanzverlust liegen.

Verhaltensökonomen steuern dem entgegen. Und genau das können Akteure auf verschiedensten gesellschaftlichen Bühnen – also auch fern der Wirtschaftswissenschaft und ihrer dominierenden Sprecher – nutzen. Jawohl: nutzen!

»Ich scheine ein Verb zu sein.«

Buckminster Fuller

»Handeln ist ein Wir und nicht ein Ich.«

Hannah Arendt

»To act in concert«

Edmund Burke

»Wir müssen den sozialen Charakter des Geistes wiederentdecken.«

John R. Searle

Birger P. Priddat

Kooperation. Politik und Ökonomie. Eine Netzwerkdimension

In Deutschland hat eine neue politische Diskussion begonnen, die verschiedene Namen trägt: »Bürgergesellschaft«, »Zivilgesellschaft«, »Sozialkapital« etc. Es geht um neue Muster selbständigen und aktiven Bürgertums. Die Muster sind Kooperationsmuster: der Bürger untereinander, mit der Politik, mit der Verwaltung, mit der Wirtschaft. Bei diesem Thema verschränken sich Ökonomie, Politologie und Soziologie. Wir befinden uns in den Anfängen einer Evolution der politischen Kultur, die stärker von der politischen Repräsentation auf Kooperation umstellen wird.

Netzwerke koppeln unterschiedlichste Dimensionen. Was hier theoretisch verwoben wird, ist in der Netzwerkwelt längst verwoben – und offen für neue Einwebungen. Drei Wissenschaften gehören zur »Webmannschaft«: Ökonomik, Politikwissenschaft und Soziologie. Die Netzwerkdimension kommt aus der Soziologie (genauer: aus der Wirtschaftssoziologie), die Analyse der Politikprozesse obliegt der Politologie, und die Analyse der Institutionen wie des Sozialkapitals kommt aus der Ökonomie, vornehmlich dem Bereich der *institutional economics*. Hier muß sich niemand um Transdisziplinarität bemühen, weil sie längst im Einsatz ist.

Staatsnahe und staatsferne Kooperationen

Lokale und regionale Initiativen gibt es in Deutschland vielfältig, stärker als in anderen Ländern. Sie produzieren kollektive Güter und investieren in *social capital* (Fukuyma 1995; Herrmann-Pillath & Lies 2001; Herrmann-Pillath 2000; Falk 2002, Panther 2002). Unter dem Anspruch, das *social capital* zu mehren, produzieren die bürgergesellschaftlichen Initiativen häufig aber nur Clubgüter. Clubgüter sind kollektive Güter, deren Nutzung auf die Mitglieder eingeschränkt ist. Vier Formen dieser sozialen Kollektivgüter lassen sich unterscheiden:

I. Formen kollektiver Eigenversorgung, die Clubnutzen nicht nur stiften, sondern ihn auch selbst finanzieren (Nutzerkollektiv = Kostenkollektiv).
II. Wenn diese Güter positive Externalitäten für andere erzeugen – d.h. Nutzen, der Nichtmitgliedern zukommt –, erhöht sich der Öffentlichkeitsgrad dieser Güter (Kostenkollektiv < Nutzerkollektiv). Sie vergrößern das Sozialkapital. Sie werden deshalb aber auch
III. Finanzierungen vom Staat bekommen können: mit dem Argument, das Angebot öffentlicher Güter anstelle des Staates auszuweiten, gleichsam in seinem Auftrag. *Pro forma* gilt auch hier: Kostenkollektiv < Nutzerkollektiv; *de facto* aber vergrößert sich das Kostenkollektiv (um die Menge der Steuerzahler, deren Geld für diesen Kollektivgutzweck aufgewendet wird. Kostenkollektiv II > [Kostenkollektiv I < Nutzerkollektiv]). Da der Staat nicht deutlich unterscheiden kann, welcher Initiative er aus welchen unterschiedlichen Gründen Geld zukommen läßt, gibt es
IV. das Clubgut, dessen ausschließlich seinen Mitgliedern zukommender Nutzen von der Allgemeinheit finanziert wird (Kostenkollektiv II > Nutzerkollektiv; Kostenkollektiv I zahlt nichts). Diese ›Wohlfahrtsvereine‹ haben parasitären Charakter; sie sind reine Umverteilungsagentien.

Politisch treten alle diese Kollektivgutinitiativen – außer der eigenfinanzierten Form I und II – in Verhandlungen mit dem Staat. Es gibt viele Gründe und Interessen der Politiker, diese Initiativen zu finanzieren, auch letztlich Stimmenkauf. Damit ist gemeint, daß Politiker einer bestimmten Klientel Vorteile gewähren, damit sie wiedergewählt werden. Das politische Argument ist das der Ausweitung des Raumes öffentlicher Güter, ökonomisch gestützt mit minderen Kosten der Gutserstellung (wenn man die freiwillige Arbeit der Mitglieder gegen die sonst anfallenden Bürokratiekosten rechnet). Aber indem die Politik der Finanzierung solcher Initiativen zustimmt, hat sie zwei Alternativen:

• Sie kann die Initiative in Staatsauftrag nehmen, d.h. sie läßt öffentliche Güter an des Staates Stelle produzieren. Die Initiative wird strukturell ein Parafiskus. Das öffentliche Gut wird dann privat oder zivilgesellschaftlich erstellt.
• Oder die Politik versteht die Finanzierung als *investment in social capital*. Investment ist keine Subvention. Dann aber muß der *return on investment* kalkulierbar sein (Politikcontrolling; Priddat 2002a).

Wenn man von Formen der »solidarischen Ökonomie« spricht, können dies nur Formtypen I und II sein. Alle anderen Typen rechnen mit Umverteilungszahlungen durch den Staat. Sie sind andere Formen der *private/public partnership*, also immer Formen der Kooperation mit dem Staat. Sie sind, je nach Betrachtung, aus- oder eingelagerte Staatsaufgabenrealisatoren. Wir haben es demnach nicht vorn vornherein mit zivilgesellschaftlichen Innovationen zu tun, sondern mit neuen Formen des Parafiskus oder anderen Formen von Politikverflechtung. Wenn eine bürgerschaftliche Initiative nur dann bestehen kann, wenn sie staatlich finanziert wird, muß ihre öffentliche Leistung transparent und effektiv sein. Es reicht nicht aus, eine Clubleistung zu definieren, wenn nicht ihr allgemeiner sozialer Wertschöpfungsbeitrag ersichtlich ist. Wenn ein reines Clubgut finanziert werden soll, ist die Eigenleistung zu benennen, d.h. der Kooperationsbeitrag.

Anforderungen an Staatszahlungen setzen die Initiativen untereinander in Konkurrenz um knappe Staatsressourcen. Wir haben es heute faktisch mit einem »politischen Markt« zu tun, innerhalb dessen die Intensität der politischen Kommunikation, der faktischen Politikverflechtung mit den Parteien, Regierungen, Verwaltungen etc. und die *public relation activity* die Transfergewinne steuert.

Im Wohlfahrtsstaat – mit seinem hohem Versorgungsanspruch – leistet der Staat, gemessen an den sozialen Präferenzen, notorisch zu wenig (ohne dafür Kriterien zu haben). In diese Diffusion hinein gelingt es den bürgerschaftlichen Initiativen, Zahlungen zu generieren, z.B. in Form von *corporate citizenship* (vgl. Wieland & Conradi 2002). Die Politik kann dann darauf verweisen, immerhin etwas geleistet zu haben (auch wieder ohne Kriterien, Bemessungs- und Evaluationsgrundlagen). Kritisch wird dieses Verfahren, wenn damit lediglich Umverteilungsarenen ausgeweitet werden. Die »Krise des Wohlfahrtsstaates« ist zum Teil identisch mit einer diffusen und kriterienlosen Streuung staatlicher Finanzierungen an diverse bürgerschaftliche Initiativen, deren Finanzierungslegitimation oft nur darin besteht, daß sie darauf verweisen, wenn A etwas bekomme, dann müßten B und man selbst auch berechtigt sein (kaskadische Verteilungsausweitung).

Neue Muster der Kooperation

Die Idee, neue Formen der Zusammenarbeit zu schaffen – neue Kooperationen –, bindet sich an innovative Projekte. Die Begründung für die politischen Verhandlungen wechselt. Nicht mehr die Kompensation sozialer Defekte steht im Vordergrund, sondern die Standortqualität, ökologische Fragen, die Schaffung von Innovationsmilieus etc. Der Verteilungs-Verhandlungsdiskurs zwischen den Initiativen und dem Staat paßt sich der Diskursmodernisierung an. Doch bleibt das, was »innovativ« ist, offen. Es scheint oft so zu sein, daß allein schon die Bildung einer neuen Initiative als hinreichend »innovativ« verstanden wird, besonders dann, wenn sie an Themen, an *political and social issues*, geknüpft ist, die neu sind. Erst einmal erweitert sich damit nur der Raum der gesellschaftlich scheinbar legitimierten Initiativen; zu den vorhandenen gesellen sich neuere, mit neueren Themen hinzu. Aus der Perspektive des Staates erweitert sich damit nur das Forderungskollektiv, bei abnehmenden Staatsbudgets. Damit wird die Konkurrenz schärfer. Welche Innovation bringt unter diesen Umständen die »Zusammenarbeit«? Gehen wir in Richtung einer »transversalen Demokratie«?

Die neue Form der Zusammenarbeit wird als Netzwerkformation ausgewiesen. Eine neue Form der Kooperation einzuführen kann dann nur bedeuten, daß die politische Konkurrenz der vielen regionalen und lokalen Initiativen in der Region gemindert wird und Vernetzungen hergestellt werden. Der Innovationsgewinn wird über den Vernetzungsnutzen generiert. Die lose geschüttete Menge von lokalen und regionalen Initiativen soll sich als politischer Wertschöpfungszusammenhang verstehen und Kooperationsformen finden, die diese Wertschöpfung umsetzen und faktisch realisieren (zu Kooperationsrenten vgl. Wieland 2000).

Netzwerke sind Netzwerke: ihre dominante Interaktion sind Reziprozitätsbeziehungen. Darin unterscheiden sie sich von Märkten wie von Organisationen (auch von der des Staates). Die verallgemeinerbare Reziprozität der Netzwerke baut auf langfristige Beziehungen, bei denen Vorleistungen eines Akteurs nicht sofort, sondern erst später, und auch nicht direkt durch den Akteur, der die Leistung empfangen hat, sondern möglicherweise durch einen anderen Akteur ausgeglichen werden. Diese Reziprozitätsstruktur bildet das *social capital* eines Netzwerkes. Eine Netzwerkumgebung ist offensichtlich besser geeignet, die Produktion von Kollektivgütern überhaupt zu einem Handlungsziel werden zu lassen. Wenn Netzwerke von den Akteuren langfristig als existent und nutzbringend angesehen werden, können außerdem auch die »weichen« Anreize zur Kooperation sehr stark werden. Solidarität kann sich in Netzwerken herausbilden, aber nicht als intentionales Bewußtsein, sondern als Quintessenz der *social capital*-Struktur der Netzwerke. In Netzwerken dominieren Formen des generalisierten Austauschs. Der generalisierte Austausch wird über Verhandlungen koordiniert. Netzwerke sind keine lose bereitliegenden Strukturen, sondern Verhandlungs- und spezifische Leistungssysteme. Sie sind, in *terms of political systems*, eigenständige *governance structures*.

Die Menge der vielfältigen lokalen und regionalen Initiativen ist noch kein Netzwerk. Es müssen Strukturen angebbar sein, die sich vernetzen, kooperieren und Verhandlungspositionen aufbauen (z.B. gegenüber dem Staat). Lokale Initiativen vernetzen sich regional, etwa als *eCommunity*. Informations- und Kommunikationsnetzwerke lassen die lokalen Initiativen koordinieren. Bestimmte *issues* werden netzfähig, d.h. das Verhandlungspotential der in dieses Netzwerk eingehenden Initiativen erhöht sich. Die lokalen oder thematischen Initiativen arbeiten fortan in einer Lokal-/regional-Paradoxie. Ihrem lokalen Ziel treu bleibend, versuchen sie, darüber hinausreichende Kooperationsgewinne zu realisieren.

Vernetzung auf dieser Ebene leitet einen Trend zum regionalen Korporatismus ein. Bestimmte Initiativen werden die *leaderhsip* über Themen oder Projekte übernehmen und andere organisieren.

Doch reicht es nicht, den Verhandlungsdruck auf »die Politik« zu erhöhen; unter dem Kostendruck der öffentlichen Haushalte werden die Mittel knapper. Die vernetzten Initiativen werden die nicht-vernetzten wegkonkurrieren. Die neuen Netzwerke haben andere Interventionspotentiale: Kooperation nicht nur mit der Ebene der Politik, sondern vor allem mit der Verwaltung; gemeinsame Politikimplementation.

Die klassische Dimension der bürgerschaftlichen oder, neuerdings, zivilgesellschaftlichen Initiativen ist ihre Kommunikationsposition: Präferenzen für gesondertes politisches Handeln zu signalisieren. In diesem Sinne gehören die bürgerschaftlichen Initiativen zu den NGOs, die als *third-party-enforcer* (Barzel 2000; Priddat 2003) auf Politikfelder aufmerksam machen, in bezug auf die sich die Politik bisher erfolgreich gedrückt hatte, sie anzugehen. Über mediale Aufmerksamkeit versuchen sie die Politik zu steuern. Der Erfolg (und damit die Stabilität der Initiativen) hängt wesentlich davon ab, welches Drohpotential sie haben und welche Störungen der gewohnten politischen Strategien sie erreichen.

Die Politik antizipiert inzwischen die zivilgesellschaftlichen NGOs und vereinbart Kooperationsformen, die meistens Beratungscharakter haben, manchmal Verhandlungen herausbilden und zuletzt Partzipationsarenen schaffen: *2nd order democracy*. Hier wiederholt sich für die zivilgesellschaftlichen Initiativen bzw. NGOs das Muster des Verbändestaates, nur daß wir es jetzt nicht mit stabilen Organisationen (mit Gewerkschaften, Non-Profit-Organisationen, Handels- und Handwerkskammern, Verbänden etc.) zu tun haben, sondern mit lokalen/regionalen bürgergesellschaftlichen Initiativen, deren Stabilität letztlich von ihren Erfolgen abhängt (was sie, »kurzsichtiger«, auf kurzfristige Zielerreichung hin auslegt; bei höherem politischem Druck). Damit sind nachhaltige oder Entwicklungsthemen, die langfristige Strategien und *commitments* brauchen, selbst dann, wenn die neuen Initiativen sich das Thema »Nachhaltigkeit« auf die Fahnen geschrieben haben, aus strukturellen Defekten heraus nicht zu behandeln:

Die Initiativen sind (eben nur) Initiativen, d.h. lose gekoppelte Kollektive, die selten Organisationsstatus haben oder aber instabil sind.

Die NGOs wollen Partizipation und/oder Finanzierung (oder Partizipation, um ihre Finanzierung zu legitimieren). Aus den Erfahrungen der Mediationsverfahren im Umweltbereich, wo die Bürgerberatungs- und Partizipationswelten bereits stärker entwickelt sind, können wir weder bessere Steuerungserfolge noch höhere Innovativität erwarten. Besonders innovationsfreundliche Kooperationssysteme zeichnen sich durch Eigenschaften aus, die mit Partizipationsforderungen oder den üblichen demokratischen Entscheidungsregeln kaum zu vereinbaren sind: Lockere »Prinzipal-Agent-Beziehungen« ermöglichen die Produktion von viel *slack*, und die Beschränkung auf einige wenige zentrale Akteure vereinfacht die Entscheidungsfindung; gleiches gilt für die Iteration der immer selben Entscheidungssituation, die eine Schließung des Verhandlungssystems bringt; und ein Verhandlungszwang, also die Existenz einer externen Hierarchie, macht die Verhandlungen besonders erfolgversprechend.

Nicht die Existenz oder der Ausbau von Netzwerken ist bereits innovativ, sondern die Nutzung des Netzwerkes als Netzwerk: um Informationsasymmetrien abzubauen, um Kommunikation von Themen, um gemeinsame Zielvorstellungen zu generieren, zur Vernetzung von Themen, die bisher separat geführt wurden, um Externalitäten einzelner Politiken gemeinsam zu evaluieren und abzustellen etc. Und nicht die Existenz und die Vielfalt der Initiativen sind für den Staat von Bedeutung, sondern ihre interne Vernetzungskompetenz, ihre Kooperationsmacht. Wenn sie als Verhandlungspartner auftreten, die nicht nur fordern, sondern Kooperationsangebote machen – d.h. ihre Mitglieder auf bestimmte Themen verpflichten und zur Mitarbeit bei der Umsetzung bringen (gemeinsam mit Politik und Verwaltung) –, dann entstehen neue Formen der Zusammenarbeit, die es bisher noch nicht gab. Die Form der Politik ändert sich, was allerdings zweierlei voraussetzt, nämlich daß a) sich die Kooperationsbereitschaft der Politik, vor allem aber ihrer Verwaltung, erhöht und b) dasselbe aber auch für die Kooperationsbereitschaft der diversen Initiativen gilt, die ihren Lokalpartikularismus aufgeben: als lokale/regionale Doppelwesen, im

Modus der *co-opetition* – einer Parallelität von Zusammenarbeit (cooperation) und Wettbewerb (competition) (vgl. Jansen & Schleissing 2000).

Vor allem Vernetzungen zwischen bürgerschaftlichen Initiativen und Unternehmen könnten innovative Pfade entwickeln. Was im Sport- und Kultursponsoring längst schon Modell ist, kann auf andere politische Felder übertragen werden, z.B. auf Qualifizierungsinitiativen, Bildungskooperationen (Finanzierung von Schulen, Berufsschulen und Hochschulen) und *venture capital* für neue Selbständigkeit. Der Staat wird in Projekte hineingehen, deren *social return* er bemessen kann; *er wird von Dauersubventionierung auf Anschubinvestition umstellen.* Die Initiativen werden sich deshalb von vornherein so aufstellen müssen, daß sie auch unabhängig von allfälligen Staatstransfers aktiv bleiben.

Staatsabhängigkeit ist kein Innovationskriterium. Der Staat kooperiert nicht mehr, wie im mißverstandenen Wohlfahrtsstaatsmodus, mit den schwachen Initiativen, sondern mit denen, die ihre Eigenständigkeit bereits unabhängig von staatlichen Subventionen unter Beweis gestellt haben. Gerade dann, wenn man die innovative Seite der Netzwerke betont, ist es wichtig, die Innovatoren zu fördern. Konventionelle Wohlfahrtsverteilungsinitiativen müssen ihre Effektivität unter Beweis stellen, nicht nur ihre politische Legitimität. »Effektivität« heißt nicht Effizienz (was z.B. im *Non-Profit*-Sektor schwierig anzuwenden wäre), bedeutet aber: keine Kriterien- und Ziellosigkeit. Jede Initiative muß sich als Projekt definieren können: mit Ziel, Ressourceneinsatz und Zielerreichungsprogramm. Sie muß einem politischen Controlling offen stehen. Eine Fortführung der Finanzierung ist vom Bewertungsergebnis abhängig. Der Staat wird nur dann investieren, wenn die Initiative als erfolgreich bewertet wird (und zwar von unabhängigen Evaluateuren, die sich auf *non profits* spezialisiert haben).

Diese neue Form der Zusammenarbeit in Netzwerken fordert neue Qualitäten der Initiativen, die sie vom *Forder-* zum *Förderverein* transformieren. Ihre *social entrepreneurship* oder ihre Projektmanagementqualität wird leitend. Die Qualität einer Initiative im Netzwerk bestimmt sich weder durch ihre Existenz noch durch ihr »Bewußtsein«, sondern dadurch, wie viele Netzwerkkontakte sie mobilisieren kann, um ihr Ziel zu realisieren – das sich dadurch nicht als nur »ihr Ziel« erweist, sondern einen höheren Öffentlichkeitsgrad erlangt. Die Kompetenz, für andere Netzwerkknoten attraktiv zu sein, definiert ihre Qualität, die im Netzwerkmodus eine Kooperationsqualität ist. Wieder haben wir es mit einem *co-opetition*-Muster zu tun, einer Parallelität von Wettbewerb und Kooperation. Mitarbeitsangebote im Netzwerk, die attraktiver sind als die Mitarbeit in der eigenen Initiative, machen – über *exit options* – Konkurrenz im Netzwerk und selegieren die aktiven Initiativen im Unterschied zu den passiven.

Hier werden die Kommunikationsnetzwerke des Internet eine neue Dimension einziehen. Lokale Netzwerke sind oft personenbezogen; die Regionalität der Vernetzung kann über die *eCommunities* des Internet transpersonal erweitert werden. Vernetzte Initiativen haben gemeinsame Portale und intensive Kommunikations*chats*. Die Vernetzungsverdichtung in der Region wird sich nicht mehr unabhängig von Verfahrensformen der *eDemocray* entwickeln.

Die Erhaltung und Neubildung von *social capital* kann als politisches Ziel nur indirekt anvisiert werden: *Social capital*, als spezifische Form einer sozialen Kultur, mit eigenen Werten, Normen, Reputationsmatrices etc., ist das Ergebnis funktionierender Netzwerke, die deshalb – lokal wie regional – immer zwei Ziele zugleich erreichen wollen: *Kollektivguteffektivität und Kulturentwicklung*. Nun ist dies aber als explizites Ziel kaum zu verwirklichen, weshalb sich *Kulturentwicklung* als *by product* effektiv laufender bürgergesellschaftlicher Initiativen und ihrer Netzwerke ausbilden muß. »Solidarität« ist kein öffentliches Gut, aber die Leistungen, die kollektiv erreicht werden, können solidarische Kooperationsmentalitäten fördern und ausbilden. Nicht der Entschluß, sich in Beziehung zu setzen, bildet *social capital*, nicht die Bewußtseinsreflexion, sondern neu arrangierte Anreizstrukturen, in denen es sich zeigt, daß es sich lohnt, freiwillig Zeit, Wissen und Einsatz in die Zivilgesellschaft zu investieren. Freiwilligkeit und zivilgesellschaftliches Engagement müssen, um nicht frustriert zu werden, effektiv werden können. Dazu ist ein *re-design* der institutionellen Arrangements demokratischer Politik nötig. Die Politik, als Staat, muß die Handlungsspielräume öffnen, Barrieren beseitigen; dies gilt aber auch für die Politik selbst als Barriere, indem Politik sich als Kooperationspartner reformiert, der *commitments* eingeht, die beide Seiten einhalten. Erst darüber bilden sich neue Formen des Vertrauens aus – ein heikles, also bedeutsames Thema der Politik.

2nd order democracy: Neue Bürgerkooperationen

Die neue Form der Zusammenarbeit ist ein politisches Projekt, das die Organisationsform der Politik berührt, hier liegt das größte Innovationspotential: neue Kooperationen der Bürger unter sich, um neue Formen der Kooperation mit dem Staat zu erlangen – als *2nd order democracy*, die den Staat berät *(knowlegde-driven democracy)* und nicht nur in der politischen Wahl, sondern vor allem auch bei der Politikimplementation mit entscheidet. Es geht nicht nur um die Vernetzung der vielen Initiativen, sondern vor allem um ihre Vernetzung mit der Politik, die nicht Neben-Parlamente eröffnet, sondern neue Formen der Kommunikation und Partizipation mit den Bürgern sucht – in einer Wissensgesellschaft über die Form des *eGovernments* (Jansen & Priddat 2000; Priddat 2002b).

Die vielen Erörterungen über *direct democracy* laufen auf ein Re-Arrangement des Verhältnisses von Bürgern/Staat/Politik und Verwaltung hinaus. Bürgerengagement und aktivierender Staat sind über Reorganisationprozesse der Demokratie zu erreichen, nicht durch isolierte Netzwerkkooperationen. Die Politik ist selbst eine Netzwerkstruktur, in die die bürgergesellschaftlichen Netzwerke einklinken. Was als »Teledemokratie« in den 70er Jahren des 20. Jahrhunderts utopisch klang, wird durch das Internet heute pragmatisch realisierbar. Die lokalen Initiativen, die als persönliche Netzwerke die Romantik des Bürgersinns und der *neighbourhood* pflegen, sind nicht unbedeutend für den Erhalt des *social capital*, sind aber nicht seine zukunftsweisende Form. Es geht nicht um den Erhalt von Wertereservaten, wie es in den Erörterungen des Regionalismus und der »Solidarökonomie« (z.B. bei den »Tauschringen«)

manchmal mißverständlich heißt, sondern um Kommunikationsstrukturen, die Kooperationsinitiative über den persönlichen Einsatz in lokalen Bürgergruppen hinaus lohnend machen. Wenn wir die »neuen Formen der Zusammenarbeit« zu sehr als Gegenwelten denken, die wir – sozialromantisch – mit Formen der Gesellung verwechseln, unterlaufen wir die Potentiale der erweiterten Erreichbarkeit, z.B. des Internet. Indem wir die neuen Formen der Zusammenarbeit innovativ als neue Formen der politischen Kommunikation entwickeln, bringen wir die Politik in die Politik zurück: konkret, projektorientiert und bürgerkompetent.

In einer Wissensgesellschaft geht es nicht abstrakt um Partizipationserweiterung, sondern um Kompetenz: Wie erreichen wir, daß das Wissen der Bürger um Lösungen besser und effektiver in den Politikprozeß eingetragen wird? Die Ziele lauten *knowledge-driven democracy* und *Professionalisierung des Staates*, also die Fähigkeit der Politik, ihr *policy management* themengenauer auf die Bürger bzw. auf die *Netzwerkgesellschaft* auszurichten. Das wäre eine Ausrichtung auf *transversale Demokratie*, wie Bernhard von Mutius sie schon einmal angedacht hat.

Literatur

Barzel, Y.: The state and the diversity of third party enforcers, in: Menard, C. (Hrsg.): *Institutions, Contracts and Organizations*, Cheltenham: Edward Elgar 2000, S. 211 ff.

Berlin Communiqué: *Progressive Governance for the 21st Century*, Kommuniqué der Berliner Konferenz der 14 Staatsmänner, 2.6.2000.

Falk, A.: Reziprozität und Sozialkapital, in: *Universitas*, Nr. 675, Jg. 57, 2002, S. 936–946.

Fukuyma, F.: *Trust – The Social Virtues and the Creation of Prosperity*, New York et al.: The Free Press 1995.

Gabriel, S.: Das Ende der Dinosaurier, in: *Der Spiegel*, H. 14, 2000, S. 40–42.

Herrmann-Pillath, C.: *Social Capital and Networks: A Proposal for Conceptual*

Integration, Wittener Diskussionspapiere Nr. 63, Juni 2000, Fakultät für Wirtschaftswissenschaft der Universität Witten/Herdecke.

Herrmann-Pillath, C. & Lies, J. J.: Sozialkapital – ein öffentliches Gut? In: *sociologia internationalis*, Bd. 39, H. 1/2001, S. 43–65.

Jansen, S. A. & Schleissing, S. (Hrsg.): *Konkurrenz und Kooperation – Interdiziplinäre Zugänge zur Theorie der Co-opetition*, Marburg: Metropolis 2000.

Jansen, S. A. & Priddat, B. P.: *Electronic Government. Neue Potentiale für einen modernen Staat*, Stuttgart: Klett-Cotta 2001.

Münkler, H. & Fischer, K. (Hrsg.): *Gemeinwohl und Gemeinsinn*, Berlin: Akademie Verlag 2002.

Panther, S.: Sozialkapital, in: Ötsch, W. & Panther, S. (Hrsg.): *Ökonomik und Sozialwissenschaft*, Marburg: Metropolis 2002, S. 55–76.

Priddat, B. P.: Gemeinsinn als soziales Kapital. Wie Bürger und Staat besser kooperieren können, in: *Universitas*, Nr. 675, Jg. 57, 2002, S. 928–935 (zit.: Priddat 2002a).

–: eGovernment/eDemocracy: Eine neue Dimension der Gemeinwohlermittlung in der Politik, in: Münkler, H. & Fischer, K. (Hrsg.): *Gemeinwohl und Gemeinsinn*, Berlin: Akademie Verlag 2002, S. 289–310 (zit.: Priddat 2002b).

–: Vertrauen, Neue Institutionenökonomik und Zivilgesellschaft: ›Third party enforcement‹ und ›credible commitments‹, Arbeitsgruppe Zivilgesellschaft, WZB-discussion papers, März 2003.

Putnam, R. D.: *Bowling Alone: The Collapse and Revival of American Community*, New York/London: Simon & Schuster 2000.

Schröder, G.: Die zivile Bürgergesellschaft, in: *Die neue Gesellschaft*, H. 4/2000, S. 200–207.

Wieland, J.: Kooperationsökonomie – Die Ökonomie der Diversität, Abhängigkeit und Atmosphäre, S. 103 ff. in: Jansen, S. A. & Schleissing, S. (Hrsg.): *Konkurrenz und Kooperation – Interdiziplinäre Zugänge zur Theorie der Co-opetition*, Marburg: Metropolis 2000.

Wieland, J. & Conradi, W. (Hrsg.): *Corporate Citizenship. Gesellschaftliches Engagement – unternehmerischer Nutzen*, Marburg: Metropolis 2002.

Franz-Theo Gottwald

Kooperation, Konkurrenz und ökologische Ethik: Nachhaltigkeit als In-Beziehung-Sein

»Warum tun wir nicht, was wir wissen?« Diese Frage wird häufiger von ökologisch Bewußten – also z.B. von Umweltschützern, Tierschützern und Verbraucherschützern – gestellt. Das »Wir« meint allerdings die anderen bzw. den Teil der Gesellschaft, der über hinreichend Informationen oder Wissen verfügen sollte, um sein tägliches (Konsum-) Verhalten so zu optimieren, daß es nachhaltig sein könnte. Faktisch jedoch befriedigt dieser Teil unserer Mitbürger rücksichtslos preisbewußt, auf die eigene Vorteilsmaximierung bedacht, seine Bedürfnisse nach Nahrung, Mobilität, Freizeit und Kultur.[1]

I

Die obige Frage weist auf ein Grundproblem dauerhaft guten Verhaltens hin, das auch nicht durch klassische Definitionsversuche von Nachhaltigkeit gelöst werden kann, welche die Enquete-Kommission »Schutz des Menschen und der Umwelt« wie folgt umreißt:

»Das Leitbild verlangt, in kürzester Form, nicht auf Kosten der Enkel und Urenkel zu leben. In dieser Forderung kommt der Zusammenhang der ökonomischen, sozialen und ökologischen Dimensionen unmittelbar zum Ausdruck. Staatliche und private Verschuldung, denen keine Zukunftsinvestitionen gegenüberstehen, Egoismen politischer und wirtschaftlicher Machteliten, Verteidigung sozialer Besitzstände, mangelnde Anpassungsfähigkeit des Bildungs- und Ausbildungssystems verletzen das Nachhaltigkeitsangebot ebenso wie die Beeinträchtigung der natürlichen Lebensgrundlagen oder des Erdklimas. Alle genannten Beispiele belasten zukünftige Generationen.

Im Sinne des Leitbildes der nachhaltig zukunftsverträglichen Entwicklung gilt es deshalb, zukünftigen Generationen zumindest die gleichen Lebenschancen zu bewahren. Dies umfaßt neben dem Erhalt des natürlichen Kapitals die Weitergabe von Sach- und Humankapital. Das institutionelle Kapital, d.h. die Ausgestaltung von Rahmenbedingungen für das Leben des einzelnen und der Gesellschaft als Ganzes, muß in einer sich dynamisch verändernden Gesellschaft, in einem sich verändernden globalen Umfeld weiterentwickelt werden. Individuelle Freiheit, Freiräume zur Entfaltung und Weltgestaltung, gesellschaftliche Solidarität, Schutzräume durch soziale Sicherung und die Bewahrung der natürlichen Lebensgrundlagen gehören zu den elementaren Bestandteilen einer nachhaltig zukunftsverträglichen Entwicklung.« (Enquete-Kommission 1998, S. 43)

Auch wenn die globale Entwicklungsagenda seit vielen Jahren von dieser Leitvision getragen wird, erlebt der einzelne in seinem Alltag eher ein Versagen bei seinen Bemühungen, ein gutes Leben in diesem Sinn zu führen. Die üblichen drei Dimensionen eines inter- und intragenerational sowie global verantwortbaren Handelns – also ein Tun, das der Natur ökologisch angemessen ist, das den heutigen wie zukünftigen Generationen sozial gerecht wird und das sich ökonomisch rechnet – sind nur bei wenigen Bedürfnisbefriedigungen zu erreichen. Die Ziele dieser drei Dimensionen sind konfliktär. Sie konkurrieren, ihre Verfolgung führt zu Kontroversen – beim einzelnen wie bei Gruppen oder innerhalb und zwischen Gesellschaften. Ein typisches Beispielsfeld ist die tägliche Ernährung: Was ökonomisch sinnvoll ist, also günstig einzukaufen, ist ökologisch meist verhängnisvoll und sozial – mit Blick auf die Ernährungsgerechtigkeit weltweit oder mit Bezug auf das Überleben der heimischen Landwirte und Verarbeiter – katastrophal.

Im einzelnen und näher betrachtet: Ökologisch nachhaltig zu handeln bezweckt eine Berücksichtigung der natürlichen Mitwelt mit den sie prägenden Eigenzeiten; ein solches Handeln richtet sich an Zielen der natürlichen Evolution aus; Kreisläufe, Regelkreise, langfristige Optimierung, Polykultur, Einbettung und Symbiose sind die Muster, die hier herrschen. Auch wenn man nicht in einem naturalistischen Fehlschluß vom *Sein* in der natürlichen Mitwelt auf das *Sollen* im menschlichen Umgang mit ihr schließen will – ökologische Verhaltensorientierungen haben aus dem Blickwinkel der geologischen wie biologischen Evolution naturalistische Urbilder verinnerlicht, die unweigerlich mit denen kollidieren, welche die zweite Dimension der Nachhaltigkeit, also die soziale Gerechtigkeit, leiten.

Soziale Gerechtigkeit bezieht sich auf Muster menschlichen Zusammenlebens – wie Bewertung, Normierung, Dialogfähigkeit und Gegenseitigkeit, Beherrschung und Hierarchie. Das Handeln des Menschen mit dem oder am Menschen ist damit durch ein anderes In-Beziehung-Sein gekennzeichnet als sein Handeln auf natürlich Gegebenes hin. Verantwortung zu nehmen auf der sozialen Grundlage eines Ethos, das dem Motto »Auge um Auge, Zahn um Zahn« folgt, ist naheliegender und selbstverständlicher, als es ein »Ethos des Schützens und Bewahrens« gegenüber der natürlichen Mitwelt und ihren ungleich langsameren, langfristigen und weitreichenden Wirkzusammenhängen je sein kann. Ersteres ist über Jahrtausende vertraut, letzteres bedeutet ein mühsames kulturelles Lernen.

Und wenn gar eine ökonomische Maxime – also die Orientierung an allem, was sich betriebs- oder volkswirtschaftlich rechnet – als drittes Zielfeld der nachhaltigen Entwicklung hinzukommt, gelten noch einmal andere Muster: Die Effizienz ausgewählter Optionen, Fragmentierung (Taylorisierung), kurzfristige Maximierung, Manipulation, Konkurrenz, Ausbeutung sind Merkmale eines in sich stimmigen, einer traditionellen ökonomischen Zielvorstellung angemessenen, wirtschaftsrationalen Verhaltens.

Das herrschende Denken über nachhaltige Entwicklung wird

also Konflikte oder Ziel-Konkurrenzen zwischen der ökologischen, der sozialen und der ökonomischen Dimension von *sustainability* nicht lösen. Es führt zu Aporien, zu Ausweglosigkeiten und löst beim Bemühen um *ethical correctness* Versagensgefühle, Ohnmacht, Hilflosigkeit aus.

II

Vielleicht können wir nicht tun, was wir wissen, weil unser Wissen in den einzelnen Dimensionen der Nachhaltigkeit im Paradigma klassischer Systemtheorie erarbeitet ist. Natürliche Systeme, soziale Systeme, Wirtschaftssysteme werden als organische, autonome Ganzheiten mehr oder weniger gegenständlich verobjektivierend gedacht und modelliert, auf Isomorphien oder Differenz abgeklopft. Sie werden darüber hinaus als spezifisch instrumentalisierbar, manipulierbar, utilisierbar angesehen – alles auf der Basis von Mathematisierungen. Nachhaltige Entwicklung wird in diesem Denkstil als ein Ganzes dargestellt, dem sich der einzelne (am besten aus freiem Willen) unterwerfen muß, damit sein Verhalten als ethisch korrekt bewertet werden kann. Mitzuwirken an einer Umsetzung von Nachhaltigkeitsstrategien mit Bezug auf natürliche Mitwelt, Gesellschaft oder Wirtschaft, dies wird in dieser Denkweise als Teilhabe an einem übergeordneten Ganzen stilisiert – das es, wie man beim Prüfen der Konsequenzen des eigenen Tuns für die drei hypostasierten Dimensionen der Nachhaltigkeit schnell feststellen kann, gar nicht gibt.

Menschen scheitern moralisch zwangsläufig an einer derart formulierten sozio-ökonomisch-ökologischen Ethik: Wenn ein Ganzes außerhalb der Erfahrung der zwischenmenschlichen Interaktion gestellt wird, das in alltäglichem Handeln einerseits Unterwerfung einfordert, andererseits aber nicht als kohärent lebbar erscheint, zerbricht auch ein problembewußtes Gewissen.

Wie könnten wir lernen, mehr von dem zu tun, was wir wissen? Wie könnten wir mit den Konflikten innerhalb und zwischen den Dimensionen nachhaltiger Entwicklung zukunftseröffnend umgehen? Wie könnte die in Aporien führende, derzeitige (primitiv-) systemische

Sicht bzw. Begrifflichkeit im Zusammenhang mit nachhaltiger Entwicklung transzendiert werden?

III

Kooperative Selbstorganisation steht im Zentrum eines Denkstils, der handlungstheoretisch die direkten Interaktionen zwischen Menschen als Ausgangspunkt nimmt. Dieser Ansatz geht davon aus, daß Menschen ihr Wissen über die natürliche wie über die soziale Mitwelt durch strukturell gleiche, kooperative Prozesse gemeinsamer Interaktionen erwerben. Handelndes, tätiges, wirkendes In-Beziehung-Sein oder kooperative, partizipatorische Selbstorganisation überwindet die irreführende Wahrnehmung, Teil eines größeren Ganzen oder der *einen* nachhaltigen Entwicklung zu sein.

Am Beispiel des Zeitbegriffs sei verdeutlicht, was dieser Denkansatz, der sich an alltäglichen Lebensprozessen ausrichtet, neu begreift. Bislang bemühen sich Konzepte der Nachhaltigkeit darum, die eine, ganze Zukunftsvision zu formulieren, die globale Gültigkeit hat, und sie in Weisungen für lokal angemessenes Handeln zu verdichten. Bei einem klassischen Zeitverständnis gilt: Man blickt zurück auf eine vergangene, nicht nachhaltige Praxis – beispielsweise eine Praxis des Umgangs mit Boden, Wasser oder Humanressourcen. Diese wird als Fakt genommen. Die Zukunft dagegen liegt vor den Konzeptionisten und wartet darauf, durch nachhaltige Maßnahmen entfaltet zu werden.

Eine solche Mißachtung der Vergangenheit muß überwunden werden. Es gilt, sie in der Gegenwart als Grundlage für die Schritte in die Zukunft würdigend zu nutzen; es gilt, mit der Vergangenheit in der Jetztzeit kooperativ so zu interagieren, daß unsere Teilhabe an ihr, daß unser eigenes Tun von gestern anerkannt und kritisch wertgeschätzt wird und sich neu im Jetzt organisieren darf.

Dies ist eine neue Haltung, die zu einem neuen Zeitbegriff der Rückwärtsintegration führt, ebenso wie sie die Zukunft in der Gegenwart gewahr werden läßt. Nachhaltige Entwicklung zu antizipieren,

Erwartungen an die Entwicklungsdynamik in ihrem für das Hier und Jetzt prägenden Charakter mit zu vollziehen, diese andere Form der Gegenwart der Zukunft gestaltet dann, wie von selbst, dasjenige mit, woran wir uns erinnern. Diese zirkuläre Präsenz von Vergangenheit und Zukunft in der Jetztzeit nimmt alles in das Handeln im Präsens hinein, in eine lebendig pulsierende Gegenwart. Eine kreisförmige Zeitstruktur integriert rückwärts wie vorwärts und verbindet die konventionellen Abspaltungen der Leitbildinhalte nachhaltiger Entwicklung in »Visionen«, »Werte«, »Regeln«, »Prinzipien«, Normen« o.ä. Die Aufmerksamkeit, das aktuelle Bewußtsein, wird nicht länger von der Gegenwart abgelenkt, in der es sich als nützlich bewähren muß und in der ja der moralische Maßstab eines gelingenden, guten Lebens einzig faßbar werden kann. Zukunft wie Vergangenheit werden nicht weiter reduktionistisch manipuliert, sondern sind in der tätig kooperativen, faktenschaffenden Interaktion »zu Händen«.

Dieser neue Denkstil einer kooperativen Selbstorganisation macht die gegenseitige Verantwortlichkeit im täglichen Umgang untereinander sozial »griffig« und der Natur gegenüber begründbar sowie ökonomisch durchhaltbar. Wenn alles Wirken in die Gegenwart des tätigen In-Beziehung-Seins gerät, sind keine universalen Moralprinzipien oder gar ein Weltethos mehr nötig. Vielmehr wird der aktuelle Kontext entscheidend, in dem Menschen mit ihren konkreten, persönlichen Lebensumständen, Haltungen, Beweggründen kommunizieren und interagieren. Die Kontingenz – die Abhängigkeit von natürlichen und sozialen Zufällen des ökologischen, sozialen und ökonomischen Tuns – wird ernst genommen und nicht länger mittels fehlleitender Abstraktionen mißachtet. Eine mißachtete Kontingenz führt beispielsweise bei Naturkatastrophen oder in Märkten, die sich irrational verhalten, zu Konflikten, die in der Regel als Not, als Krise, als Endzeitzeichen gewertet werden und nicht als Chance.

In einer Welt, die sich durch die Koexistenz von Ordnung und Unordnung auszeichnet bzw. durch das Emergieren von Ordnung aus und in Unordnung – unter Bedingungen, die weit vom Gleichgewicht entfernt sind –, kann es nicht sinnvoll sein, mittels moralischer Konstanten

Sicherheit schaffen zu wollen. Wenn dagegen die direkte, lokale, gegenwärtige Interaktion zwischen Menschen im Mittelpunkt des ethischen Bewußtseins steht, kann das individuelle Handeln endlich sich selbst als wirklich nachhaltig relevant begreifen: Zurechenbarkeit, Verantwortung, Bewirken von erlebbaren Unterschieden durch Kauf- und Konsumverhalten, aber auch durch Denk- und Dialogverhalten bekommen einen angemessenen Platz in der Selbstwahrnehmung. In der kooperativ die Mitwelt hier und jetzt gestaltenden Interaktion von derart selbst-bewußten, sich unterscheidenden Individuen können neue Muster des Miteinanders in der Welt entstehen. Jeder, der in diesem ethischen Bewußtsein handelt, erhält gleichsam eine lokale Führerschaft für nachhaltige Entwicklung. *Er* ist gemeint, *auf ihn* kommt es an, ohne ihn geht es nicht – eine wirksame handlungstheoretische Grundlage für ein Verstehen der Macht der Verbraucher und zur Begründung des Verbraucherschutzes als neue realpolitische Klammer für Politikfelder wie Ernährung, Mobilität, Tourismus und Gesundheit.

Leadership für nachhaltige Entwicklung setzt auf Handlungen der Gegenwart, die eine Zukunft (mit) erschaffen und dabei die Vergangenheit rekonstruktiv erinnernd würdigen. Veränderung und Stabilität sind die beiden zeitökologischen »Leitplanken«; hier ringt das individuelle Tun immer neu um eine lebensfähige Identität. In Kontexten sozialer, ökologischer und wirtschaftlicher Art, die voller Überraschungen sind, und im situativ-präsentisch passenden Umgang mit dem, was am anderen – sei es Mitmensch oder Naturgegebenes – veränderbar ist oder stabil bleiben will und soll, zeigt sich der kooperative Geist eines lebbaren Ethos der Nachhaltigkeit.

Das »Wer« – die Identität dessen, mit dem das Individuum interagiert – steht im Mittelpunkt. Dieses Ernstnehmen des Subjekts, diese Gewinnung eines Verhaltens, das die Würde des anderen respektiert, überschreitet die konventionelle Welt autonomer (Sub-) Systeme mit ihren Konflikten. Wenn heute beispielsweise Tierschützer mit Umwelt- und Naturschützern kämpfen, was die richtige Haltung von landwirtschaftlichen Nutztieren ist – ob offen und bodennah oder in einer vollklimatisierten, emissionsoptimierten High-Tech-Fabrik –, so könnte eine Ethik kooperativer Selbstorganisation beide Gruppen ins gemeinsame Planen, Bauen, Erproben führen, zu einem gemeinsamen Handeln *im Sinne für das Tier* bewegen, so daß sie kontinuierlich neue Bedeutungen ihres Handelns entdecken, die nicht im voraus bekannt waren. Wo zuvor gesetzte Einzelziele zu Konflikten zwischen beiden Gruppen führten, entstünden nun neue Gesichtspunkte im Tun, die alle vereinfachenden Idealisierungen hinter sich ließen. Ziele würden erkennbar, die nur im Laufe gemeinsamen Handelns sichtbar werden können. So könnte neue Motivation zur Erfüllung einer gemeinsamen Pflicht geweckt werden.

Wenn Nachhaltigkeit als In-Beziehung-Sein verstanden wird, dreht sich alles um die gewöhnlichen Interaktionen zwischen Menschen in konkreten Situationen. Durch kooperatives Miteinander tritt ein neues Ethos der Entwicklung in Erscheinung, und neue Rollen werden möglich. Ziele und Konflikte werden im Verlauf des Tuns so behandelt, daß dialogisch ausgehandelt wird, was als nächstes und Schritt für Schritt zu tun ist.

Eine neue Form der politischen Ermächtigung ist dabei wirksam: Es geht nicht länger um »Macht über«; statt dessen taucht »Macht mit« als neues Muster der Interaktion auf. Macht wird als Prozeß erlebbar – sie ereignet sich im zwischenmenschlichen Tun. Dieses Konzept »synergetischer Macht« faßt die Theologin und Vertreterin einer Tiefenökologie, Joanna Macy (1995, S. 217), wie folgt zusammen:

»Wir erfahren sie, wenn wir uns in gemeinsamen Handlungen engagieren, die Dinge von Wert hervorbringen. Solche Interaktionen finden mit geliebten Menschen und Mitbürgern statt, mit Gott, mit Musik, Kunst und Literatur, mit Samen, die wir in den Boden legen, mit Material, das wir formen. Ein derartiger synergetischer Austausch schafft etwas, das zuvor noch nicht existiert hat, und vergrößert die Fähigkeiten und das Wohlbefinden aller, die beteiligt sind. ›Macht mit‹ bedarf aufmerksamer Offenheit für unsere physische oder mentale Umgebung und Aufmerksamkeit für unsere eigenen Reaktionen oder die Reaktionen anderer. Sie ist die Fähigkeit, auf eine Art zu handeln, die uns zu einer immer bewußteren Teilhabe am Leben führt.«

Anmerkung

[1] Dieser Aufsatz verdankt sich Anregungen aus Johannes Heinrichs, »Reflexion als soziales System«, und Douglas Griffin, »The Emergence of Leadership«, sowie aus den Aufsätzen zu einer Tiefenökologie von Arne Naess, Henryk Skolimowski und Joanna Macy.

Literatur

Enquete-Kommission »Schutz des Menschen und der Umwelt – Ziele und Rahmenbedingungen einer nachhaltig zukunftsverträglichen Entwicklung« des 13. Deutschen Bundestages (Abschlußbericht): *Nachhaltigkeit – Vom Leitbild zur Umsetzung*, Bonn 1998.

Griffin, D.: *The Emergence of Leadership. Linking Self-Organization and Ethics*, London: Routledge 2002.

Heinrichs, J.: *Reflexion als soziales System*, Bonn: Bouvier 1976.

Macy, J.: Der Umgang mit der Verzweiflung – Psychologische Antworten auf die globale Krise, in: Gottwald, F.-T. & Klepsch, A.: *Tiefenökologie*, München: Diederichs 1995, S. 179–225.

»Spezialisten, die entschlossen sind, die Grenzen ihrer eigenen Disziplin nicht zu überschreiten, sind zu unheilbarer Kurzsichtigkeit verurteilt, da ein echter Fortschritt immer nur im Kontakt mit anderen Gebieten der wissenschaftlichen Erkenntnis möglich ist.«

Jean Piaget und Bärbel Inhelder

»Jeder Fortschritt ist ein Gewinn im Einzelnen und eine Trennung im Ganzen.«

Robert Musil

»Das scharfe Auge kann im Chaos dieser Zeit eine andere Ordnung erraten. Sie basiert nicht mehr auf dem ›Entweder-oder‹, sondern auf einem neuen ›Und‹.«

Wassily Kandinsky

Michael Bartsch

Neues Leben – alte Normen
Neue Denkwege im Recht

Die Welt wird komplexer. Mit welchem Wissen, welchen Konzepten sind die Juristen ausgestattet, um dem Rechnung zu tragen? Die Frage ist von praktischem Interesse, denn jedes Eckchen der Lebenswelt steht unter juristischer Aufsicht – ganz gleich, ob es sich darum handelt, ob die Republik Krieg führen darf, oder darum, wie laut die Zierfrösche in Nachbars Garten nach 22.00 Uhr noch quaken dürfen. Die Frage ist auch von theoretischem Interesse; denn wäre das rechtliche Denken und Entscheiden nicht an Mustern orientiert, so wäre es nur beliebiges Meinen. Im Zusammenhang dieses Bandes ist also zu fragen, woher die Juristen ihre strukturierenden Muster nehmen.

Moderne Verträge – alte Gesetze

Die Frage nach Konzepten oder Mustern der Juristen wird hier an einem kleinen Ausschnitt des Rechtswesens dargestellt, nämlich dem Problem, wie moderne Vertragskonzepte durch das alte, 1896 verabschiedete Bürgerliche Gesetzbuch (BGB) bewältigt werden. Das Beispiel hat den Vorteil, weitgehend außerhalb moralischer und weltanschaulicher Debatten zu liegen, in die rechtstheoretische Fragestellungen rasch zu münden scheinen; Vertragsrecht muß vor allem zweckmäßig sein.

Zunächst eine Vorbemerkung: Mit Gesetzen ist es wie mit Medikamenten. Mit steigendem Alter werden bei Tabletten die Waschzettel, bei Gesetzen die Kommentare länger, denn das Wissen um die Probleme wird immer genauer. Man weiß wenigstens, was nicht in Ordnung ist. Daß das

BGB von 1896 stammt, ist also nicht einfach ein Nachteil. Allerdings: Die Schuldrechtsreform, die das BGB zum 1.1.2002 stark umgestaltete, hat nicht versucht, eine Verbindung zwischen der bunten Welt der modernen Vertragstypen und dem alten Gesetz herzustellen. Die Sachverhalte, an denen der Gesetzgeber sich 2002 orientierte, sind weitgehend dieselben wie die des Gesetzgebers von 1896.[1]

Das BGB beschreibt weiterhin nur die alten Modelle des Leistungsaustauschs wie Kauf, Miete und Darlehen in knappen Sätzen. Das genügt nicht für den wirtschaftlichen Transfer zwischen Unternehmen, wie wir bei einem Blick auf einige Aspekte der Vertragswelt eines mittelständischen Produktionsbetriebs sehen: Die Werkhalle wurde vom Bauträger erworben. Für die meisten Maschinen bestehen Leasing- und Wartungsverträge. Das Material beschafft man sich durch langfristige Lieferverträge, zu denen Qualitätssicherungsvereinbarungen und Finanzierungsregelungen gehören. Die Produktion läuft computergesteuert. Die EDV ist per Outsourcing an ein Rechenzentrum gegeben. Für die Software bestehen Lizenz- und Pflegeverträge. In bezug auf Patente und Marken ist das Unternehmen teils Lizenznehmer, teils Eigennutzer, teils Lizenzgeber.

Keiner dieser Verträge ist im BGB geregelt. Neuartig gegenüber dem BGB sind die Vertragsgegenstände (vor allem die moderne Informations-, Bilder- und Klangwelt), die Leistungskombinationen und -bündelungen, die Dauerhaftigkeit der Verbindungen, die Mehrpersonenverhältnisse und die Konzepte zur Finanzierung und Risikobewältigung. Wir haben einen enormen Zuwachs an Komplexität. Wie kann er mit den alten Normen bewältigt werden?

Die Leistungsfähigkeit von Gesetzen und Gerichten

Der Gesetzgeber hatte 1896 einen bescheidenen Anspruch; die Gesetzesregeln könnten nicht »eine für die Zukunft oder auch nur für die Gegenwart erschöpfende sein oder sein sollen«. Der Gesetzgeber solle »die von ihm erlassenen Normen mit den wechselnden Lebensverhältnissen im

Einklange erhalten« (so die amtliche Begründung des Gesetzes), also das Gesetz modern halten.

Nur tat der Gesetzgeber dies leider nur im Bereich des Konsumentenschutzes. Die Last, für die Passung zwischen Lebenswirklichkeit und Recht zu sorgen, blieb an der Rechtsprechung hängen. Ähnlich wie der Notarzt hat der Richter die zwingende Pflicht, eine Entscheidung zu treffen. Er kann nur wählen, wie er entscheidet. Wo das Gesetz nicht paßt und wo die juristische Theorie nur Meinungen ohne Anwendungsregeln liefert, ist der Richtertisch frei für ein theoriefernes Hantieren mit den gegebenen Möglichkeiten, für letztlich ungebundene und unkontrollierte Billigkeit.

So ist die Rechtsfortbildung des Bundesgerichtshofs hart kritisiert worden. Rechtslehrer sprechen von »ungebunden schweifender Rechtsprechungspraxis«, die »mit den Erfordernissen von Voraussehbarkeit und Befolgbarkeit ihrer Postulate nur sehr schwer zu vereinbaren ist«, oder von »eingestandenermaßen vollendetster Willkür«; die Rechtsprechung wirke »ähnlich wie ein Ersatzgesetzgeber«.[2] Der Abbau dogmatischer Stringenz ist unübersehbar. *Luhmann* deutete ihn schon 1974 als Reaktion auf Überforderung, also auf einen inadäquaten Bestand an Theorien (Luhmann 1974, S. 14).

Welches Ergebnis im Einzelfall richtig oder gerecht sei, ergibt sich nicht aus dem Gesetz, das eine strukturell andere Welt meint, und kann sich nicht aus *common sense* ergeben, denn wir haben Bindung an das Gesetz. Konsistenz läßt sich nur durch Strukturwissen herstellen, durch Muster, Verfahren, Denkwege. Wir wollen deshalb einen Blick auf die Theorien werfen, mit denen Juristen die Lücke zwischen dem vom Gesetz gemeinten Sachverhalt und der tatsächlichen Lebenswelt schließen, eine Lücke oder Differenz, die bei steigender Komplexität der vertragsrechtlich zu erfassenden Lebenskomplexität und stagnierender Modernität des Gesetzes stetig größer wird.

Begriffstheorien

Ein Teil der Rechtstheorie will sich auf Begriffsbildung und die Regeln vom logischen Schließen beschränken; nur auf diesem Weg vollziehe sich wissenschaftliche Erkenntnis. Die Welt lasse sich in ihren Erscheinungsformen in Begriffen abbilden, die in einer strikt dendritischen, also baumförmigen Klassifikation, in einer Hierarchie stünden. Die jeweils untere Kategorie sei Teilmenge der oberen Kategorie und unterscheide sich von diesem *genus proximum*, dieser nächsten Art, durch die *differentia specifica*, die spezifisch unterscheidenden Eigenschaft. – Das ist klassischer Aristotelismus, sein Wert ist unbestritten, aber er nützt gerade nichts für die rechtlich schwierigen Fragen, denn diese Fragen sind nur durch Gesetzesauslegung und Wertung entscheidbar.

Eine solche Begriffspyramide ist zweidimensional, starr und zeitlos, außerdem schwarz-weiß in einem doppelten Sinn, nämlich dem der Existenz von Druckerschwärze auf Papier und dem einer binären Unterscheidung in »entweder – oder«. Die Welt ist jedoch nicht bereit, sich daran zu halten. Sie ist bunt, dreidimensional, bewegt und lebendig.

Begriffstheorien können nie genauer sein als die benutzten Begriffe. Der Blick auf die Ergebnisse der Sprachphilosophie und Sprachwissenschaft im 20. Jahrhundert macht den Versuch zum Aberglauben, die Welt könne konsistent durch Begriffe abgebildet werden.

Typologie

Das Gesetz geht deshalb auch nicht begrifflich vor, sondern entwirft mit den Vertragstypen Muster, Idealtypen mit normativen Zügen; es umschreibt eine »Vertragsnatur«. Die Alltagspraxis bis hinauf zum Bundesgerichtshof sieht die Vertragstypen als ein enges Kästchenschema, vergleichbar dem Setzkasten des Druckers. Ein konkreter Vorgang müsse entweder Kaufvertrag oder Werkvertrag sein oder ein Mischtypus. Man tut so, als bestehe die Vertragswelt hauptsächlich aus BGB-Vertragstypen und als sei der Rest durch Ausnahmeregeln erfaßbar. Man vermeidet zwar die Starrheit eines reinen Begriffsdenkens, preßt aber die Lebensvielfalt der Verträge in das hierfür nicht geeignete und nicht geschaffene Konzept der BGB-Verträge.

Der Ansatz führt zu Theorien der gemischten Verträge; der konkrete Vertrag sei beispielsweise teils kaufvertraglich, teils dienstvertraglich einzustufen. Hier bietet die Rechtswissenschaft viele Theorien; das praktische Ergebnis ist allerdings mager. *Heinrichs*, der prominenteste BGB-Kommentator, sagt, »keine dieser Theorien sei … in der Lage, die rechtliche Behandlung der gemischten Verträge allein sinnvoll zu lösen«. Das Arsenal ist so nützlich wie ein Kasten mit komplizierten Werkzeugen ohne Bedienungsanleitung; eine Meta-Theorie zur Auswahl unter den Theorien fehlt jedoch.

Topik

Das Problem der Konkretisierung von Normen ist nirgends größer als bei den Grundrechten im Verfassungsrecht, wo hochabstrakte Prinzipien in Beziehung zueinander gesetzt und mit der Lebenswirklichkeit in Übereinstimmung gebracht werden müssen. *Hesse*, einer der prominentesten Verfassungsrechtler, legt dar, daß die Normen nicht ohne wertendes Vor-Verständnis verstanden werden können, daß »die Verfassung kein abgeschlossenes und einheitliches – logisch-axiomatisches oder werthierarchisches – System enthält« (vgl. Hesse 1995, S. 21), sondern nur durch ein topisches Vorgehen konkretisiert werden kann.

Ein *topos* ist ein Ort im Gelände. Die Topologie ist die Beschreibung einer Fläche. Sie ist das Gegenteil einer Hierarchie; denn in der Hierarchie ist das Über- und Untereinander strukturbildend, es gibt nur vertikale Wege. Die Topik bildet aus Rechtsgrundsätzen, Normen und Wertungsgesichtspunkten einen strukturierten Raum, ein Kraftfeld. Jedes Element hier ist vielen Kräften ausgesetzt und muß seinen Ort und seine Nützlichkeit als eine Summe vieler Einflüsse belegen.

Bei der Topik gibt es gegenüber der Hierarchie einen deutlichen Zuwachs an Modernität: Sie versucht, die Entscheidungsvorgaben aus dem Sachverhalt selbst zu nehmen, aus einer Analyse dessen, was ist, und nicht aus der Theorie. Sie trägt dem Faktum Rechnung, daß Begriffe und Definitionen durch ihren Anschein der Genauigkeit darüber hinwegtäuschen, daß sie an den Rändern – also dort, wo es darauf ankommt – nie genau sind. Sie nimmt auf, daß jeder Gegenstand in vielfältigen Bezügen steht und nicht durch ein einfaches Stammbaumschema in seiner Eigenart erfaßt werden kann.

Die Kritiker der Topik wandten ein, die neue Methode biete keine sichere Rechtsanwendung. Das mag so sein. Das hierarchische Vorgehen allerdings setzt ein systematisches Recht voraus und einen systematisierbaren Sachverhalt. An beidem fehlt es. Der Vorzug der Topik ist die Aufforderung, man möge zunächst die Realität genau wahrnehmen und sich bei diesem ersten Akt der Problemlösung nicht schon durch systematische Vorgaben einengen lassen.

Ein Blick in eine fremde Welt

Wir Juristen können aus anderen Lebenswelten lernen. Ich wähle als Beispiel die Informatik. Software wurde zunächst in einem Phasenmodell erstellt, »top-down« vom Allgemeinen zum Besonderen, vom generellen Konzept über Funktionsblöcke, dann über die Festlegung der einzelnen Funktionen bis zu den Programmzeilen (»Wasserfallmodell«). Das Verfahren ist strukturähnlich zum klassischen Weg der Juristen zur Norm: von oben nach unten.

Die Softwarekrise begann, als Softwareprojekte sich als zu komplex erwiesen, um fortan so strukturiert zu werden. Die Wünsche der Kunden nach Änderung und Ergänzung waren umfassender, als es im Projektablauf noch realisiert werden konnte, so daß die entwickelte Software letztlich nicht das Interesse der Nutzer traf. Eine so konzipierte Softwareentwicklung geriet in inakzeptable Distanz zu den Erfordernissen der Praxis.

Hilfreich war zunächst eine genaue Analyse, für welchen Bereich das »Wasserfallmodell« nützlich war. Ein zweiter Ansatz war es, nicht »top-down«, sondern »bottom-up« zu entwickeln, also erst kleine, praktisch nutzbare Funktionseinheiten zu erstellen und auszutesten und diese dann zu größeren Einheiten zu verbinden. In der Praxis hat man die Methoden kombiniert, also sowohl von oben nach unten geplant als auch von unten nach oben aufgebaut.

Ein weiteres Konzept hat sich Anfang der 90er Jahre entwickelt, die objektorientierte Programmierung. Hier werden Daten und Prozeduren als Objekte zusammengefaßt. Ein Lieferschein beispielsweise besteht aus Daten (was, wann, an wen) und prozeduralem Inhalt, eben dem Faktum, daß geliefert wird und in der Lagerverwaltung entsprechend gebucht werden muß. Die Methode bleibt also ganz sachverhaltsnah und erzeugt eine Landschaft, eine Topologie von Entitäten, deren Eigenschaften, von ihren Beziehungen zueinander und dem, was funktional stattfinden soll. Der Charme und Vorteil liegt darin, daß die Lebenssituation selbst analysiert wird und damit der Sachverhalt im Vordergrund der Bemühungen steht.

Die Übernahme in das Vertragsrecht

Wie und was können wir Juristen diesen Konzepten der Modularisierung, Strukturbildung und Vernetzung entnehmen?

- Je komplexer der zu behandelnde Sachverhalt ist, desto komplexer müssen die anzuwendenden Theorien und Werkzeuge sein.
- Top-down-Entwürfe sind für einfache Strukturen richtig. Sie bleiben innerhalb komplexer Strukturen richtig, allerdings mit beschränktem Einsatzbereich.
- Modularisierung, Strukturbildung in Netzen und nicht in einer einfachen Über- und Unterordnungsrelation sind moderne Problemlösungsverfahren.
- Zwischen den Objekten (im Vertragsrecht: den Gesetzesnormen, den Gesetzestypen, den Vertragstypen und den Vorgaben der Lebenswelt) bestehen komplexe Beziehungen, die sich einer Top-down-Beschreibung verschließen und eher als gestaltete Landschaft, als Kraftfeld erfaßt werden können.

Komplexe Strukturen lassen sich nicht mit hierarchischen Systemen und Begriffsdefinitionen fassen; diesen Instrumenten wohnt immer die Behauptung inne, daß die Strukturen im Prinzip erkennbar und vollständig abbildbar sind. Die praktische Lösung komplexer Probleme braucht ein Instrumentarium, das eher einem komplexen Werkzeugkasten ähnelt, in dem es Strukturwissen, Definitionen, Typenbilder, Regeln unterschiedlicher Abstraktionshöhe, analytische und therapeutische Instrumente gibt.

Nimmt man ernst, daß die BGB-Vertragstypen nützliche Modellvorstellungen sind und daß vom Bestand der Gesetzesregeln eines Vertragstyps nur die problemadäquaten anzuwenden sind, ist der Blick frei auf eine andere Funktion der einzelnen Normen. Sie sind dann nicht nur abhängige Teile, Rädchen der großen Maschine »Kaufvertrag«, »Dienstvertrag« oder was es sein mag, sondern sie haben eigenen Wert, eigenen Sinn, sind Teile des Gesetzes mit eigenem Regelungsinhalt.

Ein solches Konzept gibt jeder Einzelregelung eine eigene Reichweite, die nicht identisch ist mit der im Gesetz jeweils vorangestellten Beschreibung des Vertragstyps. Im Bild des Kraftfeldes: Die Norm wirkt nicht nur innerhalb des eng vom Gesetz abgesteckten Vertragstyps und nicht überall in diesem Rahmen, sondern hat einen eigentümlichen Wirkungsraum, der sich aus Sinn und Zweck, aus dem in der Einzelregelung anvisierten Problem ergibt. Erst aus diesem Gedanken ergibt sich die Berechtigung des Gesetzesanwenders, sie auch außerhalb des gesetzlichen Standorts anzuwenden. Was in der Rechtspraxis »Analogie« heißt und was in einem hierarchischen System ein Systembruch, manchmal einfach ein »Gemogel« ist, ist im modularen Konzept das korrekte Vorgehen. Erst dadurch entsteht wieder Gesetzestreue. Der Gedanke, die Welt durch feste Systeme zu erfassen, ist ein Leitgedanke des 19. Jahrhunderts. Der hellsichtige *Nietzsche* sagt: »Der Wille zum System ist ein Mangel an Rechtschaffenheit« (Nietzsche 1980, S. 63, Nr. 26).

Die Reichweite einer jeden Norm wird man nach dem Kriterium bestimmen, ob sie in einen ausgewogenen Formularvertrag für den jeweiligen Sachverhalt aufgenommen würde. Die Kautelarjurisprudenz mit ihrer nicht analytischen, sondern konstruktiven Arbeitstechnik (bottom-up) bekommt hier für die Gesetzesauslegung zusätzlichen Wert. Der Autor eines Mustervertrages behandelt nicht analytisch einen Streitfall; er erstellt etwas Neues, bildet unter Nutzung der Bausteine des BGB einen Vertragstyp. Er hat keine Partei-Interessen, befindet sich »hinter einem Schleier des Nichtwissens« – so die schöne Formulierung bei John Rawls (Rawls 1975, S. 159) – und kann so neutral und hinreichend abstrakt urteilen.

Lernen für Juristen

Die anderen Wissenschaften wollten oder mußten im 20. Jahrhundert lernen, daß hierarchisch-begriffliche Beschreibungsverfahren unzureichend sind. Sprachtheorie, Systemtheorie und Wissenschaftstheorie sind nur drei Stichworte, die dieses Lernen belegen. Die Juristen mußten nur wenig lernen, denn sie haben keine externe Kontrolle; sie haben endgültig recht.

Zunächst ist zu lernen, den rechten Ausgangspunkt zu wählen. Die klassische Systematik beginnt am höchsten Ort, sie geht von dort aus über die Weggabelungen der Hierarchie zur Realität hinunter. Weil ihr System notwendig unvollständig ist, traut sie ihren eigenen Ergebnissen nicht und redigiert sie nachträglich anhand nicht nachprüfbarer Kriterien wie Billigkeit und Angemessenheit.

Der hier vorgeschlagene Standpunkt liegt auf halber Höhe, zwischen der Realität des Lebens und der Idealität des Rechts, ähnlich wie das ärztliche Handeln davon bestimmt ist, daß weder Sachverhalt noch Theorie jemals komplett erkennbar sind (ein Standpunkt der Bescheidenheit) und daß der wirkungsmächtigste Ort deshalb der ist, wo der Sachverhalt genau gesehen und, soweit im praktischen Handeln möglich, mit einer möglichst umfangreichen Ausstattung und einer möglichst situationsgerechten Auswahl an Werkzeugen der Theorie diagnostiziert und therapiert werden kann.

Eine hilfreiche Theorie kann nicht so komplex sein wie der Sachverhalt, so wie eine Landkarte nicht so groß sein darf wie das abgebildete Gelände; Defizite der Abbildungsgenauigkeit sind notwendig. Der Anspruch an Theorie geht zunächst auf Konsistenz und Nachvollziehbarkeit. Der Anspruch an eine Theorie der Rechtsanwendung geht zunächst auf Wahrnehmung des Sachverhaltes in seiner Komplexität und seiner Gesetzesnähe oder -ferne. Wer zuvor Festlegungen trifft, muß später – theoriefern – korrigieren.

Ein Mehr an Theorie führt immer zu einem Mehr an Schaltstellen und Entscheidungen und scheint damit notwendig ein Mehr an Unsicherheit zu bewirken. Die Frage ist aber nicht, ob wir mehr oder weniger Theorie *haben wollen*, sondern offensichtlich ist, daß wir mehr Theorie *haben müssen*. Denn inhaltliche Richtigkeit der Entscheidungen und Rechtssicherheit lassen sich nur in einem Kontext, einem Netzwerk gleichartiger Vorgänge erzielen und erkennen. Schon die Beantwortung der Frage, was gleichartig ist, verlangt Theorie. Wer in einer komplexen Welt komplexe Theorien ablehnt, unterbietet den notwendigen Anspruch.

Anmerkungen

1 Das gewerbliche Unternehmen wird weiterhin mit den Beispielen »Mühle, Schmiede, Brauhaus, Fabrik« umschrieben; es gibt zwar noch eine Eigentumsordnung für Dünger (§ 98 BGB), nicht aber eine Auskunft zur rechtlichen Einstufung von Software.

2 Alle Fundstellen sind bei www.bartsch-partner.de/bgb nachgewiesen.

Literatur

Hesse, K.: *Grundzüge des Verfassungsrechts der Bundesrepublik Deutschland*, Heidelberg 1995 (20. Aufl.).

Luhmann, N.: *Rechtssystem und Rechtsdogmatik*, Stuttgart 1974.

Nietzsche, F.: *Sämtliche Werke*, Kritische Studienausgabe, München 1980, Bd. 6, *Götzen-Dämmerung*.

Rawls, J.: *Eine Theorie der Gerechtigkeit*, Frankfurt a. M. 1975.

»Alles Gescheite ist schon gedacht worden,
man muß nur versuchen,
es noch einmal zu denken.«
Johann Wolfgang von Goethe

Eckard Minx, Harald Preissler

»Die Sonne geht nicht im Osten auf.« Zukunftsfähiges Denken und verantwortliches Handeln

Die Ungewißheit ist zu unserem ständigen Begleiter geworden. Wir werden mit Informationen überhäuft, aber an Wissen und Urteilskraft mangelt es zunehmend. Zugleich trifft ein hohes technisch-ökonomisches Fortschrittstempo auf Stagnationserscheinungen in den politisch-gesellschaftlichen Entwicklungen. Auch die persönlichen Lebenswelten der meisten Menschen werden mitnichten permanent »umgedreht«. Die Formel »rasender Stillstand« (Virilio 1992) faßt sehr gut die aktuelle Befindlichkeit zusammen.

In diesem Zusammenhang stellen sich die Fragen: Was bedeutet das für zukünftiges Denken und Gestalten? Welche Denkansätze bzw. Denkmuster können helfen, Bilder zukünftiger Welten zu erzeugen, um schließlich zu verantwortlichem Handeln zu gelangen?

Innovationsstrategie Wortwechsel

Beginnen wir die Suche nach Antworten mit Peter Bichsels Kindergeschichte vom alten und traurigen Mann, der aus seiner stets gleichen Welt ausbrechen möchte (aus Bichsel 1969):

»... ›Immer derselbe Tisch‹, sagte der Mann, ›dieselben Stühle, das Bett, das Bild. Und dem Tisch sage ich Tisch, dem Bild sage ich Bild, das Bett heißt Bett ... Warum denn eigentlich?‹ Die Franzosen sagen dem Bett ›li‹, dem Tisch ›tabl‹, nennen das Bild ›tablo‹ ..., und sie verstehen sich ... ›Warum heißt das Bett nicht Bild‹, dachte der Mann und lächelte, dann lachte er, lachte, bis die Nachbarn an die Wand klopften und ›Ruhe‹ riefen.

... Dann lernte er für alle Dinge die neuen Bezeichnungen ... Aber bald ... hatte [er] seine alte Sprache fast vergessen ... Er mußte lange nachdenken, wie die Leute zu den Dingen sagen ...

Und es kam soweit, daß der Mann lachen mußte, wenn er die Leute reden hörte ... ›Gehen Sie morgen auch zum Fußballspiel?‹ ... Er mußte lachen, weil er all das nicht verstand.

Aber eine lustige Geschichte ist das nicht ... Der alte Mann im grauen Mantel konnte die Leute nicht mehr verstehen, das war nicht so schlimm. Viel schlimmer war, sie konnten ihn nicht mehr verstehen. Und deshalb sagte er nichts mehr. Er schwieg, sprach nur noch mit sich selbst, grüßte nicht einmal mehr ...«

Warum diese Geschichte am Beginn unserer Überlegungen? Offensichtlich lebt der alte Mann im Konflikt zwischen einer individuell erlebten Gleichförmigkeit und dem Anspruch nach Veränderung, nach Erneuerung. Er reagiert auf diese Situation mit einer individuellen Innovationsstrategie, die Neues durch den Tausch von Begriffen zu schaffen sucht. Zunächst scheint sie aufzugehen, am Ende jedoch greift sie zu kurz. Was zunächst innovativ *erscheint*, führt im Ergebnis zu Sprachlosigkeit, Isolation und Stillstand.

Welche weiteren Schlüsse können wir ziehen? Welche Alternativen im Umgang mit dem Spannungsfeld zwischen Alt und Neu haben wir? Wir möchten im Folgenden einige Thesen zu diesen Fragen formulieren und betrachten vor dem Hintergrund der Geschichte von Peter Bichsel zunächst den Kontext des Neuen.

Kontext – rasender Stillstand

»We eat change for breakfast!« – »Durch Deutschland muß ein Ruck gehen.«[1] – »Neue Wirtschaft.« In der täglichen Flut von Botschaften, die über uns hereinbricht, steckt der immer gleiche, appellative Kern: Veränderung! Das Neue ist besser als das Alte. In dieser allgemeinen Fortschrittsstimmung hat schon die Frage »Was soll warum anders werden?« geradezu etwas »Aufwieglerisches«, und ein Bekenntnis, daß z.B. eine Strategie auf alten Ideen basiere, käme deren politischem Todesurteil gleich. Also: Ein neues Denken ist gefragt.

Aber mit der Frage »Was ist das neue Denken?« wird es uns nicht anders gehen als den Blinden, die gebeten werden, einen Elefanten zu beschreiben (in dem Gedicht »The blind men and the elephant« von G. Saxe; vgl. Mintzberg et al. 1999). Je nachdem, welche Stellen die tastenden Hände berühren und wie sich die einzelnen Versuchspersonen artikulieren können, fällt das Ergebnis aus: Der Blinde, der ein Bein des Elefanten fühlt, ist davon überzeugt, daß es sich um einen Baum handele, die Person, die das Ohr fühlt, erkennt darin einen Fächer, und der Schwanz führt zur Vermutung, es handele sich beim Elefanten um ein Seil. Jeder hat auf seine Weise recht, und dennoch erfaßt keiner von ihnen das gesamte Erscheinungsbild des Elefanten.

Wenn wir das Bild vom Elefanten auf unsere Thematik übertragen, kommen wir zu typischen Denkfallen (vgl. Schönwandt 1986), die dazu führen, daß unsere Entscheidungen meist alles andere als »rational durchdacht« sind.

Typische Denkfallen

Die folgenden fünf typischen Denkfallen möchten wir nennen:

1. Unsere Wahrnehmung ist selektiv. Selbst bei einfachen Problemen überfordert die Masse der verfügbaren Daten das menschliche Bewußtsein – es trifft notwendigerweise eine Auswahl.
2. Allerdings ist diese Auswahl von Informationen oft nicht durch die Sachlage bestimmt, sondern durch Denkstrukturen: Zum Beispiel überschätzen wir bestätigende und erwünschte Informationen und bevorzugen anschauliche Informationen.
3. Der Denkapparat kann nur schlecht zwischen zufälligen und nichtzufälligen Ereignissen trennen: Er sieht Zusammenhänge, wo es keine gibt, oder erkennt sie nicht, wenn sie nicht offensichtlich sind.
4. Nichtlineare Beziehungen sind schwer einzuschätzen. So überbewerten wir häufig neueste Trends oder überschätzen die Stabilität längerfristig beobachteter Ereignisse.
5. Die Erfahrung ist ein subjektiver Lehrmeister. Unser Verhalten wird meist als »optimal angepaßt« interpretiert, wir unterscheiden nicht zwischen Fähigkeiten und Glück – eine gefährliche Illusion der Kontrolle geht damit einher.

Die Unterscheidung zwischen »altem« und »neuem Denken« ist folglich oft fragwürdig, da die Voraussetzungen für die Unterscheidung kaum transparent sind. Diese Voraussetzungen betreffen zum einen die Perspektive, aus der heraus die inhaltlichen Unterscheidungskriterien entwickelt sind. Zusätzlich spielen immer auch die Interessen und Opportunitätskosten der Personen bzw. Institutionen eine Rolle, die die Unterscheidung vollziehen. Die Künstlerin Barbara Kruger bringt dies auf den Punkt: »It's a small world – but not if you have to clean it.« (Kruger 1990)

Damit kommen wir so zu unserer *ersten These: Heute steht einer Vielfalt von Denkansätzen ein Mangel an Fähigkeiten und Möglichkeiten, manchmal auch an Willen gegenüber, andere Ideen und Standpunkte in die eigenen Überlegungen einzubeziehen.*

Ein aktuelles Beispiel sind die in der Öffentlichkeit zum Thema Globalisierung geführten Meinungskämpfe: Im Januar 2003 kamen die derzeit prominentesten multilateralen Instanzen zum Thema Globalisierung zusammen, das World Economic Forum (WEF) in Davos und das Weltsozialforum (WSF) in Pôrto Alegre. Die beiden Foren unterscheiden sich grundsätzlich in dem, was sie unter »Welt« verstehen, bzw. in ihrem Ansatz, wie sie zu gestalten sei. Kritiker werfen dem WEF vor, die Welt zum Vorteil der dominanten wirtschaftlichen Akteure strukturieren zu wollen. Im Gegenzug zeigt sich die Kritik am WSF z.B. in der Bezeichnung der Teilnehmer als Globalisierungsgegner, die mit ihrem sozialutopischen Ansatz einer »Globalisierung von unten« an der Wirklichkeit vorbei argumentierten.

Die Existenz der unterschiedlichen Sichtweisen ist nicht problematisch. Im Gegenteil, sie bietet eine Chance zur Weiterentwicklung, denn gerade weil wir alle »in einem Boot sitzen«, wäre es fatal, wenn wir alle auf derselben Seite dieses »Bootes« säßen. Problematisch ist jedoch, daß diese Chance heute kaum genutzt wird. Das Spannungsfeld »Globalisierung« hat vielmehr zu einer extremen Politisierung und Polarisierung geführt, bis hin zur Kriminalisierung ihrer Gegner wie ihrer Befürworter. Im Ergebnis kommen wir deshalb oft über medial inszenierte Auseinandersetzungen nicht hinaus, und die möglichen Hintergründe bzw. Zusammenhänge der zunehmend international vernetzten politischen und wirtschaftlichen Strukturen bleiben im dunkeln. Diesem »vordergründigen« Konfliktszenario beugt sich auch immer öfter das politische Entscheiden und Handeln: ein Tatbestand, der angesichts der immensen Folgen, die mit dem komplexen Geschehen der »Globalisierung« verbunden sind, völlig unangemessen ist.

Mit dem Begriff »Komplexität« hängt unsere *zweite These* zusammen: *Komplexität wird heute häufig mit der überbordenden Vielfalt an Phänomenen verwechselt, und das vorherrschende Gefühl von Unsicherheit ist oft auch eine Folge dieser Verwechslung.*

Der alte Mann aus Peter Bichsels Geschichte nimmt zwar die Vielfalt der Worte zur Kenntnis, fragt aber nicht nach den Voraussetzungen und Hintergründen dieser Vielfalt. Er bleibt mit dem »Wortwechsel« auf der Ebene der sinnlich erfahrenen Erscheinungen bzw. Phänomene. Aber hier ist Vorsicht geboten: Erstens führt sinnliche Gewißheit (Augenschein) oft zum begrifflichen bzw. konzeptionellen Trugschluß. So wird die Aussage »Die Sonne geht im Osten auf« alltäglich durch unsere Sinne bestätigt, obwohl wir wissen, daß sie im naturwissenschaftlichen Sinne weder auf- noch untergeht. Wir würden zu falschen theoretischen Schlußfolgerungen gelangen, wenn wir die sinnliche Gewißheit zum Ausgangspunkt entsprechender Theorien nähmen, wie das vor Galileo der Fall war. Daran würde auch ein einfaches Vertauschen der Worte nichts ändern. Zum zweiten bilden umgekehrt Theorien selbst einen entscheidenden Baustein dafür, sehen und erkennen zu können. Deshalb ist die permanente Arbeit an – kompetitiven – Theorien unabdingbare Voraussetzung, um in unserer komplexen Welt der Phänomene Neues zu entdecken, Bekanntes neu zu ordnen und den Geltungsraum unserer Theorien immer wieder neu auszuloten.

Doch haben wir Theorien, die uns helfen, Phänomene wie z.B. »Globalisierung« oder »Fundamentalismus« besser zu verstehen? Oder bleiben wir auch hier auf der Ebene von Phänomenen, mit den Konsequenzen der Unvermittelbarkeit und des (Schlag-) Wort-Wechsels?

Sinn und Bedeutung

Vielleicht müssen wir uns wieder mehr *sinnstiftende Erzählungen* erarbeiten, die Ansätze zum Verständnis der Phänomenvielfalt liefern und die gleichzeitig Raum für Interpretationen schaffen. Sie müssen so gut sein, daß sie uns sagen, welche Probleme wir eigentlich betrachten und analysieren sollten. Diese »guten Theorien«[2] machen Arbeit, sind in der Regel unbequem und liefern meist nicht die heute gefragten schnellen Antworten, die oft zwar einfach, aber auch falsch sind.

In engem Zusammenhang mit den Theorien steht auch unser Umgang mit Begriffen. Hierauf bezieht sich unsere *dritte These: Wir müssen uns wieder mehr um die Bedeutung der von uns be- und genutzten Begriffe kümmern.*

So wie es nötig ist, die Dominanz der Phänomene über Theorien zu brechen, ist es vor dem Hintergrund der heutigen Schlagwortkultur ebenso nötig, mehr Gewicht auf die Diskussion der Bedeutung verwendeter Begriffe zu legen, statt mit immer neuen Begriffen und Wortspielen kurzfristige Scheinveränderungen zu inszenieren. Dies tut insbesondere auch in der Zunft der Zukunftsforscher not, wo sich Trendbüros und -gurus, Zukunftsexperten und Prognosefachleute tummeln, die oft zwar medienwirksam formulieren und Effekte erzielen können, die jedoch seriöseren Lesarten im Umgang mit Zukünften – die meist leiser daherkommen – eher schaden. Diese Notwendigkeit der ständigen Begriffsreflexion gilt insbesondere in bezug auf fundamentale Begriffe, die für die Zukunftsgestaltung unserer Gesellschaften und Institutionen von großer Bedeutung sind.

Beispiel Wirtschaft: In der einschlägigen Literatur steht der Begriff »Wirtschaft« z.B. für den rationalen Umgang mit knappen Gütern, d.h. mit Gütern, bei denen der Bedarf deren Vorrat bzw. Vorhandensein übersteigt. Doch was bedeutet dies konkret? Handeln Menschen rational? Worin zeigt sich ein »rationaler Umgang mit knappen Ressourcen«? Welche Güter werden von wem als »knapp« angesehen? Mittlerweile wird z.B. über die Knappheit frischer Luft diskutiert, die lange Zeit vermeintlich im Überfluß vorhanden war. Ist die verblaßte Metapher »knappes Gut« angemessen, um z.B. moderne Konsumgütermärkte in den hochentwikkelten Industriegesellschaften zu beschreiben?

»A civilisation which cannot burst through its current abstractions is doomed to sterility after a very limited period of progress«, eine Zivilisation, die ihre üblichen Abstraktionen bzw. abstrakten Begriffe nicht durchbrechen oder überwinden kann, ist, nach einer begrenzten Periode des Fortschritts, zur Sterilität verurteilt – so Alfred N. Whitehead (Whitehead 1926; zit. n. Hodgson 2001). Wenn unsere Begriffe in einer Art ewigen Gültigkeit »kristallisieren« (»kristallin«, fest werden), ist das letztlich ein Zeugnis dafür, daß auch unsere Gedanken »kristallisiert« sind. Solche statischen, enthistorisierten Begriffe und Gedanken sind der Dynamik des gesellschaftlichen Lebens in jedem Fall unangemessen.

Welche Konsequenzen können wir aus diesen Überlegungen ziehen? Wir suchen im Folgenden nach Antworten in drei Bereichen, die mit der Beschäftigung mit der Zukunft bzw. der Entwicklung von Perspektiven zu tun haben: erstens unsere Zukunftsvorstellungen, zweitens die Bedeutung von Sozialutopien sowie drittens die nötige Rückkehr des Menschen als verantwortlicher und gestaltender Akteur.

Zukunftsvorstellungen

Zukunftsvorstellungen sind ein Ausdruck der sozialen Wirklichkeit und sind deshalb immer gegenwärtige Vorstellungen; wir erfahren aus ihnen nichts über zukünftige Realität. So wie ein Unternehmen, die Politik, die Gesellschaft usw. die Vorstellung ist, die wir aufgrund kollektiver Definition von ihnen haben, sind Zukunftsvorstellungen die Zukunft – heute! (Hondrich 1999)

Deshalb ist unser »Suchfeld« bezüglich künftiger Entwicklungen nicht beliebig offen. Es ist vielmehr – oft unbemerkt – stark geprägt durch die tiefliegenden Paradigmen der Gegenwartskultur bzw. des Zeitgeistes. So verwundert es nicht, daß viele Vorstellungen über unsere künftige Gesellschaft in Ermangelung alternativer Konzepte in ökonomischen Kategorien wurzeln (Minx/Preissler 2002). Es geht dabei um internationale Wettbewerbsfähigkeit und Standortinvestitionen, Unternehmenswerte werden in Aktienkursen ausgedrückt und Menschen als »Humankapital« vermessen. Die Kategorie »Fortschritt« verweist heute im wesentlichen auf technische und ökonomische Aspekte, wir leben unter einem technologisch-ökonomischen Fortschrittsparadigma.

Die Entwicklung erscheint wie eine Naturgewalt, an die man sich anpassen muß, um nicht daran zugrunde zu gehen; wir scheinen in Sachzwängen zu leben. Doch hier wurzelt ein fundamentales Problem der Gegenwart, denn es gilt: Wo alles automatisch abläuft, besteht keine Notwendigkeit zur bewußten und verantwortlichen Einflußnahme. Und: wo alles automatisch abläuft, sind auch keine Ziele nötig, keine Visionen davon, wohin »wir« die Welt weiterentwickeln möchten.

Wir erinnern an Lewis Carrolls »Alice im Wunderland«, die im Labyrinth nicht weiter weiß und die Katze fragt: »Würdest du mir bitte sagen, wie ich von hier aus am besten weitergehe?« Die Antwort der weisen Katze bringt es auf den Punkt: »Das hängt davon ab, wo du hinwillst.« Bevor wir aktiv daran gehen, die Zukunft zu gestalten, müssen wir unsere Ziele formulieren. Der Weg, den wir gehen wollen, muß Anfang und Ziel haben. Wir müssen dabei freilich aufpassen: Das Bessere ist der Feind des Idealen. Es ist Karl Popper darin zuzustimmen, daß die größten Katastrophen über die Menschheit oft im Namen des Idealen hereingebrochen sind. Deshalb kann es nicht um Idealvorstellungen, sondern nur um die ernsthafte Suche nach Verbesserung gehen.

Eigenartigerweise wollen wir dabei das, was wir im Technischen oder Materiellen heute als selbstverständlich annehmen, für gesellschaftliche Utopien nicht zulassen: daß nämlich die Grenze zwischen Möglichem und dem bisher Unmöglichen jeden Tag überschritten wird. Einer Vielzahl an neuen Produktideen, Technologien und Geschäftsmodellen steht ein Mangel an neuen Ideen für unsere Gesellschaften gegenüber. Gesellschaftliche Utopien sind nicht »in Mode«.[3] Haben wir für dieses Phänomen schon »gute Theorien«, die es mit sinnstiftenden Erzählungen nachvollziehbar und damit gestaltbar machen? Diese Überlegungen führen uns zu unserer *vierten These: Unser »Suchfeld« für Innovation und Fortschritt muß erweitert werden, und zwar vom derzeitigen technischen und ökonomischen Fokus hin auf das weite Feld sozialer Innovationen. Wir brauchen wieder den Mut zur Formulierung von Sozialutopien.*

Soziale Utopien

Wo könnten Ansätze für soziale Utopien herkommen? Amartya Sen, Träger des Nobelpreises für Wirtschaftswissenschaften (1998), stellt hierzu zwei wichtige Fragen: Was soll (soziale und wirtschaftliche) Entwicklung bewirken? Unter welchen Voraussetzungen findet erfolgreiche Entwicklung statt? Seine Antwort in allgemeiner Form lautet: Entwicklung ist die Ausweitung menschlicher Freiheiten, verstanden als der stetige Aufbau realer Wahlmöglichkeiten. Voraussetzung ist, und das gehört als Kernelement zu dieser utopischen Zukunftsvision, der größten Zahl die größtmöglichen Lebenschancen zu eröffnen (vgl. Dahrendorf 2002).

Diese abstrakte Antwort birgt erheblichen Zündstoff, wenn man sie vor dem Hintergrund der großen Entwicklungen in der Welt betrachtet. Wir wissen, daß für die meisten Menschen dieser Welt die realen Wahlmöglichkeiten seit langem nicht zu-, sondern im Gegenteil abnehmen, und es ist kein Zufall, daß der Inder Amartya Sen die Ausweitung realer Wahlmöglichkeiten in seinen Überlegungen zur Umgestaltung unserer Wirtschafts- und Gesellschaftssysteme betont. Indien ist eines der vielen Länder, dessen Liste der aktuellen und kommenden Problemfelder schon heute augenfällig ist: Armut, Hunger, ungenügende Chancen auf Bildung und Qualifikation, zunehmende sozio-ökonomische Differenzen etc.

All das hat unter den Bedingungen der Globalisierung immer mehr mit uns zu tun. So zeigt die Tatsache, daß man in Tiruppur, dem »indischen Manchester« (Keller 2003), an den Schlieren im Fluß die Farben der kommenden Kollektionen in den europäischen Modehochburgen erkennen kann, die zunehmende Vernetzung der internationalen Wirtschaft mit informellen Wirtschaftsstrukturen und Arbeitsverhältnissen.

Spätestens an dieser Stelle müssen wir den Schritt vom Denken zum Handeln tun und fragen, wie wir in den international verwobenen wirtschaftlichen und gesellschaftlichen Strukturen Ideen und Konzepte angemessen umsetzen können. Es geht um *governance* im Sinne der Frage: Wer ist in der Lage, konsistente Zukunftsvorstellungen zu entwickeln und durchzusetzen?

Die Rückkehr des Menschen als verantwortlicher und gestaltender Akteur

Nach 50 Jahren Systemtheorie hat sich die Erkenntnis systemischer Komplexität weithin durchgesetzt. Ob internationale Politik, globale Wirtschaft, Weltklima: alles hängt mit allem zusammen.

Diese Erkenntnis ist ohne Zweifel richtig. Doch während die Zeitdiagnostiker in den Feuilletons unserer Zeitungen über emergente Phänomene, autopoietische Strukturen und Sachzwänge schreiben, wächst in der Gesellschaft das Bedürfnis nach Transparenz und Orientierung und die Sehnsucht nach konkret handelnden Menschen, an denen Visionen und Verantwortung festzumachen sind. Deshalb ist der Boden fruchtbar für schlichte Formeln wie »Der Kampf des Guten gegen das Böse«, Formeln, die so selbstverständlich daherkommen, als ob wir alle implizit wüßten, was denn das Gute oder das Böse sei.

Das Zusammenspiel von systemischer Komplexität und technisch-ökonomischem Reduktionismus hat zwei Gefahrenherde erzeugt: So besteht erstens die Gefahr, daß wir uns bequem einrichten in der allgemeinen Dynamik (»Was immer heute der Fall ist, es ist nicht bedeutend, denn morgen ist es schon anders«) und der konstatierten Komplexität (»Besser nichts tun, denn die Folgen sind nicht kalkulierbar«).

Ein zweiter Punkt ist noch grundsätzlicher: Der Mensch als selbstbewußt handelndes Wesen, ausgestattet mit mehr oder weniger Entscheidungsfreiheit und Verantwortung, scheint verlorenzugehen. Ob Gentechnologien, Wirtschaftpolitik oder Bildung, die Entscheidungen folgen implizit meist einer »Benchmark-Logik«: »Wir müssen das tun, damit wir im Wettbewerb nicht zurückfallen«, »Die machen das, wir müssen es auch tun« etc. Damit folgen die Entscheidungen systemintern vorgegebenen Sachzwängen, und die Menschen werden so zu Erfüllungsgehilfen, die nach Mitteln suchen, diese systemischen Vorgaben zu erreichen. Was dagegen fehlt, sind authentische Aussagen realer Menschen über die jeweiligen Vorstellungen anzustrebender Ziele. Oder, wie Odo Marquard (2003, S. 246) es formuliert hat: »... die neue Welt kann nicht sein ohne die alten Fertigkeiten. Menschlichkeit ohne Modernität ist lahm; Modernität ohne Menschlichkeit ist kalt: Modernität braucht Menschlichkeit, denn Zukunft braucht Herkunft.«

Deshalb lautet unsere *fünfte These: Im Bewußtsein der Ambivalenz von Personalisierung gilt: Die mit Verantwortlichkeit handelnde Persönlichkeit muß wieder erkennbar werden, und zwar in ihrer Rolle im System.*

Zukunft anders denken und – gestalten!

Welches Fazit können wir ziehen? In jedem Fall sollte Zukunftsplanung und -gestaltung als *diskursiver Prozeß* organisiert werden, in dem soziale Innovationen einen festen Platz haben. Dabei geht es nicht um altes oder neues Denken, es geht um ein *anderes* Denken, in dem drei Elemente zusammenkommen müssen:

- die Abkehr von Schlagwortgefechten und die gedankliche Erweiterung und Vertiefung der Diskurse;
- die Akzeptanz von Alternativen anstelle des Glaubens an Sachzwänge;
- der Mut zu sozialutopischen Geschichten, in denen nicht nur Abstraktionen, sondern wesentlich auch Vorstellungen über reale Lebensbedingungen von Menschen einen Platz haben.

Ohne Zweifel sind diese Elemente nicht immer paßfähig zur Marktlogik der aktuellen Zukunftsberatung, wo oft Schnelligkeit, Anpassung an vordefinierte Antworten und Ressourcenknappheit herrschen. Die Kunst liegt darin, unter diesen Rahmenbedingungen Prozesse der strukturierten Kommunikation zu gestalten (z.B. Szenarioprozesse), in denen genau diese Elemente ihren Platz finden. Patentrezepte gibt es dafür nicht. Der Umgang mit Zukunft – sei es in der Politikberatung, in Strategieprozessen in Wirtschaftsunternehmen oder sonstwo – ist in hohem Maße spezifisch zu betrachten und nicht zu verallgemeinern. Zwei Stichworte, die dabei immer eine Rolle spielen sollten, seien trotzdem kurz benannt:

Gestalten: Es geht um die Vermeidung des allzu schnellen »Sortierens« von richtigen und falschen Argumenten. Statt nach schnellen Lösungen zu suchen, geht es zunächst um die Erarbeitung und Erweiterung unseres Optionsraumes, den es im zweiten Schritt auszugestalten gilt. Ohne diesen zweiten Schritt aber bleibt auch der erste nur Makulatur.

Ungewißheit: Der Begriff »Ungewißheit« ist heute meist negativ besetzt. In strukturierten Kommunikationsprozessen kann dagegen die Grundlage geschaffen werden, Ungewißheit nicht als Bedrohung, sondern als Chance zu verstehen, als Chance zur Entscheidung und zur Offenheit für Neues. Und noch eines kommt hinzu: Hier kann wechselseitig gelernt werden, was wiederum Voraussetzung für grenzüberschreitende Problemlösungen ist. Und dies wäre dann wirklich die geforderte Verwandlung der »Zukunftsdebatte in eine Bildungsdebatte zukunftsfähiger Denkformen« (Mutius 2000).

Ob uns diese Strategie des Denkens und Lernens in jedem Fall glücklicher macht als die des alten Mannes, darf bezweifelt werden. Notwendig ist es trotzdem – dieses »Vonvornebeginnen«. Oder haben Jens Johler und Olaf-Axel Burow (2001, S. 204) vielleicht recht, wenn sie in ihrem Zukunftsroman den Hauptakteur feststellen lassen: »Zu viele Theorien, zu wenig Träume«?

Anmerkungen

1 Roman Herzog (Aufbruch ins 21. Jahrhundert. Berliner Rede im Hotel Adlon am 26. April 1997) auf Werbeplakaten im Nachgang zur Berliner »Ruck-Rede«.

2 Der Literaturtheoretiker Jonathan Culler (2002) benennt vier konstitutive Merkmale für »gute Theorien«: Eine gute Theorie ist »*erstens* interdisziplinär – ein Diskurs mit Wirkungen über das ursprüngliche Fach hinaus; *zweitens* analytisch und spekulativ – ein Versuch herauszufinden«, was bei unseren Begriffen »wie Sexualität, Sprache, Schrift Bedeutung etc. auf dem Spiel steht; *drittens* zu verstehen als Kritik am gesunden Menschenverstand, d.h. an Konzepten, die für natürlich gehalten werden; *viertens* reflexiv, ein Denken über das Denken, eine Befragung der Kategorien, die wir … gebrauchen, um uns die Welt zu erklären«.

3 Anders in den USA, wo der Begriff »Utopie« auch heute im politischen Alltag gebraucht wird, wobei der ursprünglich amerikanische sozialutopische »American Dream« heute vielfach auf wirtschaftliche Themen beschränkt ist.

Literatur

Bichsel, P.: *Kindergeschichten*, Neuwied/Berlin 1969.

Bolz, N. & Bosshart, D.: *Kult-Marketing. Die neuen Götter des Marktes*, Düsseldorf 1995.

Carroll, L.: *Alice im Wunderland*, Hamburg 1989.

Culler, J.: *Literaturtheorie. Eine kurze Einführung*, Stuttgart 2002.

Dahrendorf, R.: Es ist uns noch nie so gut gegangen, *Universitas*, Nr. 676, 2002, S. 996.

Hodgson, G.: *How Economics Forgot History*, New York 2001.

Hondrich, K. O.: Zukunftsvorstellungen, in: *Universitas*, Nr. 67, 2001, S. 405–417.

Johler, J. & Burow, O.-A.: *Gottes Gehirn*, Hamburg 2001.

Keller, A.: Einer, der dazuverdient, in: *die tageszeitung*, 13.2.2003, S. 5.

Kruger, B.: *Love for sale: The words and pictures of Barbara Kruger.* Text by Kate Linker, New York 1990.

Marquardt, O.: Zukunft braucht Herkunft. Philosophische Betrachtungen über Modernität und Menschlichkeit, in: *Zukunft braucht Herkunft. Philosophische Essays*, Stuttgart 2003, S. 234–246.

Mintzberg, H. et al.: *Strategy Safari. Eine Reise durch die Wildnis des strategischen Managements*, Wien 1999.

Minx, E. & Preissler, H.: Ortswechsel – Regeln in informatisierten Gesellschaften, in: *Freundesgabe für Prof. Alfred Büllesbach* (2002), www.alfred-buellesbach.de/PDF/06_Minx_Preissler.pdf.

Mutius, B. von: *Die Verwandlung der Welt. Ein Dialog mit der Zukunft.* Stuttgart 2000.

Preissler, H. & Reske, J.: Drehbücher vernetzter Arbeit, in: Münker, S. (Hrsg.): *Praxis Internet*, Frankfurt a. M. 2002.

Schönwandt, W.: *Denkfallen beim Planen*, Braunschweig 1986.

Virilio, P.: *Rasender Stillstand*, München 1992.

Whitehead, A. N.: *Science and the Modern World*, Cambridge 1926.

»Die Theorie von den Gestaltqualitäten wäre geeignet, möglicherweise die Kluft zwischen den verschiedenen Kategorien des Vorstellbaren überhaupt zu überbrücken.«

Christian von Ehrenfels

»Denn ein Weg zur Wirklichkeit geht über Bilder. Ich glaube nicht, daß es einen besseren gibt. Bilder sind Netze, was auf ihnen erscheint, ist der haltbare Fang.«

Elias Canetti

»Es scheint geboten, eine Gestalttheorie des Denkens zu entwickeln.«

Max Wertheimer

Bernhard von Mutius im Gespräch mit Bernhard E. Bürdek

Gestaltung neu denken

Bürdek: Die Begriffe »Gestaltung« und »Gestalt« spielen in Ihrem Denken eine wichtige Rolle, aber offenbar in einer erweiterten, interdisziplinären Bedeutung. Sie stellen diese Begriffe in den Kontext der Transformationsprozesse dieser Zeit. Und Sie fordern – u.a. in Ihrem Buch »Die Verwandlung der Welt. Ein Dialog mit der Zukunft« – die Ausbildung einer neuen »Gestalt-Kompetenz«. Wie ist das zu verstehen?
Von Mutius: Ich denke, daß wir die neuen technologischen, ökonomischen und gesellschaftlichen Entwicklungen weder angemessen verstehen können noch die damit verbundenen geistigen Herausforderungen verständig meistern werden, wenn wir nicht ein erweitertes Verständnis von »Gestaltung« entwickeln: ein Verständnis, das auf einem neuen Durchdenken des Gestalt-Begriffs basiert. Zunächst stichwortartig zusammengefaßt:

Ich plädiere dafür, daß wir grundsätzlich der Gestaltung immaterieller Prozesse zumindest die gleiche Aufmerksamkeit widmen wie der Formgebung materieller Objekte. Wie sollten uns mit dem »Dazwischen«, mit den Beziehungen und Beziehungsgeflechten, genauso intensiv beschäftigen wie mit den Dingen selbst. Zu arbeiten wäre an einer neuen Veranschaulichung des Abstrakten, an einer neuen Plastizität des Unsichtbaren, an einer neuen Anschlußfähigkeit unserer geistigen Hervorbringungen und kommunikativen Interaktionen. Und dies im Zusammenspiel unterschiedlicher Akteure verschiedener Disziplinen.
Bürdek: Können Sie das noch etwas genauer begründen oder beschreiben? Warum wird eine Bedeutungserweiterung des Begriffs »Gestaltung« gerade jetzt für Sie aktuell?

Von Mutius: Nach meiner Wahrnehmung liegt das Thema seit geraumer Zeit förmlich in der Luft, und zwar in einem doppelten Wortsinn. Zum ersten beobachten wir das Entstehen entsprechender Fragestellungen in diversen gesellschaftlichen Bereichen und unterschiedlichen Fachdisziplinen. Beispielsweise wird ja das Wort »Design« schon längst in Kombinationen benutzt, die den klassischen Bedeutungsrahmen sprengen – etwa als Veränderungs-Design, Prozeß-Design oder Organisations-Design. Es ist nur logisch, daß deshalb in letzter Zeit mehr und mehr Stimmen laut werden, die auf eine begriffliche und konzeptionelle Erweiterung drängen. Ich greife hier nur ein paar Beispiele heraus: So formuliert Jürgen Häußer: »Lassen Sie uns doch gemeinsam dafür sorgen, daß ›Gestaltung‹ umfassender gedeutet wird als Produktdesign.« Järisch und Roehl stellen die Frage, wie die klassische Produktsemantik auf die Gestaltung abstrakter Prozesse übertragen werden kann. Sie selbst haben ja in der Zeitschrift »Formdiskurs« einigen dieser Stimmen Raum gegeben und auch persönlich an anderer Stelle einmal formuliert, daß das Design eine zentrale Rolle im Prozeß der »Visualisierung von Innovationen« übernehmen müsse. Hier ist offenbar eine intellektuelle Suchbewegung in Gang gekommen, die über die herkömmlichen Sichtweisen hinausführt.

Zum zweiten: In diesen Suchbewegungen spiegelt sich nach meiner Einschätzung der tiefgreifende Wandel unserer Arbeits- und Kommunikationsverhältnisse, d.h. in erster Linie der Wandel der Ressourcen und Mittel der Ökonomie: von der Arbeitskraft zum Wissen, von der anfaßbaren Technik der Werkzeuge und Maschinen zu den kaum noch greifbaren technologischen Prozessen und Systemen. Unsere festen, noch aus dem Industriezeitalter stammenden Kategorien, Zuordnungen und Unterscheidungen scheinen sich mehr und mehr in Luft aufzulösen. Wir erleben eine allmähliche Verflüchtigung unserer Vorstellungen. Offenbar haben wir ein neues Stadium in der Entwicklung von Technologie und Wissenschaft erreicht, die Max Bense einmal als »eine fallende Reihe der Anschaulichkeit und als eine steigende Reihe der Abstraktion« beschrieben hat. Ein Stadium, von dem Durs Grünbein sagt: »So wenig Anschaulichkeit wie heute war nie.«

Bürdek: Und Gestaltungs- bzw. Gestaltkompetenz wäre darauf die Antwort, wäre die Lösung dieses Problems?

Von Mutius: Lassen Sie es mich vorsichtiger ausdrücken: Gestaltkompetenz wäre vielleicht Teil einer Antwort. Es geht mir auch nicht um die Präsentation fertig ausgearbeiteter Lösungen. Vielmehr steht am Anfang ein gedanklicher Richtungswechsel, verbunden mit vielen neuen, zum Teil irritierenden Fragen. Etwa: Wie können wir abstrakte, mehrdimensionale, zunehmend komplexer werdende Vorgänge nicht nur in Begriffen oder mathematischen Formeln fassen, sondern wie können wir ihre Bewegungsformen erfassen, ihre Abläufe imaginieren? Und wie können wir diese Muster veranschaulichen und schließlich visualisieren?

Vielleicht wäre es zunächst hilfreich, einmal eine Liste wichtiger Begriffe aufzustellen, mit denen heute in den intellektuellen Diskursen mehr oder weniger selbstverständlich operiert wird. Und bei jedem dieser Begriffe sollten wir uns die Frage stellen, wie man sich das jeweils Bezeichnete idealtypisch vorzustellen hätte bzw. wie man die Abläufe visuell veranschaulichen könnte.

Dies wäre eine nützliche Einübung in das Thema »Gestaltkompetenz«. Wir würden dann allerdings – ähnlich wie der späte Wittgenstein in seinen »Philosophischen Untersuchungen« – feststellen, daß unsere Begriffe und Aussagen weit weniger präzis und eindeutig sind, als wir es normalerweise in unserer alltäglichen Kommunikation, aber auch in der wissenschaftlichen Rhetorik wahrhaben wollen. Wir würden feststellen, wie schwierig es ist, neue Formensprachen zu finden, die das Typische einer dynamischen komplexen Gestalt sichtbar machen. Und wir würden feststellen, wir unterentwickelt unsere Instrumentarien noch sind, mit denen wir die Strukturen der geistigen Prozesse dieser Zeit beschreiben und veranschaulichen können.

Bürdek: Sie konstatieren in der öffentlichen Diskussion nicht nur eine leere Gestaltrhetorik, sondern Sie sehen darin auch einen Widerspruch zwischen den erhöhten geistigen Anforderungen der Wissensgesellschaft und einem Denken, das noch dem Industriezeitalter verhaftet ist?

Von Mutius: Wir treten vermutlich in eine Epoche ein, in der geistige

Leistungen wie nie zuvor über unsere ökonomische und gesellschaftliche Zukunft bestimmen. Aber unser intellektuelles Vermögen ist zumeist noch nicht so ausgebildet, daß es diesen neuen Leistungsanforderungen entsprechen könnte. Wir kleben immer noch an den Dingen, an den materiellen Gegenständen, an den Teilen und Teilchen. Unser Kopf ist voll von Bildern konkreter Objekte, aber arm an Anschauungen abstrakter Zusammenhänge. Und das hat mit dem zu tun, was ich das »I-Paradox« des sogenannten Informationszeitalter nenne:

Die technisch-ökonomische Entwicklung scheint eine neue Ära des Immateriellen und Intellektuellen zu begründen und damit auf eine Erweiterung des menschlichen Geistes zu drängen. Doch ein Großteil der intellektuellen Elite, die diese neue Ära prägt, bewegt sich bisher eher in die entgegengesetzte Richtung, interessiert sich vor allem für unmittelbar materielle Themen. Man redet zwar viel über die wachsende Bedeutung des intellektuellen Kapitals, aber dieses wird zumeist in einem sehr eingeschränkten dinglichen, technischen und quantifizierenden Sinn verstanden, der noch in den Paradigmen und Normen der industriellen Epoche verhaftet ist.

Bürdek: Wäre denn die Ausbildung von Gestaltkompetenz Ausdruck einer veränderten Denkweise?

Von Mutius: Gestaltkompetenz ist für mich zugleich Voraussetzung und Ergebnis einer sich entwickelnden humanen Intelligenz, die ich »Beziehungs-Intelligenz« nenne. Eine Intelligenz, die mit ihren erweiterten technologischen Möglichkeiten mit wächst und neu lernt, in Beziehungen zu denken. Unter »Gestaltkompetenz« verstehe ich in diesem Zusammenhang das Vermögen, die Bewegungsformen von Beziehungen, die Muster von Relationsfeldern überhaupt wahrzunehmen sowie die Fähigkeit zur stimmigen Gestaltung der Beziehungen und Verbindungen, zur bewußten Formbildung der Informations- und Transformationsprozesse unserer Zeit.

Wenn es denn richtig ist, daß immaterielle, nicht mehr mit den Händen greifbare Prozesse an Bedeutung gewinnen, dann sollten wir anfangen, unser intellektuelles Rüstzeug dementsprechend neu zusammenzustellen. Wir müßten beginnen, unsere Wahrnehmung zu verschieben: von den harten Tatsachen, isolierten Gegenstandsbereichen, feststehenden konkreten Objekten – und damit unverrückbaren objektiven Gegebenheiten – hin zu den beweglichen Verhältnissen, Wechselwirkungen und Kraftfeldern zwischen ihnen. Wir müßten lernen, Prozesse und Beziehungen so zu formen, daß sie anschlußfähig für andere werden und stimmig für das Zusammenspiel mit anderen. Gestaltkompetenz wäre in diesem Sinne eine Schlüsselkompetenz für die kreative Lösung vieler technologischer, ökonomischer und gesellschaftlicher Probleme.

Bürdek: Sie erwähnen in Ihrer Publikation auch den Begriff »Imagineering«. Entspricht das dahinterstehende Konzept Ihren Überlegungen von einer neuen Fähigkeit, den Vorstellungen Gestalt zu geben?

Von Mutius: Nur zum Teil. Was mich an dieser kreativen Wortschöpfung, die aus den Werkstätten von Walt Disney stammt, stört, ist die eigentümliche Zusammensetzung von »Image« und »Engineering«, die bei genauerer Betrachtung der dahinterstehenden Praxis einerseits eher irreführend und andererseits sehr treffend, aber unzureichend ist: Mit der »Imagination«, der Fähigkeit »Images« zu entwerfen, bin ich sehr einverstanden. Aber was in Wirklichkeit bislang in den meisten Studios in Kalifornien und anderswo erzeugt wird, sind eigentlich »Pictures« und nicht Images. Nämlich Abbilder von konkreten – vielleicht besonders phantasievoll gestalteten, letztlich jedoch vertrauten – Figuren, aber nur selten wirklich neue Vorstellungen, kreative Bilder des noch nicht Gesehenen. Und »Engineering« scheint mir zwar ein sehr passendes Wort für das Tätigkeitsprofil der Konstrukteure dieser Pictures zu sein. Aber es ist mir zu einseitig geprägt. Wir sollten das Vorstellen und Erfinden des Neuen in sozialen Kontexten nicht allein den Ingenieuren überlassen.

Wir benötigen vielmehr das Zusammenspiel technologischer und »humanologischer« Denk- und Arbeitsweisen. Wir brauchen ein neues Ensemble von Fähigkeiten der »Image-Gestaltung«. »Images«, verstanden als symbolische Bilder des Erkennens bzw. als »mentale Bilder«, als »Ikonen« im Verständnis von Charles S. Peirce.

Bürdek: Wenn Sie von symbolischen Bildern für abstrakte oder komplexe Vorgänge sprechen – haben Sie da irgendwelche »Vor-Bilder« im Kopf?

Von Mutius: Denken Sie etwa an die Doppelhelix von Watson/Crick, die als – nicht ganz exaktes, aber überzeugend geformtes – Modell der Erbmoleküle zum Symbol für das Zeitalter der Molekularbiologie geworden ist. Sie stammt bezeichnenderweise ursprünglich aus der Feder von Odile Crick, die sich speziell als Zeichnerin für diese Struktur interessiert hat, worauf Ernst Peter Fischer in seinem lesenswerten Buch »Das Schöne und das Biest« hingewiesen hat. Oder nehmen Sie das Bohrsche Atom-Modell, das etwas höchst Unanschauliches und eigentlich nicht exakt Darstellbares in einer einfachen Form symbolisiert. Jedes Kind hat heute dieses Bild im Kopf, wenn vom Aufbau der Atome oder von den sogenannten Umlaufbahnen der Elektronen die Rede ist. Jeder Gymnasiast ist mit den Bewegungen der Atome so vertraut wie mit den Bewegungen der Planeten. Aber wie sieht es aus mit den Bewegungen der Menschen in den modernen Kommunikationsverhältnissen, mit den Bahnen der Informations- und Energieströme in den sozialen und politischen Systemen von heute? Wo sind die »Images«, die unsere Vorstellungswelten prägen oder neu anregen könnten? Das »Picture-Engineering« der Video-Designer – die inzwischen zu veritablen Regisseuren mutieren – beschert uns jede Menge kreativer, hightech-gesättigter Bilder, die von einfachsten archetypischen Vorstellungen gespeist werden und uns eine Zukunft nach Art der Vergangenheit auf anderen Planeten suggerieren. Zugespitzt formuliert: Wir greifen nach den Sternen, aber wir verstehen die eigene Welt nicht mehr.

Bürdek: Wie weit kann uns die Computertechnologie bei einer Lösung der neuen Gestaltungsaufgaben und bei der Ausbildung einer neuen Gestaltungsfähigkeit helfen?

Von Mutius: Computer und digitale Vernetzung eröffnen uns grundsätzlich neue Möglichkeitsräume für alle Arten der Gestaltung. Durch den Umgang mit Simulationstechniken und Hypertextstrukturen können wir unsere Wahrnehmungsebenen erweitern und ein neues mehrdimensionales Denken einüben. Und natürlich können uns die entsprechenden

Programme in vielen Fällen helfen, auch kompliziertere Sachverhalte in anschaulicher Form zu präsentieren. Doch wer übersichtliche Rubriken und Tabellen auf seinem Bildschirm sieht, hat die Dinge und Prozesse noch nicht wirklich geordnet oder zugeordnet. Wer weiß, wie man statistische Korrelationen durch sein Computerprogramm abruft, weiß noch nicht, wie die Wechselwirkungen tatsächlich funktionieren. Wer Bilder und Farbgrafiken auf dem Monitor erzeugen kann, muß noch keine Vorstellung davon haben, was sich ereignet hat.

Das zeigt erstens: Auch die besten »Digital Tools« können nur so gut sein wie die Programmgestaltung im Kopf der Programmgestalter. Und zweitens: Gerade die besten Tools können – und sollten – dem Benutzer nicht das eigene Denken und Gestalten abnehmen, insbesondere nicht das dafür nötige Unterscheiden und Bewerten. In den Kontroversen über Softwaregestaltung und Interfacedesign ist ja darauf immer wieder hingewiesen worden. Die Benutzer können nur dann zu »Gestaltern« werden, wie es Ulrich Klotz formuliert, wenn die Computersysteme dem Benutzer »eine Vielfalt von Möglichkeiten« anbieten, aus denen er »wie in realen Werkzeugkästen je nach Bedarf auswählen kann. Nicht die Anwendung führt den Benutzer, sondern der Benutzer die Anwendung«. In der alltäglichen Praxis erleben wir leider bis heute oft noch eine Umkehrung dieses Gedankens: Der Mensch wird überfordert bei der Bedienung der Geräte und unterfordert in den Diensten, die ihm die Geräte anbieten.

Bürdek: Wenn wir über das Bewerten reden, sprechen wir natürlich auch über die Frage der Bewertungs- oder Qualitätsmaßstäbe, überhaupt über das Thema »Qualität«, das für Sie im Zusammenhang mit Gestaltung eine neue Bedeutung bekommt.

Von Mutius: Eine der wichtigsten, bislang kaum gelösten Fragen dieser Zeit lautet: Wie bewerten wir die Qualität immaterieller Prozesse? Der herkömmliche Qualitätsbegriff droht unserem Zugriff zu entgleiten. Wir können ihn in den neuen digitalen Informationsräumen buchstäblich nicht mehr fassen. Er schlüpft durch sämtliche Raster hindurch, die wir bis jetzt zu seiner Einordnung entwickelt haben. Denn diese stammen zumeist noch aus einer Zeit, in der es vor allem darum ging, für materielle Produkte bzw. für deren Herstellungsprozesse Qualitätsnormen zu definieren und deren Einhaltung durch exakt quantifizierende Meßmethoden zu kontrollieren. Wir haben z.B. bisher keine wirklich plausiblen Verfahren erarbeitet, um besser strukturierte von schlechter geformten Informationen zu unterscheiden oder besser oder schlechter gestaltete Beziehungen auseinanderhalten zu können. Es gibt nicht nur keine Instanz zur Beurteilung der Qualitätsunterschiede von Informationsangeboten im Internet, sondern uns fehlen auch weitgehend die Kriterien der Beurteilung. Die digitalen Technologien sind dabei eher Teil des Problems als deren Lösung. Sie sind – salopp gesprochen – »Gleichmacher«. Sie ebnen alle Arten von Unterschieden ein. Statt also blindlings ihnen zu vertrauen, müßten wir selbst wieder neu lernen zu vergleichen, d.h. auf analogem Weg vorzugehen. Denn Qualität ist, wie es Otl Aicher einmal ausdrückte, »nur ein anderes Wort für Verhältnis, Analogie. Wo es Verhältnisse gibt, gibt es den Vergleich, die Wertung, die Qualität.«

Die schon erwähnte »Anschlußfähigkeit« ist z.B. für mich eines der wichtigsten und aktuellsten Qualitätskriterien: gültig nicht nur für gut gestaltete Produkte – »gutes Design besteht aus guten Verbindungen«, wie Franco Clivio einmal bemerkte –, sondern gültig noch viel mehr für gut gestaltete Kommunikationsprozesse. »Anschlußfähigkeit« meint auch Passungsfähigkeit, Stimmigkeit der einzelnen Elemente bzw. ihrer Proportionen untereinander. Und damit sind wir schon bei den etwas älteren Gestaltbegriffen. Genauer gesagt beim Begriff der »Gestaltqualität«, über den es sich lohnen würde, neu nachzudenken, wenn wir über die »Gestaltung der Gestaltung« sprechen.

Bürdek: Der Begriff »Gestaltqualität« stand im Zentrum der Arbeit der Gestalttheoretiker, der Gestaltphilosophen und Gestaltpsychologen in der ersten Hälfte des 20. Jahrhunderts. Können wir damit heute noch etwas anfangen?

Von Mutius: Der Begriff »Gestaltqualitäten« wurde seinerzeit von Christian von Ehrenfels geprägt. Der gleichnamige Artikel aus dem Jahre 1890 inspirierte in den folgenden Jahrzehnten namhafte Wissenschaftler aus ganz verschiedenen Disziplinen. Forscher, die nach einer Alternative zu einer bestimmten, vor allem in den Naturwissenschaften gängigen Methode des wissenschaftlichen Arbeitens suchten. Eine Methode, mit der man von der Analyse der Teile durch stückweises Zusammensetzen der Teile auf das Ganze schließen zu können glaubte. Ehrenfels, Max Wertheimer, Rudolf Arnheim und andere insistierten darauf, daß das Ganze mehr als die Summe seiner Teile sei und daß die Gestaltqualität des Ganzen auf der »Beziehung zwischen den Teilen beruht« (Rudolf Arnheim): von der Komposition einer Melodie bis zur Konstruktion einer Architektur, von den biologischen Organismen bis zur Organisation psychischer Prozesse. Und sie formulierten gleichsam als übergreifendes Forschungsprogramm, daß diese Gestaltqualitäten auf verschiedenen Feldern genauer zu untersuchen seien. Viele dieser Forscher sind in den 30er und 40er Jahren in die USA emigriert, haben dort gelehrt und ihren Wirkungskreis gefunden. So ist es wohl kein Zufall, daß das deutsche Wort »Gestalt« als eigenständiger Begriff in den US-amerikanischen Wortschatz übernommen wurde.

Nun: nicht alles, was in der Folgezeit unter dem Titel »Gestaltpsychologie« oder »Gestalttherapie« zu Papier gebracht wurde, kann man heute noch mit Genuß goutieren. Die Fragestellung und das Forschungsziel aber scheinen mir heute nach wie vor aktuell zu sein, wenn wir sie in die heutige Sprache übersetzen. Beispielsweise: Wie können wir Beziehungsmuster, Relationen und Korrelationen in der täglich über uns hereinbrechenden Informationsflut wahrnehmen? Wie können wir Beziehungen und Korrespondenzen gestalten, die in der Vielstimmigkeit Anschlüsse ermöglichen? Gelingt es uns, über Einzelleistungen hinaus Ensembleleistungen zu formen – in unseren Kommunikationsprozessen, in unseren Innovationsprojekten und Veränderungsarchitekturen?

Bürdek: Sollten sich professionelle Designer mehr mit der von Ihnen vertretenen erweiterten Gestaltauffassung beschäftigen? Glauben Sie, daß dafür ein Markt besteht? Wie schätzen Sie überhaupt die Entwicklungsmöglichkeiten ein?

Von Mutius: Zunächst einmal möchte ich vorausschicken, daß ich erstens aus prinzipiellen Gründen nur ungern Prognosen abgebe – und zweitens schon gar nicht auf einem Gebiet, auf dem ich mich eher als Außenstehender und Beobachter verstehe. Paul Valéry hat einmal gefordert, daß man sich bei Malern entschuldigen müsse, wenn man über Malerei spricht. Und dem kann ich nur zustimmen. Ich maße mir deshalb auch nicht an, Designern Ratschläge zu geben. Vielmehr erhoffe ich mir gerade von ihnen Mithilfe bei der Lösung der hier aufgeworfenen Fragen. Diese Einschränkung vorausgesetzt, kann ich zu Ihren Fragen nur einige Vermutungen aus der Außensicht formulieren: Mit ziemlicher Wahrscheinlichkeit werden Designer, die nach dem hier in Umrissen skizzierten erweiterten Designbegriff arbeiten, auf absehbare Zeit eher nur eine Nischenposition auf dem Markt besetzen können. Die Hauptnachfrage der Auftraggeber wird nach wie vor der konkreten Produktgestaltung bzw. der traditionellen visuellen Gestaltung gelten. Dabei wird sich allerdings der Radius allmählich erweitern und sich in Richtung prozeß- sowie beziehungsorientierter Gestaltungsprojekte verlagern.

In dieser allmählichen Verschiebung der Aufmerksamkeit liegt die Chance. Es könnte sein, daß diejenigen, die jetzt noch eher am Rand stehen (und die man dort kaum registriert), allmählich für ihr Umfeld attraktiv werden und schließlich als – wenn man das Wort heute noch verwenden will – »Avantgarde« wahrgenommen werden. Wenn es ihnen gelingt, Angebote zu entwickeln, die als überzeugende Problemlösungen – von der Gestaltung neuer Organisationsstrukturen bis zur Gestaltung neuer Lernumgebungen – anerkannt werden, könnten sie jedenfalls auf großes Interesse stoßen: zunächst wohl vor allem bei Unternehmen oder Beratungsfirmen, später vielleicht auch in anderen gesellschaftlichen Bereichen – etwa bei Bildungseinrichtungen oder (sogar) bei politischen Institutionen.

Es wäre deshalb sicher nicht verkehrt, gemeinsam mit ausgewählten Partnern aus Wissenschaft und Forschung einzelne Pilotprojekte zu starten, um das Feld genauer zu sondieren – und ohne unnötigen Wettbewerbsdruck zu experimentieren. Als ein erster Schritt sollte einmal ein Werkstattgespräch oder ein kleines Symposium veranstaltet werden, bei dem Vertreter unterschiedlicher Disziplinen – Designer, Technologen, Soziologen, Kognitionswissenschaftler etc. – die Köpfe zusammenstecken, Ideen austauschen und möglicherweise auch schon erste Arbeitsansätze diskutieren.

Bürdek: Apropos Avantgarde: Stimmen Sie mit Wolfgang Welsch darin überein, daß das Design zur Leitdisziplin des 21. Jahrhunderts wird?

Von Mutius: Ich habe ja schon zum Ausdruck gebracht, daß ich nur ungern Prognosen ausspreche. Aber ich sehe natürlich eine große Ähnlichkeit in unseren Einschätzungen. Wolfgang Welsch hat schon vor einem guten Jahrzehnt in einem Vortrag »Perspektiven des Designs der Zukunft« von einem »erweiterten Designbegriff« gesprochen. Damit meinte er, daß sich die Aufgabe des Designs von der »Objektgestaltung« zur »Rahmengestaltung« ändern würde. Vielleicht trifft das Wort »Rahmengestaltung« nicht genau das gleiche wie »Gestaltung immaterieller Prozesse und Beziehungen«. Und ich möchte die Frage offenlassen, ob es reicht, den Designbegriff zu erweitern, oder ob es nicht sinnvoller wäre, einen neu definierten Gestalt-Begriff an seine Stelle zu setzen. Es geht ja nach meiner Überzeugung nicht nur darum, daß wir – bei Beibehaltung unserer objektzentrierten Perspektive – einfach unseren Horizont erweitern, um neue Räume zu gestalten, in denen sich nach wie vor alles um Produkte oder andere Gegenstände dreht. Sondern ich denke, daß wir einen grundsätzlichen Perspektivenwechsel brauchen. Dieser Perspektivenwechsel wäre etwa vergleichbar mit der programmatischen Erneuerung, die der Kubismus in der Malerei des 20. Jahrhunderts auslöste und die Picasso einmal so beschrieb: »Diesen Weg verließen die Kubisten und begaben sich an eine Analyse der Beziehungen … so nahm das Universum wieder Form und Leben an. Ein neuer Stil war geboren. Es war wieder möglich geworden, sich großen Themen zuzuwenden.«

Würde das Design an einer derartigen, die Grenzen des Fachgebiets überschreitenden Erneuerung mitwirken, könnte es tatsächlich im 21. Jahrhundert eine wichtige Rolle übernehmen, die weit über jene hinausgeht, die es bereits am Ende des 20. Jahrhunderts gespielt hat. Ich würde mir jedenfalls wünschen, daß die Gestaltung der Gestaltung nicht nur im Design, sondern auch in verschiedenen anderen Disziplinen in den nächsten Jahren zu einem Leitthema wird.

Dieser Text geht zurück auf ein Gesprächsmanuskript, das im Sommer 2002 in leicht gekürzter und modifizierter Form in der europäischen Zeitschrift für Gestaltung »form« (Nr. 184) veröffentlicht wurde.

Andreas Heinecke

Die andere Wahrnehmung Zwischen Kunst und Wissenschaft – das Soziallabor

»Dialog im Dunkeln« – ein Ansatz

Die Idee ist denkbar einfach: In völlig abgedunkelten Räumen führen blinde Menschen das Publikum in kleinen Gruppen durch eine Ausstellung. Aus Düften, Winden, Temperaturen, Tönen und Texturen werden ein Park, eine Stadt oder eine Bar gestaltet. Alltagssituationen, die ohne Augenschein eine völlig neue Erlebnisqualität erhalten. Ein Rollentausch findet statt: Sehende Menschen werden herausgerissen aus sozialer Routine und gewohnter Rezeption. Blinde Menschen sichern Orientierung und Mobilität und werden zu Botschaftern einer Kultur ohne Bilder.

»Dialog im Dunkeln« wurde bisher in 14 Ländern und in über 90 Städten präsentiert. Zwei Millionen Besucher wurden von ca. 1500 blinden oder sehbehinderten Menschen geführt. Die Frage drängt sich auf: Ist das nur eine kurzfristige Modeerscheinung, oder steckt mehr dahinter? Wagen wir einen Blick ins Dunkle.

Der visuelle Overkill

Ein Bild sagt mehr als tausend Worte, so heißt es. Wir leben in einer Zeit der Bilderflut, sind Bürger einer visuellen Gesellschaft, zappen uns durch die Realitäten, als ob das Leben ein Bildschirm wäre. Ein Blick von einer Viertelsekunde Länge reicht aus, um sich ein Urteil über andere zu bilden. Und dieses Bild ist resistent und ist nur mühsam zu korrigieren.

Gerade die bewegten Bilder beeinflussen die Wahrnehmung und die Kommunikation in einem Ausmaß, daß Wissenschaftler von einer »visuellen Zeitenwende« sprechen. Rationale Argumente verlieren ihr Terrain: An die Stelle des Diskurses tritt das Dia. Die Informationsverarbeitung hat sich im sogenannten Medienzeitalter dramatisch zugunsten des Unbewußten verschoben. Kaum jemand kann sich der Suggestionskraft der Bilder entziehen, denn sie wirken unbewußt und konditionieren den Seher. Bilder bestimmen die Emotionen und transportieren Moden.

»Doch der Schein trügt«, wie es so schön heißt. Wie leicht ist der Sehsinn zu manipulieren! Schon die Zentralperspektive erzeugt beim Betrachter die Illusion, er besäße eine räumliche Wahrnehmung. Stroboskop-Effekte zerlegen die Bewegung in Einzelschritte, weil unser Auge zu träge ist. Die gesamte Filmindustrie bedient sich dieser Methode, werden doch nur Tausende von Einzelbildern abgespielt, die wir in unserem Kopf in eine Bewegung, in eine Handlung bringen. Mit Realität hat dies nichts zu tun. Es gibt für das, was wir in der Akustik als »Lärm« bezeichnen, im Bereich des Sehens keine Entsprechung. Der Begriff »Bilderflut« spricht lediglich die Quantität an und nicht die Qualität von Gefühlsverletzungen, welche durch die Augen vermittelt werden. Immerhin, die Augen lassen sich mit wenig Aufwand schließen. Kein anderer Sinn arbeitet so grob und kann nach der Methode »on/off« bedient werden.

Doch kann nicht auch ein Wort (ein Klang, eine Berührung) mehr als tausend Bilder sagen? War am Anfang nicht das Wort? Was ist mit dem Bilderverbot der Religionen, mit der Ansage: »Du sollst dir kein Bildnis machen«? Warum spielen die Kinder im Keller, schließen wir die Augen beim Küssen?

Das Medium – Message und Metapher

»Dunkelheit« ist seit jeher eine Metapher für das Abgründige, Unbekannte, Verborgene und Verbotene. Die Assoziationen blühen in diesem Schattenreich und reichen bis zu Hölle und Tod. Als Lebenserfahrung hat sich Dunkelheit verflüchtigt, seit die Errungenschaft der Elektrizität die Nacht an jedem Ort zum Tag macht und alles in Licht taucht. Dunkelheit ist vor allem verunsichernd und ein Rahmen für Angst und Furcht. Sich ohne visuelle Kontrolle zu bewegen birgt Verletzungsgefahr und die Möglichkeit des Mißbrauchs. Assoziationen zu sogenannten »Dark rooms« aus der Halbwelt stellen sich ein und erzeugen neue Zweifel. Auch ist die Begegnung mit blinden Menschen nicht unbelastet, hatten die meisten Menschen doch in ihrem bisherigen Leben kaum Gelegenheit, sich mit Behinderung auseinanderzusetzen. Oftmals bestimmt Unsicherheit den Umgang, weil der Übertrag auf die eigene Lebenssituation unangenehme Gefühl erzeugt. Also: Worin besteht der Reiz an der Dunkelheit, um dort auch noch blinden Menschen zu begegnen?

Noch ein letztes Mal: Überall flimmern die matten Scheiben. Kinder in den Industrieländern verbringen im Durchschnitt täglich sechs Stunden vor PC- und TV-Bildschirmen. Das macht müde – sehmüde. Alles, aber auch wirklich alles ist bildhaft darstellbar und abrufbar. Die Phantasie ist erlahmt, gibt es doch nichts mehr, was im Verborgenen liegt. Die Sinne sind abgestumpft und werden kaum benutzt. Eine starke Reduktion der Wahrnehmung setzt ein. Ja, fast ist man geneigt, von »Deprivation« zu sprechen, verkümmern doch zunehmend die Sinne. Wer baut schon – außer in Extremen – den Temperatursinn, den Geruch, die Tastwahrnehmung in seine Konstruktion der Welt ein? Menschen sind vor allem Augenmenschen. Was man sieht, ist echt – was nicht sichtbar ist, kaum existent.

Im Dunkeln herrschen andere Gesetze. Durch die Sehpause wird eine »visuelle Entschlackung« wirksam, die unsere Retina gleichsam reinigt. Befreit vom Sehen, eröffnen sich völlig neue Zugänge, die überraschend, ja überwältigend sind. Völlig vernachlässigte Sensoren sind aktiv, werden körperlich erfahren und bereichern das Wahrnehmungsspektrum. Dies steht in völliger Opposition zu sämtlichen gewonnenen Vorerfahrungen, so daß eine starke emotionale Wirkung auf die Besucher ausstrahlt, wenn sie sich in eine solches Umgebung begeben. Der Reiz ist so stark, daß sogar Verunsicherungen und Ängste überwunden werden.

Ein Spieltrieb setzt ein: ein Spiel mit sich und den anderen, ein Spiel der Sinne, mit den Sinnen. Eine Innenschau ersetzt die Außenwelt. Platz wird geschaffen für die Vorstellungen, für Phantasien, wie das Gebotene denn »tatsächlich« aussieht. Eine Kultur ohne Bilder und visuelle Reize entwickelt sich – eine Welt, die von nichtvisuellen Komponenten bestimmt wird, eine Gesellschaft, in der Kommunikation das Bindeglied zwischen den Menschen bildet und nicht der schöne Schein. Nur wer spricht, ist existent. Wer schweigt, verliert seine Kontur im undurchdringlichen Dunkel. Der blinde Fleck – jener Bezirk auf der Netzhaut, der nicht auf Lichtreize reagieren kann, weil dort die Blutgefäße und der Sehnerv austreten – wird auf den ganzen Körper übertragen. So wie das Hirn die Leistung vollbringt, Informationen aus dem Umfeld hinzuzufügen, ergänzt das Publikum im Dunkeln die Wahrnehmung durch die Phantasie. Und das Gespräch: Stimmen geben Sicherheit und Vertrauen. Andere Meinungen und Erfahrungen werden mit größerer Toleranz und Zuhörbereitschaft zugelassen, da sie wichtige Garanten dafür sind, sich in der ungewohnten Situation zurechtzufinden.

Dieser Dialog wird vor allem mit Menschen geführt, die nicht sehen – oder besser gesagt: anders sehen. Blinde Menschen sehen mit den Fingern oder, wie es der britische Philosoph und Religionswissenschafter John M. Hull ausdrückt: Blinde sind »Ganzkörperseher«.

Ein Rollentausch beginnt: Die blinden Menschen – aufgrund ihrer Alltagssituation gewohnt, sich nichtvisuell zu orientieren und zurechtzufinden – sind nicht behindert an diesem lichtlosen Ort. Die sehenden Besucher werden ihres zentralen Wahrnehmungsorgans beraubt und sind sehr schnell mit eigenen Grenzen konfrontiert. Sie sind behindert, müssen Vertrauen zu einem wildfremden Menschen entwickeln, sind auf die sozialen Bindungen innerhalb der Gruppe angewiesen und durchlaufen eine basale Erfahrung. Ist der Ausstellungsbesuch am Anfang von Unsicherheit, Angst und Beklommenheit bestimmt, so wandelt sich das Erleben sukzessive in ein Abenteuer der Sinne und führt zu vorurteilsfreien Gesprächen.

Ein Wahnehmungswechsel setzt ein: Nichtvisuelle Elemente werden in die Konstruktion von Welt miteinbezogen, und behinderte

Menschen werden nicht nur über Defizite definiert. Eine Plattform zur Kommunikation entsteht, zum Austausch zwischen Mensch (behindert) und Mensch (nicht behindert), über unterschiedliche Lebenssituationen, Perspektiven, Notwendigkeiten und Kulturen. Dunkelheit erweist sich hierbei als ideales Medium zur Kommunikation und Innenschau. Ein Anstoß wird gegeben, um über Muster und Urteile nachzudenken – eine Ausstellung als Impulsgeber zu mehr Toleranz und Respekt im Umgang miteinander? »Dialog im Dunkeln« ist ein Beispiel für ein soziales Experiment, ein Ansatz, der an einen Laborversuch erinnert: »Dialog im Dunkeln«, ein Beitrag aus dem Soziallabor.

Kunst als Seismograph

Soziale Themen und der Einbezug von Minderheiten sind mittlerweile weit verbreitet und deuten auf einen Perspektivenwechsel innerhalb der Künste und des Ausstellungswesens hin. So fällt auf, daß auf den großen internationalen Kunstmessen und Biennalen die Inhalte und Präsentationsformen wechseln. Nicht mehr Provokation, Selbstreflexion oder pure Ästhetik stehen im Mittelpunkt. Soziale Prozesse und Phänomene führen die Köpfe und Hände der Künstler und eröffnen dem Betrachter Einblicke in fremde und neue Wirklichkeiten. Die Biennalen in Istanbul, Venedig und die *documenta XI* in Kassel, die Tate Gallery in London oder das New Museum for Contemporary Art in Manhattan, all diese Plattformen für »Propheten« zeitgenössischer Strömungen nehmen diesen Perspektivenwechsel vor und lenken den Blick in neuer Weise auf das Menschliche und Zwischenmenschliche.

So inszenierte Harald Szeemann in Vendig 2001 sein »Plateau der Menschheit«, in Istanbul plante und gestaltete Yuko Hasegawa die dortige Biennale, um unter der thematischen Klammer »Ego Fuge« die Diffusionskräfte innerhalb der Gesellschaft aufzuzeigen. Und auf der letzten *documenta* zeigte der künstlerische Leiter, Okuwi Enzewor, seine Plattformen, die ebenfalls einer sozialen Thematik verbunden waren. Drei international anerkannte Kuratoren aus unterschiedlichen Erdteilen setzen einen sozialen Schwerpunkt und erfüllen ihre Aufgabe als Scouts durch den Dschungel der Avantgarde.

Schon vor einigen Jahren wurde in der Tate Gallery ein Obdachloser zum Kunstwerk erklärt und dafür bezahlt, daß er sich über die »Ausstellungsdauer« in den Schauräumen aufhielt. In New York konnte man einen an AIDS erkrankten jungen Mann »besuchen«; Theateraufführungen finden beispielsweise in Fremdenheimen statt, Installationen werden in tristen Wohnsilos angesiedelt, das moderne Ballett erarbeitet Choreographien mit alten Menschen und Arbeitslosen.

Über Sinnhaftigkeit, Geschmack und künstlerischen Wert läßt sich bekanntermaßen vortrefflich streiten. Doch verfolgt man die Entwicklungen innerhalb der zeitgenössischen Kunstszene, so lassen sich viele Belege für eine Konzentration auf das Soziale finden. Das Soziale wird zum Sujet.

Vom Atelier zum Labor

Verlassen wir die Ateliers von Künstlern mit all den Varianten eines individuellen Ausdrucks und werfen einen Blick auf Institutionen, deren Auftrag traditionell die Vermittlung ist. Hier bieten sich – in Opposition zu den klassischen Museen – zur Erweckung des »Wahren, Schönen, Guten« die Science Center an. Diese erweitern erst seit relativ kurzer Zeit die Angebotspalette und zeigen eine große Aufgeschlossenheit gegenüber technischen und wissenschaftlichen Veränderungen und dem damit verbundenen Wandel der Arbeitswelt.

Frank Oppenheimer gründete das erste Science Center vor 50 Jahren sicherlich mit dem Anspruch, einen Zugang zu naturwissenschaftlichen Phänomenen zu schaffen. Die Physik mit den Unterabteilungen der Mechanik, Optik, Akustik, Kinetik liefert beispielsweise die Grundlagen der Erklärung, um im Menschen Faszination für die Wunder dieser Welt zu wecken. Wer diese Wunder erfahren hat, zerstört sie nicht. Diesem Auftrag folgen Science Center, verfeinern die Inhalte, die museologische Aufarbeitung, die Präsentationsformen, um so die Phänomene von Wissenschaft und

Technologie allgemeinverständlich einer breiten Öffentlichkeit vermitteln zu können. Parallel zu den Entwicklungen der Industrie und mit dem Aufkommen neuer Produkte entstehen Ausstellungsthemen, die das Publikum animieren und informieren. Luftfahrt, Transportwesen, Telekommunikation, Robotik, Digitaltechnik, Biotechnologie werden beispielsweise multimedial aufbereitet und bestimmen heute weitgehend das Angebot.

Vom Wissenschafts- zum Soziallabor

Doch der Übertrag in einen sozialen und kulturellen Kontext findet nur in Ansätzen statt. Das Objekt steht im Mittelpunkt. Und hier setzt das Denkmodell an: Mit der Errichtung eines Soziallabors rücken die gesellschaftlichen Implikationen in den Mittelpunkt – nicht nur als Ableitung technischer Innovationen, nein, die grundlegenden sozialen Herausforderungen werden thematisiert. Umgang mit Minderheiten, Auflösen von Werten, interkulturelle Gesellschaften, Individualisierung, gesellschaftlicher und demographischer Wandel, Internationalisierung und Globalisierung, Flexibilisierung der Arbeit und Arbeitslosigkeit beispielsweise. Jedes Schlaglicht wirft einen langen Schatten und erzeugt mit jeder Antwort eine Vielzahl neuer Fragen.

Im Zentrum stehen nicht die Antworten und das theoretische Erklären von Zusammenhängen. Im Fokus der Vermittlung stehen das Formulieren von Fragen, die Kennzeichnung von Widersprüchen, die Offenheit, sich auf Unbekanntes einzulassen, den Standpunkt zu wechseln, Grenzen und Ängste auszudrücken, den steten Wandel anzunehmen und Meinungen und Vorstellungen fallenzulassen, wenn die Perspektive verändert wurde. Damit können gerade junge Menschen in ihrer Persönlichkeitsentwicklung gefördert werden, so daß sie den dynamischen Veränderungen positiv begegnen und in ihrem Menschenbild erweitert werden, kurz: um zu wagen (daring), zu teilen (sharing) und sozial verantwortlich zu handeln (caring).

Dieses Angebot muß so angelegt sein, daß es kooperativ und nicht kompetitiv erlebt wird. Das Programm des Soziallabors stärkt die sozialen

Bindungskräfte innerhalb der Gesellschaft und wirkt als Gegenkraft zu Individualisierung und Diffusion. Um Oppenheimer zu variieren: Wer die Wunder der menschlichen Vielfalt erlebt hat, zerstört sie nicht.

Von der Ausstellung zur Plattform

Mit welchen museologischen Methoden können diese Ziele erreicht werden? Sicherlich nicht mit einfachen Hands-on-Exponaten, Computer-Animationen, Frontal-Demonstrationen, AV-Medien oder theoretischen Texten. »Mind and Heart-on« lautet die Parole für das Soziallabor. Im Mittelpunkt steht der Mensch als multi-sensorisches Lebewesen, das ganzkörperlich erfährt und nur zu einem geringen Teil durch seine Kognition geleitet wird.

In einer »Versuchsanordnung« auf der Grundlage der experimentellen Psychologie und mit Mitteln der Museologie und des Theaters treffen Menschen aufeinander und lösen gemeinsam Aufgaben. Durch Spielregeln agiert das Publikum in einem bestimmten Rahmen. Die Grundprinzipien gleichen denen eines Gesellschaftsspiels. Das Spielfeld definiert die Handlung. Die Figuren treten in einen Bezug und entwickeln Lösungsstrategien zum Erreichen des Ziels. Im Soziallabor ist die Ausstellung das Spielfeld. Als Spielfiguren agieren die Besucher. Das Science Center wird zur Plattform. Die Ausstellung wandelt sich in einen Katalysator und kann somit die Inhalte vermitteln. Damit sind die Paradigmen des Soziallabors beschrieben:

1. Im Mittelpunkt steht der Mensch.
2. Soziale Prozesse werden aufgezeigt.
3. Kooperation und Kommunikation bestimmen das Erlebnis.
4. Ausstellungen werden zu Plattformen der Begegnung.
5. Transfer in den sozialen Alltag.
6. Reflexion von Werten und Urteilen.
7. Vermitteln von diversen Kulturen und Sozialformen.

Diese Inhalte sind vor dem Hintergrund eines umfassenden sozialen Wandels zu sehen. Die Angebote aus einem Soziallabor können neue Impulse zum sozialen Miteinander geben, die den Diffusionskräften innerhalb der Gesellschaft entgegenwirken. Dies impliziert die Ziele:

1. Förderung von Respekt.
2. Akzeptanz der Unterschiedlichkeit.
3. Förderung der sozialen Kreativität.
4. Erkennen von eigenen Grenzen.
5. Umgang mit Ängsten.
6. Förderung der sozialen Bindungskräfte.
7. Begegnungen von Menschen mit unterschiedlichem Hintergrund.
8. Bereitschaft zum gegenseitigen Lernen.

»Dialog im Dunkeln« – als Prototyp für das Soziallabor

Mit »Dialog im Dunkeln« wurde schon 1989 ein erstes Modell entwickelt, welches den Anspruch eines Soziallabors erfüllt. Neue soziale Prozesse entstehen durch Kommunikation und Kooperation. Die Ausstellung wird zu einer Plattform der Begegnung von Menschen mit unterschiedlichem Hintergrund, so daß Werte und Urteile reflektiert werden. Der Ausstellungsbesuch wirkt auch nach dem Ende weiter und entwickelt Bezüge in den sozialen Alltag und die Arbeitswelt.

Eine Kultur ohne Bilder und visuelle Reize – eine Welt, die von nichtvisuellen Komponenten bestimmt wird, eine Gesellschaft, in der Kommunikation das Bindeglied zwischen den Menschen bildet und nicht der schöne Schein. Nur wer spricht, ist existent. Wer schweigt, verliert seine Kontur im undurchdringlichen Dunkel.

Dieses Konzept konnte in den letzten 14 Jahren reifen. Ob als dreistündiges Managementtraining oder als dreijähriges Beschäftigungsprojekt, ob als Theaterperformance mit aktivem Publikum oder sensorischem Parcours, ob in den Metropolen in anerkannten Museen oder in Kleinstädten als Bestandteil der Öffentlichkeitsarbeit von Selbsthilfegruppen, ob als Tournee in einem Boot oder in der Speicherstadt in Hamburg, wo »Dialog im Dunkeln« nun schon seit 2000 ein ständiges Publikum hat.

Als Freizeit- und Bildungsangebot ist die Ausstellung zur Entdekkung des Unsichtbaren für alle Generationen – unabhängig von Bildung, Geschlecht, Religion und Herkunft – nutzbar. Ein gemeinsames Erfahrungs- und Gesprächsangebot kann formuliert werden und strahlt aus in die diversen Lebensbereiche. Solche sozialen Angebote werden sich zukünftig einen Markt erschließen, um ein Gegengewicht zu den Auswirkungen der Individualisierung zu schaffen.

Im Verlauf der vergangenen 14 Jahre wurde der »Dialog im Dunkeln« für ca. 1 500 blinde und sehbehinderte Frauen und Männer zum Arbeitsplatz. Für viele Mitarbeiter bedeutete eine Tätigkeit bei der Ausstellung mehr als eine Unterbrechung ihrer Arbeitslosigkeit. Durch das starke Interesse an der Person und die positive Rückmeldung seitens der sehenden Besucher wurden das Selbstwertgefühl und die Eigeninitiative gestärkt. Neue Kompetenzen wurden entwickelt. Viele konnten sich eine neue berufliche Orientierung aufbauen. Im Jahr 2001 fanden 41% der ausscheidenden Mitarbeiter anschließend einen festen Arbeitsplatz. Auch das ist ein Aspekt des Soziallabors.

»Dialog im Dunkeln« ist zu einem sozialen Lernort geworden und konnte sich zu einer anerkannten und vielbeachteten Ausstellung entwickeln. Es bleibt zu hoffen, daß mit diesen Inhalten sinnstiftende Angebote formuliert werden, die den Respekt und die Toleranz im Umgang miteinander fördern. Dies ist sicherlich das große Ziel, das es durch die Errichtung von sozialen Labors zu erreichen gilt.

»So vieles hat zugleich Raum in uns –! Liebe und Trug … Treue und Treulosigkeit … Anbetung für die eine und Verlangen nach einer anderen oder mehreren. Wir versuchen wohl Ordnung zu schaffen, so gut es geht, aber diese Ordnung ist doch nur etwas Künstliches.«

Arthur Schnitzler

»Es ist nicht wahr, daß die kürzeste Linie immer eine Gerade ist.«

Gotthold Ephraim Lessing

»Die Frage bleibt, ob es nicht andere Möglichkeiten des gesellschaftlichen Lernens gibt – etwa solche, die sich darauf einlassen, daß Kognition auf Schematisierungen angewiesen ist und daß jeder, der behauptet, die Wahrheit zu kennen, nur mitteilt, daß er sein Schema nicht reflektiert.«

Niklas Luhmann

Michael Hutter

Muster, die verbinden Ökonomische Beobachtungsfiguren in Prousts »Recherche«

Von Bateson zu Proust, via Luhmann

Gregory Bateson hat einen eigenen Namen vorgeschlagen für die Fähigkeit, die Muster lebendiger Prozesse zu erkennen und sie miteinander in Beziehung zu setzen: Er nennt diese Fähigkeit »ästhetisch« (vgl. Bateson 1979).[1] Sie verlange »recognition and empathy« (ebd., S. 9). Ihr Gegenstand seien »never quantities, always shapes, forms and relations« (ebd., S. 10), die sich in einem »dance of interacting parts« (ebd., S. 13) bewegten, einem Tanz, der Leben, Bewußtsein und Gesellschaft miteinander vereint.

Wenn wir also nach besonderen Leistungen beim Erkennen und beim Vergleichen der Muster lebendiger oder, etwas weiter gefaßt, selbstorganisierender Prozesse suchen, dann sollten große Werke der Kunst ergiebige Ziele sein. Die erfundenen Formen aus Worten, Bildern und Klängen folgen ihren eigenen Mustern: Mustern, die auffordern zum Vergleich mit anderen ästhetischen Mustern und mit den Mustern der Welt, die die Kunstwerke umgibt. Der Gesellschaftswissenschaftler findet insbesondere in der Literatur viele Werke, die die Koordinationsmuster in den Beziehungen zwischen Menschen zu ihrem Gegenstand machen. Herausragende Beispiele einer solchen konsequent ästhetischen Bearbeitung sind etwa Goethes »Faust II«, Balzacs »Comédie Humaine« (dt.: Die menschliche Komödie) oder De Lillos »Underworld« (dt.: Unterwelt).

Aber in wohl keinem anderen Werk ist die Dimension des Ästhetischen derart konsequent eingesetzt wie in Prousts »À la recherche du temps perdu«. Hier ist, in stringenter Selbstbezüglichkeit, das Muster, das sich in den Menschen und ihrer gesellschaftlichen Organisation entwickelt, das ästhetische Muster des Romans selbst, das Proust, jetzt als Romanfigur Marcel, zu schreiben fähig wird. Aber das ist noch nicht alles: Proust setzt insbesondere die ästhetischen und kunsthistorischen Mustererfahrungen seiner Leser ein, um Gefühlsregungen und Beziehungsdimensionen seiner Protagonisten beschreibbar zu machen.[2] Die Beobachtungsfigur der Metapher ist das Medium seines Mustervergleichs. Jede Metapher verbindet ein lebendiges Muster der äußeren, sichtbaren Welt mit einem lebendigen Muster der inneren, unsichtbaren Welt. Alle diese Konstruktionsmerkmale machen seine ästhetische »Recherche« zu einem Pendant, einem Gegenstück zur wissenschaftlichen Recherche. Um es an dieser Stelle noch etwas genauer in systemtheoretischen Begriffen Luhmannscher Provenienz zu sagen: Während die systematische Beobachtung von Gesellschaft und Bewußtsein in der Regel im Wissenschaftssystem stattfindet, findet sie hier in einem Werk statt, das der binären Codierung der Kunst folgt.

Das Bergen derartiger Erkenntnisse in einem Werk wie der »Suche nach der verlorenen Zeit« ist Aufgabe von Literaturwissenschaftlern. Für den Wirtschaftswissenschaftler bleibt ein vergleichsweise kleiner Ausschnitt, in dem er studieren kann, wie Proust Metaphern aus dem Wirtschaftsleben einsetzt. Am Einsatz der Metaphern läßt sich ablesen, wie er Ähnlichkeiten und Vergleiche mit den unsichtbaren Mustern des Bewußtseins und den Mustern des Zusammenlebens der Menschen konstruiert. Im Rückschluß läßt sich dann auch ablesen, welche Muster er dem Wirtschaftsleben selbst zuschreibt.

Diesen »vergleichweise kleinen Ausschnitt« habe ich zum Gegenstand einer Untersuchung gemacht: Wie setzt Proust in der »Recherche« Beobachtungsfiguren ein, die die Erfahrungsmuster der Leser in der Wirtschaft nutzen, um Neues zu sagen über Gedankenbewegungen und über Bewegungen im Verhältnis von Menschen zueinander?

In den sieben Bänden des Romans, auf mehr als 4200 Seiten, habe ich insgesamt 80 Stellen gefunden, an denen Begriffe und Verhaltensweisen aus dem Wirtschaftsleben auftauchen.[3] Die meisten davon sind nicht länger als ein paar Sätze oder gar nur einzelne Worte. Die Art und Weise, wie diese Worte und Sätze eingesetzt sind, zeigt aber, daß sich Proust sehr wohl darüber im klaren war, welche Beschreibungskraft sie haben. Auch wenn Referenzen zur Kunst im Zentrum stehen, so macht doch die offensichtliche Spannung im Verhältnis zwischen Kunst und Wirtschaft die ökonomischen Beobachtungen zu einem wirkungsvollen Mittel der Beschreibung.

Ich werde meine Ergebnisse in drei Abschnitten präsentieren. In jedem der Beispiele wird die in Frage stehende Stelle zitiert, erläutert und interpretiert.[4]

Verwendungen von Wirtschaft als Folie, um die Eigenart und die Überlegenheit der Kunst herauszustellen

Der Gegensatz von idealer Kunst und trivialer Umwelt ist Gegenstand des ersten Beispiels:

Der junge Marcel macht Station in Balbec-le-vieux, um Statuen im gotischen Stil am Portal der Kirche anzusehen. Deren Abdrucke hatte er schon in Paris gesehen. Insbesondere die Statue der Heiligen Jungfrau fasziniert ihn. Marcel nähert sich also der Kirche:

»Wie ein junger Mann am Tage eines Examens oder eines Duells die Sache, nach der man ihn gefragt, die Kugel, die er verschossen hat, gar nicht so bedeutsam findet, gemessen an den Reserven an Wissen oder an Mut, die er in sich trägt und die er so gern ins Feld geführt haben würde, so wurde ich, der ich diese Jungfrau des Portals unabhängig von allen Reproduktionen, die ich davon gesehen, in meinem Geiste aufgerichtet hatte – erhaben über alle Wechselfälle, die diese hier treffen konnten, selbst wenn man sie zerstörte, intakt, ideal und ewig – von Staunen erfaßt, als die Statue, die ich tausendmal in mir nachgeschaffen hatte, auf ihre Erscheinung in Stein beschränkt, im Bereich meines Armes nur eine Höhe erreichte, in der ein Wahlaufruf und die Spitze meines Spazierstocks mit ihr wetteifern konnte, als sie an einen bestimmten Platz gekettet stand, untrennbar von der Ecke, wo die Hauptstraße einmündete, unweigerlich den Blicken des Cafés und der Posthalterei ausgesetzt, das Antlitz vom letzten halben Strahl der Abendsonne beschienen – und bald, in ein paar Stunden, vom Licht der Straßenlaterne – während die Diskontbank die andere Hälfte abbekam, gleichzeitig mit dieser Filiale eines Kreditinstituts von dem schalen Küchengeruch aus der Pastetenbäckerei umweht ...« (II, 308)

Statue und Diskontbank im selben Lichtstrahl und im selben Bäckereidunst – die Statue hat etwas gemein mit der Welt von Handelswechseln und Blätterteig. Der Kontrast mit der Diskontbank, für den Leser leicht nachvollziehbar, betont die Überlegenheit der Kunst. Die Bilder in Marcels Kopf werden verunreinigt durch Diskontbanken und Bäckereien, die sich dort einnisten.

Aber die Wirtschaft dient nicht nur als Kontrast. Sie ist auch Bestandteil einer viel kühneren These der gesellschaftlichen Entwicklung, nämlich der Umwandlung von unedlen Stoffen in edlere Substanzen. Am Beispiel einer jungen Frau, die in die Landadelsfamilie der Cambremer einheiratet, wird der Weg vom Geldvermögen und der Erziehung bis zur Raffinesse der familientypischen Aussprache der Namen von Verwandten vorgeführt:

»Von da an hatte sie begriffen, daß auf Grund einer Umwandlung der festen Stoffe in immer höher veredelte Substanzen das bedeutende und ach so ehrenhafte Vermögen, das sie von ihrem Vater ererbt hatte, die umfassende Erziehung, die sie genossen, und ihr eifriger Besuch der Vorlesungen an der Sorbonne ... ihre letzte Sublimierung in dem Vergnügen finden mußten, eines Tages zu sagen: Ma tante d'Uzai.« (IV, 302)

Die Wirkung des Geldes auf die edleren Substanzen kann noch ergiebiger sein, wenn sie direkt auf die Kreativität von Künstlern wirkt. Der

Schriftsteller Bergotte etwa gibt hohe Summen für junge Mädchen aus und setzt dann die Freuden und Enttäuschungen, die sie ihm bereiten, in neue Bücher um. Auch Marcel stellt diese Wirkung an sich selbst fest:

»Es ist etwas Merkwürdiges um diesen Kreislauf des Geldes, das wir Frauen schenken, die uns aus diesem Grunde unglücklich machen, das heißt uns die Möglichkeit zum Bücherschreiben verschaffen: man kann fast sagen, daß es mit den Werken wie mit den artesischen Brunnen ist, nämlich, daß sie sich um so höher erheben, je tiefer die Grube ist, die das Leiden in unserem Herzen ausgehoben hat.« (VII, 313 f.)

Proust erzählt aber nicht nur von der Verwandlung der profanen Stoffe in die edleren Stoffe der Kunst – er führt die Verwandlung unmittelbar vor: In Band V verwendet er die »cris de Paris«, also die Rufe der Händler und Handwerker, die ihre Melodien und Instrumente oft seit dem Mittelalter nicht verändert haben, und formt daraus über 30 Seiten hinweg ein eigenes Musikstück, das er eine »Rhapsodie« nennt und in seiner Musikalität mit Debussys »Pelléas et Mélisande« vergleicht. Die Muster der Werberufe werden transformiert in die Muster der Musik, die ihrerseits wieder als Metapher dienen für die Sehnsucht Marcels, sich die Welt und ihre Genüsse anzueignen.

Verwendungen von Wirtschaft als gleichrangige Wertung

Die Stufenrelation, die aus den eben zitierten Beispielen spricht, ist eine mögliche Perspektive der Beobachtung. Sie ist nur eine von verschiedenen Möglichkeiten, und dessen ist sich der Autor bewußt. Es gibt eine zweite Gruppe von Stellen, in denen die abwertende Attitüde gegenüber dem Wirtschaftsleben fehlt. Beobachtungen mit den Methoden der Wirtschaft treten gleichwertig neben andere Formen der Kommunikation. Françoise, die Haushälterin des älteren Marcel, wird als Expertin im Abschätzen von Ausgaben skizziert – »von der gleichen Neigung getrieben, die einen Schneider, wenn er uns sieht, unwillkürlich den Stoff unseres Anzugs abschätzen und am liebsten auch noch befühlen läßt, oder die einen Maler für einen Farbeffekt besonders empfänglich macht« (V, 493).

Wirtschaft ist einfach eine »community of practice«, mit der wir alle ziemlich vertraut sind. Deshalb liefert der verwendete Begriff aus der Wirtschaft eine rasche, präzise Metapher. Börsenkursschwankungen können deshalb als Metapher dienen für das Auf und Ab gesellschaftlichen Erfolgs und die Schwankungen des öffentlichen Geschmacks (IV, 200), Münzglanz dient als Metapher für den Glanz, der in die Augen tritt, wenn man etwas Neues, noch nicht Routine Gewordenes tun kann (IV, 652), und schließlich sind Goldmünzen das Abbild der kostbaren Augenblicke, die Marcel mit seiner Freundin Albertine verbracht hat (VI, 161).

Nun komme ich zu einer Stelle, in der der Vergleich mit wirtschaftlichem Handeln die Grundlage für eine besonders subtile Betrachtung menschlichen Handelns bildet. Vorgeführt wird die Handlungsweise des »Prinzips des mehrfachen Zwecks« am Fall der jungen Albertine, die von Natur aus gern anderen Freude macht und dabei ihren moralischen Profit steigert (II, 671 f.), und am Fall des Monsieur de Norpois, eines hochrangigen Diplomaten und Freunds seiner Eltern:

»Zu den Männern, die mir am konsequentesten das Prinzip des mehrfachen Zwecks anzuwenden schienen, gehörte auch Monsieur de Norpois. Er übernahm es zuweilen, zwischen zwei verfeindeten Freunden zu vermitteln, und erreichte dadurch, daß er als der gefälligste aller Menschen galt. Es genügte ihm aber nicht, so zu tun, als erweise er nur demjenigen einen Dienst, der ihn darum gebeten hatte, sondern er stellte auch dem anderen seine Aktion so hin, als sei sie nicht auf eine Bitte des ersteren unternommen, sondern im eigensten Interesse dessen, den er in der Sache um etwas bat, wovon er den jeweiligen Gesprächspartner um so leichter überzeugte, als dieser durch die Vorstellung von ihm als ›dem hilfsbereitesten Menschen von der Welt‹ bereits zu seinen Gunsten voreingenommen war. Da er auf diese Weise das spielte, was man in der Bühnensprache als Doppelrolle bezeichnet, setzte er seinen Einfluß niemals einem Risiko aus; er verlor durch seine Dienste nicht etwa einen Teil seines Kredits, sondern machte ihn umgekehrt nach beiden Seiten hin nutzbar. Andererseits vermehrte jede Gefälligkeit, die er ja zweimal zu erweisen schien, noch seinen Ruf, ein hilfsbereiter, und zwar mit Erfolg hilfsbereiter Freund zu sein, dessen Bemühungen kein Schlag ins Wasser, sondern ersprießlich waren, wie die Dankbarkeit von gleich zwei Interessenten bewies.« (II, 673 f.)

Die »mehrfache Nutzbarmachung einer Handlung«, wie sie im Fall Albertines heißt, ist ein zentrales ökonomisches Prinzip. Sie liegt jeder professionalisierten Dienstleistung zugrunde, und sie hat ihre besondere Bedeutung in der Bankwirtschaft, wo eine einzige Geldeinlage mehrere Kredite ermöglicht. Proust fängt das Prinzip als Teil der Charakterbeschreibung der beiden Romanfiguren ein. Er sieht darin »eine Art von Unaufrichtigkeit, die im Keim übrigens bei einer ungeheuer großen Zahl von Menschen existiert« (II, 671).

Norpois ist auch Teil der Ereignisse in einer Szene, die die Welt der Wertpapiere mit der Welt der Dichtung verknüpft. Anläßlich eines Abendessens, zu dem Marcels Eltern Monsieur de Norpois eingeladen haben, erzählt Marcels Vater von den Wertpapieren, in denen er Marcels kleines ererbtes Vermögen angelegt hat. Norpois rät zu soliden, schwach verzinslichen Werten – wie den im Text erwähnten *consolidated annuities* oder *consols*. Das sind englische Staatsschuldbriefe ohne vorgegebene Laufzeit, die Ende des 19. Jahrhunderts eine beliebte Vermögensanlageform darstellten. Norpois gratuliert Marcels Vater zur »Komposition« des Portfolios, das »guten Geschmack« verrate – überträgt also ästhetische Qualität auf das Risiko/Ertrags-Profil des gewählten Depots. Der Höhepunkt der Szene kommt erst, als Marcel einen Blick auf die tatsächlichen Aktienscheine mit ihren reichen Illustrationen werfen kann und sie mit den Illustrationen in den Gedichtbänden von Gerard de Nerval vergleicht, einem Dichter aus der ersten Hälfte des 19. Jahrhunderts und Schöpfer von Werken, die für Prousts »Recherche« als Vorbild gedient hatten:

»Da mein Vater jedoch bei ein paar älteren Papieren sich der Bezeichnung nicht genau erinnerte, die man leicht mit dem Namen ähnlicher

Werte verwechseln konnte, schloß er seine Schublade auf, entnahm ihr die betreffenden Aktien und wies sie dem Botschafter vor. Ihr Anblick bezauberte mich; sie waren mit spitzen Kirchtürmen und allegorischen Figuren verziert wie gewisse aus der Zeit der Romantik stammende Ausgaben, in denen ich früher geblättert hatte. Alles, was aus einer gleichen Zeit stammt, hat eine Familienähnlichkeit; die gleichen Künstler, die die Gedichtbände einer Epoche illustrieren, werden auch von den Finanzgesellschaften beschäftigt. Und nichts erinnert mehr an alte Lieferungen von ›Notre-Dame de Paris‹ oder die Werke Gérard de Nervals, wie ich sie noch in dem Schaufenster der Gemischtwarenhandlung in Combray fand, als – in ihrer vignettengeschmückten, rechteckigen, von Flußgöttern gehaltenen Umrahmung – eine Aktie, die auf den Namen der ›Compagnie des Eaux‹ ausgestellt war.« (II, 40)

Das Muster, das verbindet – hier ist es formuliert als »Familienähnlichkeit« der Kommunikationsmedien in verschiedenen sozialen Systemen oder Wertspielen: der Zeitschriften und Buchausgaben einerseits und der Anspruchstitel am Ertrag von »Unternehmungen« andererseits.[5]

Beobachtungen der Unterschiede in der Wertung psychischer Verhältnisse

Der ganz unterschiedliche Wert, den Männer ihrem Verhältnis zu bestimmten Frauen zumessen, ist ein zentrales, mehrfach wiederkehrendes Thema der »Recherche«. Jedesmal wenn es auftaucht, verwendet Proust Geld als einen Vergleichsmaßstab, der die Dimension des Unterschieds erahnen läßt.

Zum erstenmal taucht das Phänomen auf im Verhältnis von Charles Swann, der sich um die Gunst der Halbweltdame Odette de Crécy bemüht. Charles Swann ist die zentrale Bezugsfigur der ersten Hälfte des Romans und für den jungen Marcel die unbedingte Autorität in der Bewertung von Kunstwerken. Er ist von Beruf Wechselmakler *(agent de change)*, und seine Familie ist deutsch-jüdischer Herkunft. Gleichzeitig verkehrt Swann im Jockey-Club, dem exklusivsten, vom Königshaus frequentierten Zirkel der Pariser Gesellschaft. Je nachdem, ob die französische oder die deutsch-jüdische Seite der Person angesprochen wird, wählen die Romanfiguren die französische oder die deutsche Aussprache des Namens.

Diese Figur, die gleichzeitig im Zentrum und am Rand der Gesellschaft steht, wählt nun eine Frau, die eindeutig außerhalb der Gesellschaft situiert ist, zum Gegenstand seiner Liebe, heiratet sie später sogar und kompromittiert damit seine gesellschaftliche Stellung. In der Schilderung der frühen Phase der Beziehung erläutert Proust, wie Swann damit experimentiert, durch Reaktionen »der Dankbarkeit aus ihr versteckte Gefühlselemente hervorzuholen, die sie ihm bislang noch nicht offenbart hatte« (I, 353). Er nützt Odettes Geldverlegenheiten, um solche Gefühle zu erzeugen, und »der Preis, den er als Amateur an immateriellen Gefühlen dafür zahlte, erhöhte in seinen Augen ihren Wert – so wie Leute, die im Grunde nicht ganz gewiß sind, ob das Schauspiel des Meeres und das Geräusch der Brandung denn eigentlich so köstlich seien, sich von der erlesenen Qualität ihrer rein ideellen Freuden dadurch überzeugen, daß sie für hundert Francs am Tage ein Hotelzimmer mieten, das ihnen erlaubt, in diesen Genuß zu kommen« (I, 354).

Swann ist sich im klaren darüber, daß seine Geldgeschenke Odette zu einer ausgehaltenen Frau machen. Er kommt zu dem Schluß, daß sie etwa so zu seinem Haushalt gehört wie »jener im Hause verwahrte und vertraute, zerrissene und wieder geklebte Tausendfrancschein, den sein Kammerdiener nach Empfang der Summe für die laufenden Monatsausgaben und seinen Lohn wieder in die Lade des alten Schreibtisches gelegt hatte, aus der Swann ihn nahm, um ihn mit vier anderen an Odette zu schicken« (I, 355). Man kann förmlich zusehen, wie der Geldschein aus der Sphäre der haushaltlichen Kontenführung hinüberwandert in die Sphäre der »geheimnisvollen und perversen Elemente«, aus denen Swanns Beziehung zu Odette besteht.

Die Familie der Guermantes, deren Stammbaum man bis zu Genoveva von Brabant zurückverfolgen konnte, und ihr aristokratischer Kreis stellen für den jungen Marcel das Zentrum der gesellschaftlichen Welt dar. Ein Neffe der Herzogin von Guermantes, Robert de Saint-Loup, ist Marcels Freund. Auch Roberts Geliebte, die Schauspielerin Rahel, kommt vom Rand der Gesellschaft. Marcel war sie Jahre zuvor in einer Absteige für zwanzig Francs angeboten worden, aber Robert verschwendet Hunderttausende an sie:

»Sicher würde er, wenn er jetzt erfahren hätte, daß sie zuvor für einen Louisd'or jedem Beliebigen offeriert worden war, furchtbar gelitten, aber dennoch eine Million gegeben haben, um sie sich zu erhalten, denn alles, was er erfahren hätte, würde ihn nicht … von dem Wege abgebracht haben, auf dem er einmal war und auf dem dies Gesicht ihm nur durch den Schleier selbstgeschaffener Träume sichtbar wurde. Die Unbeweglichkeit dieses kleinen Gesichts schien mir etwa wie die eines Blatts Papier zwischen dem ungeheuren Druck zweier Atmosphären durch zwei Formen des Unendlichen zustande gekommen zu sein, die beide bei ihrer Person endeten, ohne sich zu berühren, da sie ja selbst dazwischen stand. Tatsächlich sahen wir beide, Robert und ich, sie nicht von der gleichen Seite ihres Geheimnisses her.« (III, 208)

Wieder wird der Geldmaßstab verwendet, um ein anderes, kaum faßbares Muster deutlich zu machen: das der »Illusion, auf der die Schmerzen der Liebe beruhen«.

Schließlich trifft Marcel das gleiche Schicksal. Als ihn seine Freundin Albertine verläßt, überlegt er panisch, wie er sie zurückgewinnen könnte, indem er sich finanziell ruiniert, etwa durch den Kauf einer Jacht. Dabei ist ihm jedoch klar, daß die Beschäftigung mit dem eigenen Ruin nur eine Form ist, um sich mit sich selbst zu beschäftigen. Dadurch gewinnt er, blitzartig, eine tiefe Erkenntnis über das eigene Ich:

»Da aber dieses Ich unaufhörlich darin lebt, daß es eine große Zahl von Dingen denkt und selber nur das Denken dieser Dinge ist, trifft es, wenn es zufällig, anstatt Dinge vor sich zu haben, plötzlich an sich selber denkt, nur auf eine leere Apparatur, etwas, das es nicht kennt und zu dem es, um ihm irgendein Maß an Wirklichkeit zu verleihen, die Erinnerung an ein im Spiegel wahrgenommenes Gesicht hinzunehmen muß.« (VI, 71)

Die ökonomischen Beobachtungsfiguren werden also genutzt, um die »forms, shapes and relations« aufzudecken, aus denen sich die lebendigen Muster unseres Bewußtseins zusammensetzen. Sie tauchen sogar an einer Stelle auf, die zu den Schlüsselszenen der »Recherche« gerechnet wird (vgl. dazu Warning 2000): in der Szene, in der der junge Marcel die Schönheit von rosa Weißdornblüten entdeckt. Diese Schönheit wird nicht zufällig in religiösen Begriffen geschildert: Hier geht es um die Dinge, die Marcels Welt im Innersten zusammenhalten, um Liebe und um Kunst. Auch hier, im Allerheiligsten der »Recherche«, dienen die Preise im Gemischtwarenladen, wahrgenommen durch die Augen von Kindern, als Erfahrungsvergleich.

Die Szene spielt in den Sommerferien in Combray, im Verlauf eines Familienspaziergangs, wenige Augenblicke, bevor Marcel seiner ersten Freundin Gilberte, der Tochter Swanns, begegnet. Als die Spaziergänger eine Weißdornhecke erreichen, weist ihn sein Großvater auf die ungewöhnlichen rosa Blüten hin:

»›Du hast doch den Weißdorn so gern, schau her, hier gibt es einen mit rosa Blüten, er ist wirklich hübsch!‹ Tatsächlich war es auch ein Dornstrauch, doch rosa, noch köstlicher als die weißen. Auch er war geschmückt wie für ein Fest, eines jener einzig wirklichen Feste, wie es nur kirchliche Festtage sind, da sie ja nicht wie weltliche durch eine Zufallslaune an einen beliebigen Tag geheftet werden, der nicht besonders für sie vorgesehen ist und nichts im tiefsten Wesen Feiertagsmäßiges besitzt – aber noch reicher, denn die Blüten, die an den Zweigen in der Weise aufgereiht waren, daß sie wie die Pompons an einen Rokokohirtenstab keine Stelle ungarniert ließen, waren ›farbig‹ und somit von höherer Qualität nach den Gesetzen der Ästhetik von Combray, jedenfalls nach der Staffelung der Preise im ›Warenhaus‹ oder bei Camus zu schließen, wo die Patisserie mit rosa Guß teurer war als die andere. Ich selbst schätzte mehr den rosa Rahmkäse, in den ich hatte Erdbeeren drücken dürfen. Diese Blumen aber hatten sich gerade jenen rosa Farbton ausgewählt, den eßbare Dinge haben, oder eine liebenswürdige Kleinigkeit, mit der man eine Festtagstoilette schmückt, ein Rosa, das, weil die Gründe für seine Überlegenheit so klar zutage treten, in den Augen der Kinder die überzeugendste Farbe ist und deshalb später für sie immer etwas Lebendigeres und Natürlicheres behält als alle anderen Tönungen, selbst wenn sie begriffen haben, daß es dem Geschmacksempfinden keine besonderen Reize bietet oder von der Schneiderin nicht eigentlich für das Kleid bestimmt worden ist.« (I, 186 f.)

Die Farbe der Blüten und ihre Bedeutung für das ästhetische Qualitätsempfinden wird über kindliche Kauferinnerungen beschreibbar. Die Komposition der Weißdornblüten auf den Ästen wird erfahrbar gemacht in einem Bild, das noch mehr Muster zusammenwebt. Proust fährt fort:

»Und tatsächlich empfand ich ebenso wie angesichts der weißen Dornenhecke, aber doch noch mit größerem Staunen, daß nicht erst durch etwas Künstliches, durch einen Kniff der menschlichen Industrie die festtägliche Bestimmung der Blumen zustande gekommen war, sondern daß die Natur sie in ihnen selbst spontan zum Ausdruck gebracht hat mit der Naivität einer dörflichen Krämerin, die Artikel für einen feiertäglichen Hausaltar herstellt, indem sie nämlich dieses Zweigwerk mit Rosetten von allzu süßem Rosa und in altmodischem Provinzgeschmack ausgestattet hat. Oben an den Zweigen sproßten in übermäßiger Fülle, ähnlich den kleinen Rosenstöckchen, in deren in Papiermanschetten verschwindenden Töpfen bei großen Festen am Altar winzige Kerzen erstrahlen, kleine Knöspchen von blasserem Ton, die, wenn sie sich öffneten, im Innern in einem Kelch aus blutrotem Marmor ein rötliches Linienwerk zeigten und mehr noch als die Blüten die ganz besondere, unzerstörbare Substanz dieser Gattung verrieten, die überall, wo sie Knospen treibt oder blüht, immer nur Rosa erzeugt. In die Hecke eingefügt, und doch so verschieden von ihr wie ein junges Mädchen im Festgewand von Personen im Hauskleid, die zu Hause bleiben, ganz bereit für den Marienmonat, zu dem er schon zu gehören schien, erstrahlte lächelnd, in seinem frischen rosa Gewand, der katholische, köstliche Strauch.« (I, 187 f.)[6]

Natur, Handel, Kunst und Religion werden eins in diesem Kompositionswunderwerk. Das Ineinander-Spielen der Muster des Lebens und der Muster der sozialen Wertsysteme wird aufgeführt und vorgeführt.

Der unschuldigen, idealen Welt der Kindheit wird im letzten Band eine groteske Gegenwelt gegenübergestellt. Der Salon der Guermantes erscheint nun nurmehr als hohle Maskerade, ebenso wie das *gay house*, in dem sich der Baron de Charlus, Bruder des Herzogs von Guermantes und schwule Schlüsselfigur der zweiten Romanhälfte, auspeitschen läßt. Der Motor des Geschehens in der neuen Epoche, die die Welt der Tradition und Stabilität nach dem Ersten Weltkrieg abgelöst hat, ist Geld – Geld, das wie bei allen Dienstleistungen aufgetrieben werden muß, um das »Pandämonium« am laufen zu halten (VII, 208).

Schluß

So verschlingen und erzeugen sich über die sieben Bände des Romans hinweg die Muster, die Gesellschaft und Individuum, Kommunikation und Bewußtsein verbinden.

Auf der Ebene der Gesellschaft können wir mit beobachten, wie sich die Kraft der historischen, stationären Wertspiele[7] abschwächt. Die Kraft der Religion, die das Leben im bäuerlich-ländlichen Combray koordiniert, und die Kraft der feudalen Macht, wie sie die Familie der Guermantes verkörpert, verfallen. Dagegen steigt die Kraft des Geldspiels, während gleichzeitig die Muster der aristokratischen Koordination in den Schlachten des Ersten Weltkriegs zerreißen. Mit der steigenden Bedeutung des Geldspiels beginnen die vielfältigen Fusionen zwischen vermögenden Familien ohne Stand und vermögenslosen Familien von hohem gesellschaftlichem Rang, Fusionen, die etwa Odette, nach Swanns Tod, zu

Madame de Forcheville und ihre Tochter Gilberte zu Madame de Saint-Loup werden und eine neue Schicht von Großbürgern entstehen lassen. Mit dem Geldspiel können sich auch die Leidenschaften und Passionen, die in den stationären Spielen keinen Platz haben, Raum verschaffen und soziale Barrieren überwinden. Baron de Charlus und Marcel sind die Figuren, an denen diese Entwicklung gezeigt wird. Organisationen spielen in der »Recherche« praktisch keine Rolle. Interaktionen, wie die Matineen der Guermantes oder die Essen der Verdurin, sind die eigentlichen, im Dialog beobachtbaren Ereignisse, in denen sich alles gesellschaftliche Leben abspielt.

Die Menschen, die in diesen Interaktionen mitwirken, tun das mit ihren eigenen psychischen Mustern. Ein jeder von ihnen ist ständig gezwungen, sein eigenes Ich zu konstruieren und zu versorgen. Dazu verwenden die Menschen zwar auch die generalisierten Kommunikationsmedien wie Macht, Geld und Kunstwerke, aber vor allem verwenden sie die Beziehungen zu anderen Menschen. Sie nutzen deren Eigennutz, um sich selbst mit Zuwendung und Aufmerksamkeit zu versorgen. Sie sind sich dieser Zuwendung und ihrer Echtheit ständig unsicher und versuchen deshalb, durch äußere Zwänge, durch erhöhte Aufwendungen materieller und kommunikativer Art und durch das Prinzip des mehrfachen Zwecks mehr Sicherheit zu erlangen. Innerhalb der sich verändernden Konstellation der Wertspiele verändern sich diese Muster nur wenig.[8]

Im Hintergrund der Geschichte kommen auch die anderen Wertspiele vor, insbesondere die Wissenschaft, wobei hier die Medizin mit ihrem Blick auf psychische und organische Muster eine besondere Rolle spielt. Im Vordergrund bleibt freilich das Spiel der Kunst. Die realen künstlerischen Schöpfungen der nordeuropäischen Gotik und der venezianischen Renaissance werden ebenso wie die fiktiven zeitgenössischen Werke der Figuren Vinteuil, Elstir und Bergotte zum Gegenstand ausführlicher Betrachtungen gemacht, die in ihren Metaphern ja erst die Beschreibungen von Gesellschaft und Individuum entstehen lassen, die dann die »Recherche« ausmachen. Die Stärke des Kunstspiels nimmt also nicht ab, es ist durch die Zeiten das einzige, das den »sense of unity«, den Bateson fordert, auszudrücken vermag. Im Gegenteil – mit der Veröffentlichung der »Recherche« selbst, zugleich reales Buch und fiktive Geschichte, erreicht die Gattung der Literatur einen neuen Höhepunkt.

Das in seiner Ästhetik stringent entwickelte Werk erzeugt also sein trotz aller Komplexität immer noch erkennbares Bild der psychischen und der gesellschaftlichen Beziehungen gerade deshalb, weil auf jede Theorie verzichtet wird. Proust macht auch diese Eigenschaft der ästhetischen Konstruktion durch eine ökonomische Metapher erfahrbar:

»Ein Buch, das Theorien enthält, ist wie ein Gegenstand, an dem noch das Preisschild hängt. Man argumentiert, das heißt man redet um die Dinge herum, wann immer man nicht die Kraft besitzt, ausschließlich *einen* Eindruck alle aufeinanderfolgenden Zustände durchlaufen zu lassen, die zu seiner Fixierung, seinem Ausdruck führen.« (VII, 278)

So also funktioniert die ästhetische, die Muster verbindende Kommunikation: theoriefrei, nicht in Preisen zu fassen und gerade deshalb wertvoll.

Anmerkungen

1 »By aesthetic, I mean responsive to the pattern which connects.« (Bateson 1979, S. 9)

2 Vgl. dazu etwa die Beiträge zum Symposium »Proust und die Künste«, Köln, Nov. 2002, hrsg. v. Wolfram Nitsch, 2003.

3 Diese geringe Anzahl von relevanten Stellen erklärt wohl, warum in der Proust-Forschung bislang keine einschlägigen Untersuchungen vorliegen. In Victor E. Grahams »Imagery of Proust« finden sich unter dem einzigen einschlägigen Stichwort, »Commerce«, nur sieben relativ periphere Nennungen.

4 Die verwendete Ausgabe ist die im Suhrkamp-Verlag erschienene Übersetzung von Eva Rechel-Mertens. Mit einer Ausnahme sind alle Zitate dieser Ausgabe entnommen.

5 Zu Beginn ihrer Geschichte waren Aktien tatsächlich Anteilscheine an Aktionen, also Unternehmungen. Erst richtete sich der Anspruch auf die Unternehmensorganisation, die verschiedene Gewinnprojekte im Lauf der Zeit verfolgt.

6 Hier folgt die Übersetzung dem französischen Original und den Vorschlägen der revidierten Suhrkamp-Ausgabe von Luzius Keller.

[7] Der übliche systemtheoretische Ausdruck wäre hier »Funktionssysteme«. Die von mir gewählte Bezeichnung betont die Selbsterfindung der Spielregeln und die nur intern gültige Logik jeder binären Codierung.

[8] Es ist ein weiterer Beleg für die Unauslotbarkeit der »Recherche«, daß selbst die Muster der organischen Systeme Teil der Erzählung sind. Entlang der Unterscheidung von Gesundheit und Krankheit begleiten sie das Leben der Figuren, das von Marcel ebenso wie das seiner Tante Léonie, seiner Großmutter, des Schriftstellers Bergotte und des Arztes Cottard.

Literatur

Bateson, G.: *Mind and Nature: A Necessary Unit*, London: Wildwood House (New York: Dutton) 1979. (Dt.: *Geist und Natur: Eine notwendige Einheit*, Frankfurt a. M.: Suhrkamp 1995, 4. Aufl.)

Graham, V. E.: *Imagery of Proust*, London: Blackwell 1966.

Proust, M.: *A la recherche du temps perdu* (éd. Tadié), Paris: Gallimard 1999 (Neudruck 2002).

Proust, M.: *Auf der Suche nach der verlorenen Zeit* (Aus dem Franz. übers. von Eva Rechel-Mertens), 10 Bde., Frankfurt a. M.: Suhrkamp 1992.

Proust, M.: *Auf der Suche nach der verlorenen Zeit* (Aus dem Franz. übers. von Eva Rechel-Mertens; revidiert von Luzius Keller), 7 Bde., Frankfurt a. M.: Suhrkamp 1994–2002.

Warning, R.: Befleckter Weißdorn: Zum Imaginären der Recherche, in: Ders.: *Proust-Studien*, Fink: München 2000, S. 179–211.

Brigitte Kronauer

Unerklärliche Wechselwirkung
Aspekte der Ambivalenz

Als 1945 mein Vater in russische Kriegsgefangenschaft geraten war, erfanden mein Bruder (6) und ich (4) ein kurzes Gebet um seine Rückkehr. Ich selbst besaß noch keine Erinnerung an ihn, aber das Wort »Vater« als männliches Gegenstück zu meiner Mutter, die mir, Gott sei Dank, handgreiflich vor Augen stand, genügte für eine kindliche, durch die Gefahr obendrein zugespitzte, allabendliche Inbrunst. Es war ein unerläßliches Ritual, keineswegs Routine. Das väterliche Leben lag in unserer Hand.

Anfang 1949 bemerkten wir, ziemlich blamiert, daß unser Schutzbefohlener längst zurückgekehrt war, nämlich im April 1948. Natürlich hatten wir das sensationelle Ereignis mit unserem Tagesverstand registriert und immerhin viele Stunden am Bahnhof seine Ankunft erwartet. Abends aber war die Macht unserer alten Liturgie bisher größer gewesen, keineswegs nur die der Gewohnheit. Die Kraft des kleinen Kultus, der wörtlich genommen in seiner fortgesetzten Ausübung lächerlich geworden war, drückte um so mehr unsere Bemühung, den bei uns lebenden Fremden in unser Herz zu schließen, aus, indem er die Gemütsformel aus der Zeit, wo der ferne Kriegsgefangene reines Ideal war, aufgriff.

Wir hielten unseren Beschwörungssatz in trotziger Treue noch ein paar Wochen aufrecht, bis wir uns zur Abschaffung entschlossen. Um über die Lücke vor dem Einschlafen wegzukommen, versuchten wir aktuelle Formulierungen. Es war aber, als hätte sich ein herzhafter Ton, ein Glanz aus unseren Worten zurückgezogen, wenn wir Bitten um Auskurierung der Leiden des Vaters und seine baldige Anstellung äußerten.

Viel wichtiger noch: Wir spürten, daß sich mit Aufgabe des jetzt überalterten Satzes auch das Emphatische unserer Zuneigung, das einmal in ihn eingeströmt war, verflüchtigte. Gerade so, wie wir uns nun Schritt für Schritt von den Frömmigkeiten der Kindheit insgesamt verabschiedeten und schließlich, selber voranstrebend, halb verlegen, halb wehmütig auf deren ausgediente, unbewegliche Expressionsformen zurücksahen. Der überlieferte Ausdruckskanon unserer kräftigsten Empfindungen war anachronistisch geworden. Ein vertrauenswürdiges Substitut ließ sich nicht blicken.

Waren sie, die Empfindungen, nicht überhaupt erst durch Märchenhaftes und zaubrisch-sakrale Gesten stimuliert und gefestigt worden? Es ist hier nicht die Rede von einem durch moderne Spuk-Fantasyfilme üppig und virtuos befriedigten Bedürfnis nach unterhaltsam-nostalgischer Wiederbelebung eines vom Verstand längst verschrotteten Arsenals aus Kindertagen. Es geht um anderes.

In seinem Roman »Pierre oder Die Doppeldeutigkeiten« (1852) stellt Herman Melville ein Bild an den Anfang der dramatischen Ereignisse. Es ist das Porträt des verstorbenen, hoch verehrten Vaters aus einem frühen Lebensabschnitt, das der junge Pierre als geheimen Schatz über Jahre hütet und das durch die Entdeckung einer vorehelichen Tochter des Vaters plötzlich dessen Lächeln zu einem zwielichtigen werden läßt. Der Kurzschluß Bild – Leben ist vollzogen, und dieses Leben fährt plötzlich verheerend in die gemalte Augenblicksbannung des Vaters, die ihrerseits eine lauernde Lebendigkeit erhält. Die mit einem Mal aufreißende, bisher dunkle Vergangenheit interpretiert das Bild neu, so wie umgekehrt das Bild eine hypnotische Macht über das Leben aller beteiligten Personen ausübt, da sich beide, Porträt und Gesicht der Stiefschwester, »... infolge einer unerklärlichen Wechselwirkung gegenseitig identifizierten, gleichsam miteinander verschmolzen und, einander wechselseitig durchdringend, eins wurden und sich zu einem Ganzen verbanden, in dessen Zügen eine gesteigerte Übernatürlichkeit lag«. Kunstwerk und akutes Leben entfachen einander zu dämonischer Energie.

Selbst nachdem Pierre, von der Doppeldeutigkeit des väterlichen Lächelns seit jeher angezogen, ohne sie auf Dauer im Bewußtsein ertragen zu können, das Porträt zerstört, dauert dessen Suggestion an. Nach mehr als 600 Seiten flieht Pierre in die Eindeutigkeit: Er vernichtet sich selbst.

Zweifellos handelt es sich um einen formal höchst problematischen Roman mit bedenklich melodramatischem Schluß. Was hier interessiert, ist die indirekte Apologie der zündenden Wirkungskraft einer längst Episode, »Museum«, gewordenen künstlerischen Formulierung (das Porträt) auf das sich in rasante Entwicklung begebende Leben (von Pierre und mindestens drei weiteren Personen). Und andererseits: die Dynamisierung des starren Bildes unter dem Anhauch des Lebensatems.

Die abendländische Malerei besteht zu einem überwältigenden Anteil aus Gemälden mit religiösen Motiven. Wer in einem Museum die Abteilungen älterer und alter Meister betrachtet, begegnet beispielsweise einer jungen, in allen Gradationen von genial bis unbeholfen dargestellten Mutter, mit an entblößter Brust ruhendem oder auf ihrem Schoß spielendem Säugling, sowie einer anderen, die in Schmerz und Grazie einen erwachsenen, fast nackten und blutbefleckten Toten kaum auf den viel zu zierlichen Knien halten kann, so daß die schauerliche Szene durch ein bizarres, offenbar gewünschtes Mißverhältnis, ein ästhetisches Ärgernis, gekennzeichnet ist, das sich durch die Jahrhunderte hindurch wiederholt. Oder man sieht ein schönes Männergesicht in sacht geheimnisvollem Licht, das sich, umringt von Soldaten, von einem häßlichen küssen läßt.

Warum betrübt die Vorstellung, die einzelnen Besucher und die touristischen Massen bestaunten jene Werke lediglich ehrfürchtig nach den Anweisungen der Kunstgeschichtler, belustigt aber, was das Groteske und Unverständliche der dargestellten Ereignisse betrifft, nämlich als Relikte einer überholten Legendenwelt, deren Wunderlichkeiten man eher widerwillig der Malkunst zuliebe in Kauf nimmt?

Ahnt man etwa, daß man die Bilder in dieser Weise nicht wirklich aufbewahren und – trotz aller Restaurierungsprofis – vor der Vergänglichkeit retten kann, jedenfalls nicht unverdünnt, in der Wucht ihrer Wirkung als Chiffre einer Doppelsinnigkeit von Menschlichem und Übermenschlichem, die von ihrer Kunst letztlich nicht zu trennen ist?

Das Poetische der Religion besteht ja darin, daß sie ihr Heiligstes immer nur durch Form, nie durch wörtlichen Inhalt mitteilt. Ich kann mir keine unergründlicheren und sprechenderen Oberflächen denken als die gemalte, schwermütige Mutter mit dem eben geborenen Auserwählten und dem Toten auf ihrem Schoß und dazwischen jenem selben, der sich ohne Gegenwehr gerade mittels der nobelsten aller Freundschaftsgesten verraten läßt. Szenen, die, durch Epochen die Bewegungen der Kunstgeschichte demonstrierend, zugleich heraldisch über sich ändernde Zeiten hinweg die Gedankenwelt ihres Publikums prägten und in sich aufsaugten.

Wie stets in der Kunst, so ist es auch hier ein Irrweg, Bilder als Abbilder zu lesen. Sie sind und bleiben dies: Bilder. Bilder nämlich, die auf den Kontakt mit dem lebendigen Verstand und Gemüt eines Betrachters warten, der sich an ihrer machtvollen Konkretheit entzünden und die möglicherweise avancierten Vorstellungen seines Gehirns und die allgemeinen seiner Generation in sie einmünden läßt, sie ihnen einflößt, individuell-zeitgenössische Gedanken, die andererseits von der ergreifenden, »deftigen« Bildgestalt nicht dezimiert, auch nicht nur gegenständlich, sondern komprimiert und mit denen älterer Individuen und Kollektive verknüpft werden. Würde nicht ein Erwachsener sich infantil gebärden, wenn er sich im Zuge der intellektuellen Entwicklung von seiner Kindheit glaubte lossagen zu müssen, anstatt in allen Lebensstadien von der Kompaktheit ihrer Bilder Erfrischung, Saft und Kraft zu erwarten, indem er in ihre einzigartige Anschaulichkeit mit immer neuen Profiten vorübergehend ein- und heimkehrt?

Zwei sehr verschiedene Dinge, die hier eventuell die aufeinander angewiesenen Seiten der Medaille sind, abstraktes Denken und Bild, heben einander eben durchaus nicht zwangsläufig auf, so wenig wie die (auch ältere) künstlerische Formulierung und ein gewandeltes Zeitbewußtsein einander ausschließen. Mein erwähnter Vater, inzwischen längst aus der generellen irdischen Gefangenschaft befreit, hatte, wie viele seiner Leidensgenossen, nicht nur durch ein paar russische Kartoffel- und Zwiebelhälften, sondern durch rekapitulierte, in der Vor-Nazizeit auswendig gelernte und im Umfeld eigentlich lachhaft dubiose Keller-, Mörike-, Hölderlinverse als Meldungen aus den Kunst-Gefilden der Seligen überlebt. Überlebt durch Utopien, die sie stets auch für ihre Hersteller waren, und sicher hat er diese damals nicht falsch, sondern besonders richtig verstanden. Poetisch im Sinn der Kunst war die Welt nie, sie löst nur wahrscheinlich in Erdlöchern und Baracken vermehrt sehnsüchtige Visionen aus.

Wer sich für die Erscheinungsmodalitäten von Flora und Fauna interessiert, ist in Botanik und Zoologie nicht mehr gut aufgehoben, falls es ihm nicht bloß auf die Mikrowelt ankommt. Bereits in der Hauptschule konzentriert man sich auf die Biochemie, wo die umwälzenden Erkenntnisse stattfinden. Die Wahrnehmung der »poetischen« Großformen von Pflanze und Tier, die direkt auf uns wirken und allein unsere Anteilnahme erwerben, wird ins frühe Kinder- und späte Greisenalter verbannt, in Kindergarten und Altersheim. Die Außengestalten von Rind und Schwein können weder Metzger noch Zoologen mehr lesen.

Wird die entrückende und aufrührende Beeindruckung durch Natur, durch Berge, Meer, Waldlandschaften, Sonnenuntergänge und große Gewitter unabänderlich hinfällig samt ihrer unwillkürlich sinnbildlichen Wirkung auf uns, weil sie erstens, was sie nie war, keine heile ist und sich zweitens der Weg in ihre Feinstruktur eröffnet hat? Ist das Rätsel der Erscheinungslinien zu unserer sehr großen Verarmung damit trügerisch geworden oder entschlüsselt und passé?

Offenbar ist es für eine sich forsch fortschrittlich gebende Rückschrittlichkeit inzwischen keine Binsenweisheit mehr, daß man es hier mit einer Doppelwertigkeit zu tun hat. Das spektakulärste Forschungsresultat annulliert doch nicht einfach die heiße Natur- und Gottesliebe eines Brockes-Gedichts. Was auch vice versa gilt, natürlich.

Die Herausforderung und Notwendigkeit, in Gleichzeitigkeiten, Gleichwertigkeiten zu denken, zwischen ihnen möglichst geschmeidig hin- und herzuwechseln wie zwischen Vorder- und Rückenansicht, die sich, nebeneinandergestellt, zu widersprechen scheinen, ist mir am frühesten in meinem Verhältnis zur Literatur klar geworden. Auf der einen

Seite empfand ich »richtige« Geschichten mit dem Ritual von Anfang, Höhepunkt, Ende, und das alles möglichst atemberaubend, als höchstes der Vergnügen, spürte jedoch bald, wie anders das wirkliche, tägliche Leben war, von dem zu erzählen sie vortäuschten, nämlich ohne fest markierten Beginn und Schluß, ohne psychologisch scharf umrissene Personen, ohne eindeutige Klimax usw. Als heranwachsende Schriftstellerin wollte ich dem Zweifel der Moderne an der Rezeptur von Geschichten, zu denen man Erlebnisse aufbereitete, – ein Zweifel, der bedrängend mein eigener war – genüge tun, aber auch vom Zauber der klassischen Erzählkonstruktion nicht für immer lassen. Der Sog der literarischen Muster, die ich suchte, denen ich partiell mit Haut und Haaren verfiel und der die Ungereimtheiten des eigenen Lebens zu beseitigen schien, stieß mich zugleich wiederum als fremde Bemächtigung, als Beschneiden meiner eigenen Lebensofferten ab. Es entstand eine produktive und destruktive Haß-Liebe zur Literatur, ohne die mein eigenes Schreiben nicht denkbar ist.

Diese Ambivalenz gilt auch für jene Autobiographie, die nahezu jeder, zumindest stückweise, in seinem Kopf mit sich herumträgt, um Linie, Ordnung, Historie, Sinn in sein Leben zu bringen. Es ist zu vermuten, daß wir insgeheim ahnen, wieviel literarische Konstruktion dabei ist, daß es gar nicht unser Leben ist, sondern gestaltgebende literarische Strategien sind, die uns in Fleisch und Blut stecken, wenn wir Motive, Leitfäden, Spiegelungen, Einschnitte »in der Wirklichkeit auffinden«. Aber wie sollten wir ohne sie unserer Existenz, ob in linearer Anordnung oder als Netzwerk, habhaft werden? Wir versammeln wie ein Epiker das diffus ausgebreitete Lebensgespinst in starren Erinnerungstableaus, an die wir uns – nicht an die Situation selbst – dann wieder erinnern, und unser Gehirn, das so tut, als rekapitulierte es das originale Geschehen, macht das Gegensätzliche. Es reproduziert nur die Erinnerung der Erinnerung. Diese Vermutung wird durch neurologische Erkenntnisse gestützt: Wir füllen unsere momentanen Erinnerungsgefühle gemäß unserer anwachsenden Lebensfülle interpretierend und inständig in die uns überlieferte fixe Szenerie – wie in eine alte Gebetsformel!

Man muß nicht die Komplementarität bemühen, um zu konstatieren, daß unser Hirn offenbar durchaus in der Lage ist, widersprüchliche, konkurrierende Aspekte einer Sache jeweils korrekt ins Auge zu fassen. In Melvilles erwähntem »Pierre« ersetzt der Held lange Zeit, in unbewußter Pragmatik, bei seinen Gedankengängen seine Verlobte Lucy durch ein bloßes Zeichen, »ein leeres X – und in der endgültigen Lösung seines Problems stand noch immer dieses leere X, nicht die wirkliche Lucy«. Bis plötzlich in die Klarheit seiner Entschlüsse umstürzlerisch »die lebendige und atmende Gestalt Lucys« gleitet. Die Neurowissenschaft geht inzwischen von zwei unterschiedlich zu lokalisierenden Arten des bewußten Gedächtnisses aus, dem semantischen, das die objektiven Fakten speichert, und dem episodischen, das die für das Individuum wichtigen atmosphärischen, persönlichen Inhalte aufbewahrt und seine Identität garantiert. Sie bestehen und lassen sich nicht gegeneinander ausspielen, sind zwei verschiedene Gesichter des einen Gedächtnisses.

Für die postmodern viel beschworene Fragmentarisierung des Ichs gibt es zahlreiche Belege. Auch übrigens in der älteren Literatur. Mitzuerleben, wie etwa ein vom Schlaganfall Geschädigter mühsam um Revokation seiner wichtigsten privaten Lebensepisoden kämpft, ist das andere. Als Augenzeuge beginnt man zu wittern, daß es hier, am existentiellsten Brennpunkt der mit den geschwächten Kräften um ihren früheren Inhalt und dessen plötzlich nicht mehr tradierte Kontur ringenden, nicht einfach als altmodisch abzukanzelnden »Persönlichkeit«, zwei gleichberechtigte Wahrheiten gibt.

Vor über hundert Jahren beschrieb Lou Andreas-Salomé, entschieden geprägt vom westlichen Denken und seinen aktuellen Tendenzen – schon als junge Frau hatte sie u.a. eine überaus kompetente, kritische Darstellung vom Leben und Werk Friedrich Nietzsches veröffentlicht –, wie sie während einer Reise mit Rilke in ihre russische Heimat intellektuellen und zugleich kindlichen Kopfes vor den alten Ikonen in die Knie geht, vor der in ihnen gestauten, eingesammelten Glaubenswucht und vor der Erkenntnis, daß sie aufzufüllen sind mit dem Denken einer scharfsinnigen Beobachterin. Anders als die russischen Großstadtintellektuellen, die bitter stromlinienförmig jene Wahrzeichen der Volksfrömmigkeit fürchten wie die Pest der Rückständigkeit – die Ikone als Ausgangspunkt für das »Schwarze Quadrat« von Malewitsch war noch nicht erfunden und à la mode –, anders auch als die Panslawisten, für die westliche Denktheorien die Cholera sind, gelingt es Salomé, die Ikonen, Zeugnis einer komplementären Weltsicht, zu verehren und in sie, entscheidender noch, ihre Geisteskraft wie in eine wiedergefundene temporäre Heimstatt einfluten zu lassen. Sie beweist damit einen elastischen, im besten Sinne avantgardistischen Geist, der souverän mit Ambivalenzen arbeitet.

Die kreatürliche Lust am Absolutsetzen von Systemen, ob physikalischer oder metaphysischer Natur, der Trieb zum Ideologisieren, also zur falschen Totalität, läßt sich kaum ausrotten. Unser Bedürfnis nach radikal simplifizierenden, realitätsentlastenden Gefühlsperspektiven, also nach Vergöttlichen oder Verteufeln, Übersteigerungen in Freund- und Feindschaft bis in den Tod, nach Welterretter und Sündenbock spiegelt sich in den entsprechenden literarischen Praktiken zur Gewinnung von Dramatik, zum dramatisch überpointierten Argumentieren.

Allerdings: Die Literatur weiß, was sie tut, weiß, daß sie nicht abbildet, sondern auf ein Ziel hin stilisiert.

Erst recht sollte man beim täglichen Lebensvollzug im Unterschied zum Ideologen wissen, wann man dergestalt monopolisiert. Was hier am Dualismus von fortschreitendem Denken und (auch altem, »überaltertem«) Bild ansatzweise überlegt wurde, gilt selbstverständlich allgemein und daher auch, nebenbei bemerkt, für Moral und Politik. Wie der einzelne in Gefühlsambivalenzen lebt, falls er lebt, ob er sie sich eingesteht oder, häufiger, verdrängt, so existieren alle staatlichen Gemeinschaften als Gefüge zwischen unberechenbaren Neigungen zu sogenannter Menschlichkeit und, nicht weniger, Unmenschlichkeit, innen- wie außenpolitisch und in der Brust eines jeden ihrer Bürger. Ist man sich dessen bewußt, erschwert es freilich Nationalismus und auch die mildere Form, den Patriotismus, nebst Massenabrichtungen in seinem Namen.

Unser Erkennen und Aufspüren von Ambivalenzen – ein Denken, das zu scheinbaren Zwangsläufigkeiten immer Alternativen sucht – und das Auskommen mit ihnen ist ein zivilisatorischer Akt und eine der anstrengenderen Voraussetzungen von Kultur. Ist bereits Kultur und das Gegenteil jeder Art von Fundamentalismus.

»Ein Lächeln des Glücks« nannte Joseph Conrad sehr ambig eine 1912 erschienene Erzählung. Es ist seine Apotheose der Ambivalenz. »Lächeln ist das klassische Ausdrucksmittel aller Doppeldeutigkeiten«, heißt es in Melvilles »Pierre«. Auch wenn in beiden Werken die dämonische Seite des Zweideutigen im Vordergrund steht und fatalerweise nicht ausgehalten wird, so gilt auch die schöne Umkehrung: Erst das Wissen um das grundsätzlich Doppel- und Mehrdeutige der Wirklichkeit und dessen Akzeptieren schenkt uns das Lächeln der Kultur. Erst die Bejahung der Ambivalenz löst die eiserne Grimasse der fixen Idee jeder Couleur in ein – allerdings nie naives – Lächeln auf.

»Die Tatsache, daß wir uns Jahre hindurch mit den Abhandlungen und Schriften der großen Denker abgegeben haben, leistet noch nicht die Gewähr, daß wir selber denken.«

Martin Heidegger

»Wichtig ist in unsern Werken auch die Technik des Neuanfangens, von solchen entwickelt, welche die Tradition beherrschen, denn der Neuanfangende, der die Tradition nicht beherrscht, fällt leicht unter die Herrschaft der Tradition zurück.«

Bertolt Brecht

»Ich war immer der Meinung, daß man so zu denken hätte, als wenn niemand zuvor gedacht hätte.«

Hannah Arendt

Der Herausgeber

Zur Entstehungsgeschichte und zum Aufbau dieses Bandes

»Die entfesselte Atomkraft hat alles verändert, nur unsere Denkweise nicht.« Es gibt Sätze, die gehen einem nicht mehr aus dem Kopf, wenn man sie einmal gehört oder gelesen hat, wie dieser von Albert Einstein. Er hat mich immer wieder beschäftigt, ist doch seine Aussage ebenso irritierend wie die Fragen, die er auslöst:

Wie müßte eine Denkweise beschaffen sein, die mit den wissenschaftlichen und technologischen Entwicklungen dieser Zeit – wenigstens halbwegs – Schritt zu halten vermag? Welche Veränderungen wären erforderlich, und wie könnten sie beschrieben werden? Was also wäre der »Unterschied, der den Unterschied macht«, um mit Gregory Bateson zu sprechen?

Niemand vermag diese Fragen allein zu beantworten. Und niemand wird sie schnell und ohne Mühe beantworten können. Was lag also näher, als sich mit Experten aus unterschiedlichen Disziplinen zusammenzusetzen, um darüber ohne Zeitdruck das Gespräch zu suchen? Dies war die Ausgangsüberlegung, die 1987 zur Gründung des »Bergweg-Forums: Denken der Zukunft«, eines kleinen, informellen Gesprächskreises, führte. Im Rahmen dieses Forums haben – zunächst im Bergweg in Oberursel, später am Dachsberg in Frankfurt am Main – insgesamt 33 Gespräche stattgefunden, in denen wir anhand eines programmatischen Wegweisers in vier »Gängen« das Denken selbst zum Thema des Denkens gemacht haben.

Viele der in diesem Band vertretenen Autoren haben an diesen Treffen mitgewirkt und konnten etwas von ihrer besonderen, offenen Atmosphäre fern von akademischen Zwängen miterleben. Der vielfach geäußerte Wunsch, zumindest einige der in dieser Runde geäußerten Gedanken in schriftlicher Form zusammenzufassen, führte dann im Sommer 2002 zum Entschluß, eine Publikation vorzubereiten und dazu – über den Teilnehmerkreis der Bergweg-Gespräche hinaus – eine Reihe weiterer Autoren einzuladen.

Das Exposé zu dieser Publikation, das mit der Einladung verschickt wurde, enthielt u.a. drei Leitfragen:

- Welche neuen Denkansätze aus Ihrem Arbeitsgebiet halten Sie über die Disziplingrenzen hinaus für relevant: Gibt es »Muster, die verbinden«, und wie können sie anschaulich beschrieben werden?
- Wo sehen Sie Berührungspunkte oder Gemeinsamkeiten dieser Denkmuster mit neuen – oder wieder zu entdeckenden alten – Erkenntnissen aus anderen Gebieten?
- Wo und wie weit können diese intellektuellen Einsichten das Alltagsdenken bereichern: Könnten sie beispielsweise zum Verständnis komplexer Problemzusammenhänge beitragen und deren verständige Gestaltung erleichtern?

Das Buchprojekt selbst trug zunächst den Arbeitstitel »Neuer Almanach. Muster, die verbinden: Neue Denkansätze in Wissenschaft, Gesellschaft und Kultur«. Er barg *zwei* für mich wichtige *inhaltliche Bezüge*:

Die Kennzeichnung »Neuer Almanach« bezog sich bewußt auf einen anderen Almanach, dessen Herausgeber vor geraumer Zeit das Ziel formulierten, den »Zusammenhang der einzelnen und früher scheinbar stark voneinander abgetrennten Gebiete des geistigen Lebens, ihre gegenseitige Annäherung, teilweise ihr gegenseitiges Durchdringen« aufzuzeigen. Gemeint ist der von Franz Marc und Wassily Kandinsky herausgegebene Almanach »Blauer Reiter«, dessen erster (und einziger) Band 1912 erschien. Ich habe immer bedauert, daß der für 1914 geplante zweite Band nicht mehr erscheinen konnte, bei dem Marc und Kandinsky »Gelehrte als Mitarbeiter heranziehen« wollten, »um zu zeigen, auf welch verwandte Weise der Künstler und der Wissenschaftler arbeiten und wie nahe nebeneinander die beiden geistigen Gebiete liegen«. Dieses Buch ist also auch der Versuch, an diese Idee wieder anzuküpfen – in der vielleicht nicht ganz unbegründeten Hoffnung, daß die Vorzeichen für ein solches Unterfangen 110 Jahre später aufgrund mancher Entwicklungen in den Wissenschaften möglicherweise besser stehen könnten.

Wir wissen übrigens nicht, ob es uns bei diesem Projekt vergönnt ist, einen zweiten Band herauszugeben. Dies wird nicht zuletzt davon abhängen, wie der erste vom Leser aufgenommen wird. Ich bin jedenfalls zum heutigen Zeitpunkt im Herbst 2003 überaus dankbar und glücklich über die Bereitschaft so vieler befreundeter und geistesverwandter Autoren aus ganz unterschiedlichen Disziplinen, bei diesem stark experimentell angelegten Band mitzuwirken.

Dies mag vor allem mit dem *zweiten Bezug* zusammenhängen, der ausdrücklich genannt wurde: Die Formulierung »Muster, die verbinden« geht zurück auf den schon eingangs zitierten Gregory Bateson, der nicht nur nach meiner Einschätzung zu den bedeutendsten Köpfen des 20. Jahrhunderts zu zählen ist. Er gehört zu den wenigen Wissenschaftlern, die über die Grenzen ihres Fachs hinaus Impulse für ein geistiges Durchdringen komplexer Zusammenhänge gegeben haben. Nach Bateson können wir mit einfachen Erklärungen oder einseitigen Begriffsbestimmungen – aus welchem Gebiet sie auch immer stammen mögen – komplexe Phänomene in der lebendigen Natur wie in Gesellschaft und Kultur nicht wirklich verstehen. Wir brauchen vielmehr statt dessen stets »*doppelte* Beschreibungen«, die sich durch die »*Komplementarität*« von quantitativen und qualitativen Methoden, also durch eine »Gleichzeitigkeit von *Strenge und Phantasie*« auszeichnen.

Viele Autoren dieses Bandes berufen sich denn auch in ihren Arbeiten – mit direktem oder indirektem Verweis auf Bateson – auf dieses »Sowohl-als-Auch« der doppelten, »binokularen« Beobachtung, das man als ein verbindendes Muster eines *anderen* Denkens oder einer *anderen* Intelligenz ansehen könnte. Und so erschien es mir plausibel, auch den Titel dieses Bandes diesem verbindenden Muster anzupassen.

Diese Entscheidung fiel, als die meisten Beiträge bereits eingetroffen waren und ich übersehen konnte, wie breit das Themenspektrum und wie vielfältig die Gebiete waren, von denen die Autoren zu ihren Mustererkundungen ausgingen. Wie aber diese Vielfalt sinnvoll strukturieren und gruppieren? Ich folgte zunächst weitgehend einem Strukturprinzip, das uns auch bei der programmatischen Abfolge der Bergweg-Gespräche als Leitfaden für vier miteinander verbundene »Gedankengänge« gedient hatte:

1. Es galt auszugehen von den Naturwissenschaften als primäre Quelle neuer Denkansätze im 20. Jahrhundert – und zwar hier in diesem Band mit dem Schwerpunkt auf den sogenannten »Lebenswissenschaften«.
2. Von dort aus erfolgt ein Übergang zu verschiedenen »Meta-Disziplinen« – wie z.B. der Kognitions- oder der KI-Forschung –, die sich mit den Strukturen des Komplexen im Denken befassen.
3. Wir gehen weiter zu den Human- und Sozialwissenschaften, um Muster des Komplexen im sozialen Handeln konkreter zu untersuchen.
4. Schließlich durchstreifen wir – vor allem am Beispiel der Literatur – das Grenzgebiet zwischen Wissenschaften und Künsten auf der Suche nach dem unterwegs Verlorengegangenen.

Dies alles nicht als lineare Abfolge, sondern als zirkuläre Gestalt verstanden; spielt doch das Moment der ästhetischen Wahrnehmung der Künste wieder in ein erweitertes Verständnis von Erkenntnisgewinnung in den Naturwissenschaften hinein. Man könnte auch sagen: damit schließt sich ein Denkkreis der Musterbildung – in einem erweiterten Sinn vielleicht sogar der Bildung überhaupt?

Bei der definitiven Abfassung der Gliederung wurde dieses Formprinzip natürlich nicht ganz strikt eingehalten. Vielmehr wurde von ihm einige Male dort abgewichen, wo die spezifische Themenstellung oder die übergreifende Aussage einzelner Beiträge diese Form sprengten. Dies gilt insbesondere für die Eingangsgruppe der Beiträge mit den Arbeiten von Günter Küppers, Heinz von Foerster und Christiane Floyd, die grundsätzliche Fragen unseres Umgangs mit Wissen und Wissenschaft behandeln und daher (voraussetzungsvoll) quer zu den anderen Aufsätzen stehen.

Damit habe ich bereits ein weiteres Strukturprinzip angedeutet:

Nach Möglichkeit wurde versucht, zwei oder drei Beiträge paar- bzw. gruppenweise zusammenzustellen – Beiträge, die in enger innerer Verwandtschaft zueinander stehen oder die in besonderem Maße miteinander korrespondieren. Diese wiederum werden verbunden durch mit Bedacht ausgewählte und herausgestellte Zitate älteren Datums. Sie stammen vor allem von Wissenschaftlern und Künstlern des 20. Jahrhunderts, teilweise auch des 19. oder sogar des 18. Jahrhunderts, auf die in diesem Bandes direkt oder indirekt Bezug genommen wird. Die Aussagen dieser – hier ist das Wort einmal an seinem Platz – Vordenker markieren somit auf einer Metaebene gleichsam einen zweiten roten Faden, der sich durch den gesamten Band orientierend hindurchzieht. So hoffe ich, daß die Folge der Beiträge und Zitate als schlüssig empfunden wird, weil sie aneinander anschließen oder sich in anderer Weise aufeinander beziehen. Und ich würde mir wünschen, daß die allmähliche Entwicklung der Gedanken für den Leser nachvollziehbar wird.

Ich danke allen Autoren, die sich trotz vieler anderer arbeitsintensiver Vorhaben mit eigens für diesen Band verfaßten Beiträgen an der Mustererkundung beteiligt haben. Ich danke meinen Freunden und Mit-Autoren Michael Bartsch, Uwe Jean Heuser und Franz Reither für zahlreiche wertvolle Hinweise. Besonders danke ich einer außergewöhnlichen Frau, die den gesamten Enstehungsprozeß dieser Arbeit – von den Bergweg-Gesprächen bis zur Fertigstellung des Manuskripts – mit großer Liebe aktiv unterstützt hat: Nele Gabler. Ohne sie hätte ich diesen Almanach nicht realisieren können. Und ich danke Michael Klett, daß er sich für dieses Projekt von Anfang an engagiert hat. Seine Gedanken zum Verlagsprogramm von Klett-Cotta hat er einmal mit Worten beschrieben, die dieses Buch gut beschließen können: »Die Welt läßt sich keinesfalls zum Besseren verändern oder überhaupt retten durch Vernachlässigung von Intelligenz und intellektuellen Kräften, sondern nur durch mehr.«

Bernhard von Mutius
Frankfurt am Main, September 2003

Über die Autoren

Michael Bartsch lehrt Softwarerecht, Urheber- und Medienrecht an der Universität Karlsruhe und an der Staatlichen Hochschule für Gestaltung Karlsruhe und arbeitet als Rechtsanwalt auf diesen Gebieten. Sein wissenschaftliches Interesse gilt vor allem der Vertragsgestaltung für komplexe Lebenswelten.

Bernhard E. Bürdek ist Professor für Design an der Hochschule für Gestaltung in Offenbach. Seine Arbeitsschwerpunkte sind Designtheorie, Designmethodologie und Strategisches Design; verschiedene Veröffentlichungen, darunter »Der digitale Wahn« (2001).

Ernst Peter Fischer ist diplomierter Physiker, promovierter Biologe, habilitierter Wissenschaftshistoriker und apl. Professor für die Geschichte der Wissenschaft an der Universität Konstanz; zahlreiche Bücher, zuletzt »Die andere Bildung« (2001), »Das Genom« (2002), »Am Anfang war die Doppelhelix« (2003).

Christiane Floyd ist promovierte Mathematikerin. Ihre Tätigkeit in der Informatik begann sie als Systemprogrammiererin bei Siemens. Nach einem Aufenthalt als wissenschaftliche Mitarbeiterin an der Universität Stanford und Zwischenstationen in der Computerindustrie ist sie seit 1978 Professorin für Softwaretechnik, bis 1991 an der Technischen Universität Berlin, seither an der Universität Hamburg. Wichtige Forschungsgebiete u.a.: menschengerechte Gestaltung von computergestützten Systemen und erkenntnistheoretische Grundlagen der Softwaretechnik. Zahlreiche Publikationen.

Heinz von Foerster (1911–2002) studierte Physik in Wien und Breslau und arbeitete anfangs für verschiedene industrielle Forschungslaboratorien. Er ging 1949 in die USA, traf dort u.a. Norbert Wiener, John von Neumann,

Margaret Mead, Gregory Bateson und gab mit ihnen ein fünfbändiges Grundlagenwerk über »Kybernetik« heraus. Er gründete das interdisziplinäre Biological Computer Lab an der Universität von Illinois, das viele Wissenschaftler aus der ganzen Welt anzog. Der Erschließung kognitiver Prozesse galt sein Hauptinteresse (innerhalb seiner vielseitigen Interessen). »Wissen und Gewissen« (1993) war der Titel einer seiner über 100 Publikationen. Er war für viele Autoren dieses Bandes Mentor und Freund zugleich. Er starb im Mai 2002 in seinem Haus in Pescadero.

Franz-Theo Gottwald, Diplom-Theologe und Dr. phil., Lehrbeauftragter für Politische Ökologie an der Hochschule für Politik, München, und Honorarprofessor für Umweltethik an der Humboldt-Universität, Berlin. Seit 1984 Management-Trainer und Unternehmensberater. Vorstand der Schweisfurth-Stiftung (München) seit 1988. Arbeitsgebiete: Ethik, Bewußtseinsforschung und Zukunftsfragen im Bereich Ernährung und Bildung.

Andreas Heinecke, Dr. phil., Studium der Germanistik und Geschichte in Heidelberg und Frankfurt. Tätigkeit als freier Journalist, Dozent, Informationswissenschaftler, Projektberater und -entwickler, Ausstellungsmacher. Entwickelte die Idee zu »Dialog im Dunkeln« und ist heute Geschäftsführer der Consens Ausstellungs GmbH und Vorstand im Verein »Dialog im Dunkeln – Verein zur Förderung der sozialen Kreativität«.

Uwe Jean Heuser studierte in Bonn, Berkeley, Köln und Harvard Volkswirtschaft und politische Philosophie; er ist Leiter der Wirtschaftsredaktion der ZEIT sowie Gastdozent an der Universität St. Gallen. Diverse Buchveröffentlichungen, u.a.: »Das Unbehagen im Kapitalismus« (2000).

Michael Hutter habilitierte sich an der Universität München, lehrt heute an der Universität Witten/Herdecke Theorie der Wirtschaft und ihrer Umwelt und leitet das Institut für Wirtschaft und Kultur. Forschungsschwerpunkte: Informations-, Medien- und Kulturökonomik, Systemtheorie der Wirtschaft, Theoriegeschichte, Geldtheorie und -geschichte. Zahlreiche Veröffentlichungen.

Roswita Königswieser, Dr. phil., ist Systemische Organisationsberaterin, geschäftsführende Gesellschafterin von KÖNIGSWIESER & NETWORK, Wien, München, Bremen, und begleitet Organisationen auf ihrem Weg zu nachhaltiger Veränderung und Entwicklung.

Brigitte Kronauer lebt als freie Schriftstellerin in Hamburg. Zuletzt erschienen bei Klett-Cotta der Roman »Teufelsbrück« (2000) und der Essay-Band »Zweideutigkeit« (2002).

Günter Küppers, theoretischer Physiker und Sozialwissenschaftler. Lehrt an den Universitäten Bielefeld und Wien. Mitglied des Direktoriums des Instituts für Wissenschafts- und Technikforschung der Universität Bielefeld. Aktuelle Forschungsaktivitäten: Struktur und Dynamik von Innovationsnetzwerken, Wissen und Nichtwissen in der Wissensgesellschaft und Epistemologie angewandter Wissenschaften.

Fredmund Malik ist habilitierter Betriebswirt und Professor der Universität St. Gallen mit den Schwerpunkten Unternehmensführung und Strategie des Managements komplexer Systeme. Er lehrt(e) an den Universitäten St. Gallen, Innsbruck sowie an der Wirtschaftsuniversität Wien, leitet als Verwaltungsratspräsident seit 1977 das Management-Zentrum St. Gallen. Zu seinen bekanntesten Veröffentlichungen gehören: »Strategie des Managements komplexer Systeme« (1984), »Die neue Corporate Governance« (1997), »Führen – Leisten – Leben« (2000).

Eckard Minx, Dr. rer. pol., Honorarprofessor an der FHTW Berlin, leitet das Forschungslab »Gesellschaft und Technik« (Society and Technology Research Group) der DaimlerChrysler AG in Berlin, Palo Alto und Kyoto. Unter seiner Federführung werden alternative Zukunftsszenarien für

Forschung und Technologie entwickelt und in Zukunftslaboren unterschiedliche Modell- und Lernsituationen eingeübt.

Bernhard von Mutius ist Sozialwissenschaftler und Philosoph, Leiter des interdisziplinären »Bergweg-Forums: Denken der Zukunft«, wissenschaftlicher Berater von Unternehmen, sozialen Organisationen und politischen Institutionen und Verfasser verschiedener Publikationen über Erneuerungsprozesse in Wirtschaft und Gesellschaft. Zuletzt erschien von ihm bei Klett-Cotta »Die Verwandlung der Welt. Ein Dialog mit der Zukunft« (2. Aufl. 2001).

Harald Preissler, Dipl.-Phys., ist Leiter des Fachgebiets Medien, Organisation, Märkte des Forschungslab »Gesellschaft und Technik« (Society and Technology Research Group) der DaimlerChrysler AG in Berlin, Palo Alto und Kyoto. Gemeinsam mit Eckard Minx entwickelt er alternative Zukunftsszenarien für Forschung und Technologie und konzipiert Zukunftslabore, in denen unterschiedliche Modell- und Lernsituationen eingeübt werden.

Birger P. Priddat hat den Lehrstuhl für Volkswirtschaft und Philosophie an der Privatuniversität Witten/Herdecke inne. Forschungsschwerpunkte: Institutionenökonomik, Modernisierungsprozesse, politische Steuerung, Wirtschaft, Ethik und Kultur. Einige Veröffentlichungen: »Moralischer Konsum« (1998); »Electronic Government« (gemeinsam mit Stephan A. Jansen; 2001); »Theoriegeschichte der Ökonomie« (2002).

Franz Reither, Prof. Dr., ist Psychologe, Mathematiker, Informatiker und Wirtschaftswissenschaftler, beschäftigt sich in Lehre, Forschung und Beratung insbesondere mit der systemtheoretischen Analyse von Planungs-, Entscheidungs- und Handlungsprozessen in hochkomplexen Situationen u.a. mit Hilfe der Computersimulation; Veröffentlichungen u.a.: »Komplexitätsmanagement« (1997).

Helge Ritter ist Physiker und Mathematiker, lehrt als Professor an der Technischen Fakultät der Universität Bielefeld und leitet dort die Arbeitsgruppe Neuroinformatik. Sein Forschungsinteresse gilt den Grundlagen kognitiver Leistungen in Computer- und Robotersystemen. Er ist Träger des Leibniz-Preises der Deutschen Forschungsgemeinschaft.

Fritz B. Simon, Dr. med., ist Psychiater, Psychoanalytiker, systemischer Familientherapeut; Habilitation für Psychosomatik und Psychotherapie in Heidelberg, Forschungsschwerpunkt: Organisation und Desorganisation in unterschiedlichen Phänomenbereichen (Psyche, soziale Systeme). Jetziger Arbeitsschwerpunkt: systemische Organisationsberatung; Professor für Führung und Organisation an der Wirtschaftwissenschaftlichen Fakultät der Universität Witten/Herdecke. Autor von 15 Büchern und ca. 200 Fachartikeln.

Wolf Singer studierte Medizin und Neurophysiologie in München und Paris und habilitierte sich im Fach Physiologie. Er ist seit 1981 Direktor am Max-Planck-Institut für Hirnforschung in Frankfurt. Zahlreiche Veröffentlichungen, zuletzt: »Der Beobachter im Gehirn« (2002).

Helm Stierlin studierte Philosophie und Medizin und arbeitete als Psychiater und Psychotherapeut zunächst vor allem in den USA. Von 1974 bis 1991 leitete er als Ärztlicher Direktor die Abteilung für Psychoanalytische Grundlagenforschung und Familientherapie in Heidelberg. Er gehört zu den Begründern der systemischen Familientherapie in Deutschland. Zahlreiche wissenschaftliche Arbeiten und Buchpublikationen.

Sigrid Weigel ist Direktorin des Zentrums für Literaturforschung und Professorin an der TU Berlin; Forschungsschwerpunkte derzeit: Dialektik der Säkularisierung, Generationskonzepte; Initiatorin einer Veranstaltungreihe »WissensKünste«, Herausgeberin von »Genealogie und Genetik. Schnittstellen zwischen Biologie und Kulturgeschichte« (2002).

»Man sucht, man wechselt die Richtung, man tastet sich vorwärts, man irrt sich, man entfernt sich, bis zu dem Augenblick, in dem die Erscheinung der Form so ist, daß man sie wiedererkennt. Plötzlich gibt sie sich zu erkennen, und man sagt sich: Ah, jetzt verstehe ich, was ich suche.«

Peter Brook

»Welches ist die schwierigste Aufgabe der Welt? Das Denken.«

Ralph Waldo Emerson

»Das Wagnis ist: Wir fangen etwas an; wir schlagen unseren Faden in ein Netz von Beziehungen. Was daraus wird, wissen wir nie.«

Hannah Arendt

Klett-Cotta

Printed in Germany
Gestaltung: jung und pfeffer, Bremen
Gesetzt aus der Bembo und der DIN Bold
von Offizin Wissenbach, Höchberg bei Würzburg
Auf säure- und holzfreiem Werkdruckpapier
gedruckt und gebunden von Clausen & Bosse, Leck
ISBN 3-608-94085-5

Bibliographische Information Der Deutschen Bibliothek
Die Deutsche Bibliothek verzeichnet diese Publikation in der Deutschen Nationalbibliographie; detaillierte bibliographische Daten sind im Internet über <http://dnb.ddb.de> abrufbar.

Bernhard von Mutius bei Klett-Cotta:

Bernhard von Mutius

Die Verwandlung der Welt. Ein Dialog mit der Zukunft

2. Auflage, 340 Seiten, Leinen, Faltkarte, ISBN 3-608-94271-8

»Ein Buch, das in sechs großen Vermessungsschritten die Möglichkeitsräume der Welt von morgen absteckt.« *Peter Felixberger, Süddeutsche Zeitung*

»Ein Perspektivenbuch, das mich inhaltlich richtig beeindruckt hat.« *Prof. Ernst-Ulrich von Weizsäcker, Wuppertal Institut*

»Ich bin fasziniert von der Klarheit und Einfachheit der Darstellung.« *Klara Obermüller, Schweizer Fernsehen DRS, Sternstunden Philosophie*

»Besonders beeindruckend die abgewogene Präsentation des Für und Wider und deren sprachlicher Glanz« *Prof. Meinhard Miegel, IWG, Bonn*

»Dieses anspruchsvolle Unterfangen bewältigt der Autor mit Bravour.« *Ludger Heidbrink, Neue Zürcher Zeitung*

»Eine Fülle von Anregungen... Eine mehrdimensionale Landkarte der möglichen zukünftigen Welt« *BILANZ, Das Schweizer Wirtschaftsmagazin*

»Ein Muß für Querdenker« *Lars-Peter Linke, Financial Times Deutschland*

»Denken wie Picasso malte« *Manfred Engeser, Wirtschaftswoche*

»Ein imponierendes Buch« *Wolfgang Frühwald, Alexander von Humboldt-Stiftung, Bonn*

»An astounding book indeed« *Heinz von Foerster, Physiker und Philosoph, Pescadero*

(Siehe auch: www.dieverwandlungderwelt.de)

Klett-Cotta